英汉交替传译源语难度评估体系构建研究

An Empirical Study on Constructing the
Difficulty Assessment System of Source Materials
for E-C Consecutive Interpreting

赵田园　著

中国社会科学出版社

图书在版编目（CIP）数据

英汉交替传译源语难度评估体系构建研究／赵田园著．—北京：中国社会科学出版社，2023.12
ISBN 978-7-5227-2144-6

Ⅰ.①英… Ⅱ.①赵… Ⅲ.①英语—口译—研究 Ⅳ.①H315.9

中国国家版本馆CIP数据核字（2023）第120392号

出 版 人	赵剑英
责任编辑	许　琳
责任校对	李　硕
责任印制	郝美娜

出　　版	中国社会科学出版社
社　　址	北京鼓楼西大街甲158号
邮　　编	100720
网　　址	http://www.csspw.cn
发 行 部	010-84083685
门 市 部	010-84029450
经　　销	新华书店及其他书店
印　　刷	北京君升印刷有限公司
装　　订	廊坊市广阳区广增装订厂
版　　次	2023年12月第1版
印　　次	2023年12月第1次印刷
开　　本	710×1000　1/16
印　　张	24.5
插　　页	2
字　　数	342千字
定　　价	138.00元

凡购买中国社会科学出版社图书，如有质量问题请与本社营销中心联系调换
电话：010-84083683
版权所有　侵权必究

出 版 说 明

为进一步加大对哲学社会科学领域青年人才扶持力度，促进优秀青年学者更快更好成长，国家社科基金2019年起设立博士论文出版项目，重点资助学术基础扎实、具有创新意识和发展潜力的青年学者。每年评选一次。2021年经组织申报、专家评审、社会公示，评选出第三批博士论文项目。按照"统一标识、统一封面、统一版式、统一标准"的总体要求，现予出版，以飨读者。

全国哲学社会科学工作办公室

2022年

摘　　要

口译源语难度的判断与把控关系到口译教学目标达成，口译学员信心的树立，口译测试的信度，口译在线教学资源库、在线题库的分级和口译实证研究结论的准确性等，理应成为口译应用研究中的一个重要议题。然而，由于口译源语转瞬即逝且影响因素纷繁复杂，目前，口译源语难度评估问题尚未得到译界的足够关注。为数不多的研究也存在评估因素零散，因素提取缺乏科学论证，评估方法准确性不高，评估变量缺失，针对学习者研究较少，对同声传译以外的口译模式关注度不足，语言方向性不明确和评估因素描述语模糊等阙如。

基于此，本书遵循了多阶段多元方法互证的实证研究思路并基于学习者视角，尝试构建了英汉交替传译源语难度评估体系，一方面为英汉交替传译教学、测试、研究和实践中的难度评估提供参考，另一方面为英汉交替传译源语难度的自动化和计算机化评估奠定基础。本书提出并回答了三个研究问题。

问题一：英汉交替传译源语难度评估体系假设模型包含哪些维度和因素？为了解决这一研究问题，本书使用文献法、内容分析法、访谈法、有声思维法、专家评估法提取了影响英汉交替传译源语难度的潜在维度和因素，并对其进行了理论饱和度检验，构建了一个包含 7 个维度和 26 个难度影响因素的假设模型。

问题二：英汉交替传译源语难度评估体系包含哪些维度和因素及其所占权重如何？为了解决这一研究问题，本书使用问卷法、专家评估法以及探索性和验证性因子分析法对假设模型进行了修正和信效度检验，提炼出了英汉交替传译源语难度评估体系正式模型中的4个维度和15个因素，并运用层次分析法确定了各维度和因素的难度影响权重。

问题三：英汉交替传译源语难度评估体系中各因素的难度影响机制及其整体效度如何？为了解决这一研究问题，本书根据各因素的定义、测量方法和已有研究基础，有针对性地使用文献法、内容分析法和实验法考察了各因素的难度影响机制，并从构念、情景、评分、效标关联四方面论证了本书构建的体系具有较好的效度。

本书的理论意义在于从翻译学习者视角出发，综合语言学、测试学、教育学等理论成果，一定程度上深化了对英汉交替传译源语难度影响因素的认知，丰富了口译难度研究和交替传译研究的理论成果；实践意义在于有益于提高各类口译在线资源库的创建效率和分级准确性，为口译教学、测试、研究中源语难度的合理、规范、科学评估提供参考，同时为口译源语难度评估的计算机化和程序化发展奠定基础；方法论意义在于本书采用的多种实证研究方法和研究思路可为其他工作模式、语言方向的口译难度研究乃至其他学科的任务难度研究提供参考。

本书创新点和贡献主要有三方面：就研究视角而言，传统研究和实践大多仅从教师和研究者视角出发判定语料难易度，忽略了开展翻译学习的主体——翻译学习者研究（Liu & Chu，2009；武光军，2019；穆雷、李希希，2019）。本书尝试基于学习者视角，考察了学生对源语难度影响因素及其重要性的真实感知，一定程度上可弥补前人研究视角单一的不足，对前人研究成果进行验证和补充。就研究方法而言，本书基于多阶段多元方法互证的实证研究思路提取出了评估体系中主要的难度影响因素及其维度，并运用层次分析法确定了各难度影响因素的权重，一定程度上弥补了以往难度研究主观性过强、评估因素零散以及平均赋分的不足。此外，就研究工具而言，本书运用文本难度测量软件Coh-Metrix、二语句法复杂度分析器（L2SCA）、二语写作词汇复杂度分析器（LCA）等提取了众多可量化的难度预测指标，探索了各指标的难度作用机制，为评估英汉交替传译源语难度提供了相对更丰富的实证数据支撑，亦可为其他类似主题研究提供参考。

关键词：英汉交替传译；源语难度；因素；权重；评估

Abstract

Evaluating the difficulty of source material (DSM) for interpreting is crucial for achieving teaching goals, enhancing student confidence, organizing online teaching resources, developing testing materials, and ensuring the reliability of automatic testing systems and research outcomes. In this sense, the assessment of DSM for interpreting should attract the interest and attention of interpreting teachers and researchers.

However, due to the fleeting nature of the interpreting task and its complexity, DSM assessment in interpreting studies has been underexplored, often relying on intuition rather than systematic analysis. Existing research tends to be fragmented, with haphazard factor selection, unsuitable assessment methods, limited perspectives, and an imbalance in interpreting modes studied. Thus, this study aims to put forward a model for its assessment in English to Chinese (E-C) consecutive interpreting by following the multi-stage, mixed-methods research paradigm with a focus on three research questions.

This study addresses these gaps by proposingan assessment model of source material for English-Chinese (E-C) consecutive interpreting, using a multi-stage, mixed-methods approach centered on three key research questions.

QA (1): What are the key factors and dimensions in the hypothetical DSM assessment model for E-C consecutive interpreting? To address this, the study utilized multiple methods, including document analysis, text analysis, interviews, think-aloud protocols, and expert judgments, to gather potential factors and dimensions. Subsequently, a theoretical saturation test was conducted to confirm the comprehensiveness of the model, which includes 7 dimensions and 26 factors.

First, utilizing qualitative research methods, this study carefully selected documents from three sources: practice (national standards and translation industry norms), teaching (interpreting textbooks and academic works), and research (studies on translation and interpreting difficulty, test complexity, and paralanguage). Employing three-level data coding typical in qualitative research, the study identified 72 potential factors and 7 dimensions from these documents, which are considered influential in DSM for E-C consecutive interpreting. This data extraction formed a primary source for the hypothetical assessment model.

Second, employing quantitative reaearch methods and using teaching material of consecutive interpreting from the EU Speech Repository, this study transcribed and analyzed 45 articles across five difficulty levels. Utilizing tools like text readability, lexical and syntactic complexity analyses, and SPSS software, 33 objective indicators were identified. These indicators, significantly predicting article difficulty, were categorized into 6 dimensions, forming another key part of the hypothetical assessment model.

Third, integrating the qualitative and quantitative data, this study consolidated subjective and objective factors impacting difficulty, adhering to established model construction principles. This process resulted in a model with 33 factors across 7 dimensions. Incorporating expert feedback, the study refined the hypothetical assessment model, enhancing its applicability in assessing source material difficulty for E-C consecutive interpreting.

Following expert evaluations, this study finalized the hypothetical

DSM assessment model for E-C consecutive interpreting with 7 dimensions and 26 factors. The 7 dimensions are lexical, syntactic, content and structure, vocal paralinguistic, non-vocal paralinguistic, pragmatic, and media. The 26 factors are low redundancy nouns, word length, content word familiarity, type-token ratio (TTR), special sentence patterns, total number of T-units, clause/sentence ratio (C/S), topic familiarity, logic, information density, FKGL readability, Latent Semantic Analysis (LSA), accent, emotion and intonation, speed, fluency of source language, spatial distance, body language, culturally loaded expressions, rhetoric, speaking with/without text, formal/informal style, genre, noise, and graphic information. The model's completeness was further validated through interviews with interpreting students, confirming its theoretical saturation.

QA (2): What are the factors and dimensions in the formal DSM assessment model, along with their respective weights? The study began with questionnaires, expert judgments, exploratory factor analysis, and confirmatory factor analysis to verify the hypothetical model's reliability and validity. It led to a formal assessment model with 4 dimensions and 15 factors. The analytic hierarchy process was then used to determine and assign the difficulty influential weights for these dimensions and factors.

In this study, existing research was initially consulted to define the implications and calculations of factors in the hypothetical DSM assessment model. An initial scale, developed from this, assessed participants' perceptions of DSM's key factors for E-C consecutive interpreting. Experts were invited to review and refine this scale. Post-distribution and data collection, exploratory factor analysis was conducted using SPSS 22.0, involving principal component analysis and corrected item-total correction (CITC). This led to the exclusion of low-load factors and dimensions with insufficient overall reliability, prompting a revision of the initial scale.

Building on the modified initial scale, this study developed a formal scale to evaluate the difficulty-influencing factors of source material in E-C consecutive interpreting. This formal scale was distributed to MTI teaching institutions across various regions for confirmatory factor analysis. The resulting formal assessment model for E-C consecutive interpreting incorporated 4 dimensions and 15 factors. These dimensions were lexical and syntactic, text and structural, paralinguistic and media, and pragmatic. The 15 factors comprised low redundancy nouns, C/S, TTR, special sentence patterns, topic familiarity, logic, information density, FKGL readability, LSA, accent, speech speed, noise, graphic information, culturally loaded expressions, and rhetoric.

Based on the above 4 dimensions and 15 factors, the analytic hierarchy process (AHP) was adopted to establish a hierarchical pattern of the formal assessment model. A perception scale was then created to evaluate the impact of these factors on source material difficulty in E-C consecutive interpreting. This scale was refined through expert reviews. Subsequently, MTI interpreting students were asked to assess the significance of each dimension and factor, using a pairwise comparison method and a "9 scales" rating system. The collected responses were used to construct a judgment matrix, from which the influential weights of each dimension and factor were calculated using the sum method. The lexical and syntactic dimension emerged as the most significant, accounting for 36.68% of the total weight, followed by the content and structure dimension (28.11%), the paralinguistic and media dimension (20.13%), and the pragmatic dimension (15.08%). Within the lexical and syntactic dimension of the assessment model, the weight distribution was as follows: low redundancy nouns held 42.26%, C/S at 27.08%, TTR at 16.22%, and special sentence patterns at 14.43%. For the content and structure dimension, topics dominated with 40.22%, followed by logic at 20.23%, information density at 10.83%, FKGL readability at 22.12%, and LSA at 6.6%. In the paralinguistic and media dimension, accent was weighted at 41.23%, with speech speed at 14.09%, noise at 31.4%, and graphic information at 13.28%. The pragmatic dimension had culturally loaded expressions and rhetoric accounting for 66.67% and 33.33%, respectively. The study's use of the consistency index, random consistency index, and a consistency ratio of less than 0.1 validated the reasonableness of these weight allocations.

QA (3): How do the factors in the model influence DSM for E-C consecutive interpreting, and how is the validity of the formal assessment model established? The researcher employed document analysis, text analysis, and experimental methods to explore the impact of each factor on the difficulty and quality of E-C consecutive interpreting. The study then confirmed the validity of the formal assessment model through construct validity, scenario validity, scoring validity, and criterion-related validity.

First, this study, grounded in the characteristics of each influential factor in the formal assessment model, adopted various methods aligned with the measurement approach and prior research. It explored how each difficulty factor impacts E-C consecutive interpreting's source material difficulty, using a blend of qualitative research, content analysis, and experimentation. Qualitative methods were applied to investigate factors like topic familiarity, accent, noise, and others; content analysis was utilized for factors such as C/S, TTR, LSA, FKGL readability, low redundancy nouns, speed, and information density; and an experiment specifically focused on the factor of logic. Second, the study, drawing from prior research and utilizing tools like text difficulty measurement software, lexical and syntactic complexity analysis software, and RST tagging software, delved into the mechanisms by which each factor influences difficulty. It clarified the difficulty assessment descriptors for each factor. Third, the study's formal assessment model's validity was established through scoring validity and criterion-related validity, tested using an experiment with students. This involved applying the model to score three E-C consecutive interpreting materials and examining the correlation between these scores and the students' subjective difficulty perceptions. The results affirmed the model's effectiveness in scoring and criterion-related validity. .

The academic innovation of this study is reflected in its theoretical and methodological approach.

Theoretically, the innovation is evident in three aspects: First, the development of the research indicator and the formal assessment model. This study addresses the limitations of prior DSM research for E-C consecutive interpreting, which often relied on subjective experience or existing research with inadequate factors. By integrating various methods like document analysis, surveys, analysis of interpreting materials, and the analytic hierarchy process, this study systematically identifies and examines the factors and dimensions affecting the difficulty of source material for E-C consecutive interpreting, including their influential weights and mechanisms. This comprehensive approach aims to enrich the theoretical understanding of DSM in E-C consecutive interpreting, offering new insights into the factors influencing interpreting difficulties. .

The second innovation is the introduction of a new research perspective. Moving beyond the traditional teacher-and researcher-centric view, this study focuses on understanding students' actual perception of source material difficulty in E-C consecutive interpreting. It involves analyzing students' interpreting performance and their post-interpretation feedback, contrasting with traditional methods which primarily rely on teacher and researcher perspectives. This approach aligns more with text difficulty studies, which often consider the reader's perspective in assessing difficulty factors, a concept not typically applied in translation difficulty studies. Traditional research in this area tends to select difficulty factors based on expert experience and judgment, without deeply considering the students' specific perceptions of the original text. This study's approach aims to fill this gap by focusing on the students' viewpoints.

The third innovation is the expansion of research horizons. This study adopts an interdisciplinary perspective, a relatively novel approach in translation difficulty research, merging theoretical insights from translation studies, linguistics, testing, and pedagogy. This interdisciplinary integration enhances the explanatory power of the research conclusions, making them applicable across various fields at a theoretical level. This approach also provides a theoretical reference for future difficulty research in related disciplines. .

At the methodological level, this study's innovation is threefold. First, its research design is unique. The study initially adopted the cognitive load model of consecutive interpreting as a theoretical foundation, then merged qualitative and quantitative research to identify dimensions and factors for the formal assessment model of source material difficulty in E-C consecutive interpreting. Building on this, it examined the weight allocation and mechanisms of different factors, integrating both extrinsic and intrinsic aspects. This multi-phase mixed research approach and the method of combining specific elements with broader contexts offer valuable references for other difficulty assessment studies.

The second innovative aspect of the research method is its novelty. The second innovative aspect of the research method is its novelty. This study employed a variety of methods, including document analysis, content analysis, questionnaires, interviews, the analytic hierarchy process (AHP), and experimental methods. These were used to quantify the subjective perception of source material difficulty using fuzzy mathematical operations. Additionally, the study allocated weights to each factor and dimension, addressing the strong subjectivity found in some previous research based on intuition.

The third innovative aspect of this research is the novel use of research tools. The study employed Coh-Metrix, L2SCA, LCA, and rstweb to extract and explore quantitative factors. This approach aimed to provide more empirical data for the study and to support other related research endeavors.

The research's academic contributions are significant in four areas: translation theory (specifically consecutive interpreting), research, teaching and testing, and the advancement of the language service market. Each of these areas is directly influenced and enriched by the study's findings and methodologies.

In terms of translation theory (of consecutive interpreting), the contribution and inspiration is mainly reflected in two aspects. this research's contributions are twofold. First, it deepens the understanding of translation researchers and teachers in consecutive interpreting about the challenging factors of DSM, enriches the theoretical work on difficulty assessment in consecutive interpreting, and offers a reference for exploring difficulty assessment in other interpreting modes. Second, the study incorporates findings from quantitative linguistics, testing, and pedagogy, providing a comprehensive theoretical basis. This interdisciplinary approach allows for a more in-depth analysis of the subject and more effective problem-solving, underscoring the value of cross-disciplinary references in translation studies theory.

In translation research (consecutive interpreting), the contributions are twofold. First, tools like Coh-Metrix, L2SCA, LCA, and rstweb were utilized for efficient and thorough research development, suggesting future researchers should also focus on tool usage to enhance research efficiency and quality. Second, the study's formal assessment model of source material difficulty aids empirical researchers in effectively assessing interpreting material's difficulty variables, thus improving research reliability and validity.

In translation teaching (consecutive interpreting) and testing, the contribution of this study is multifaceted. Firstly, it encourages a shift from teacher-centered to student-centered or co-subject teaching concepts, emphasizing learner autonomy, initiative, and independence. This approach aims to match teaching material difficulty with students' development zones, boosting learning confidence and efficiency. Secondly, it enables teachers to use the study's formal assessment model as a reference for selecting appropriately difficult materials and predicting their difficulty. Thirdly, this study offers guidance for consecutive interpreting teachers in structuring content and setting priorities. For instance, with lexical and syntactic structures being significant difficulty factors, it advises focusing on enhancing students' language and listening skills and promoting deverbalization over strict word and sentence equivalence. Fourthly, the study's formal assessment model aids interpreting resource bank compilers in categorizing material difficulty. It addresses corpus classification challenges in resource database construction, aiding in the development of rational and efficient interpreting teaching resources. Lastly, the formal assessment model can serve as a reference for test proposition experts to ensure the consistency of test material difficulty across different sessions of the same exam, enhancing the exam's scientific reliability and authority. Furthermore, the research findings are anticipated to lay groundwork for the procedural and automated assessment of interpreting material difficulty in interpreting teaching and testing.

This research contributes to the language service market by offering a difficulty assessment model that could enhance the quality of consecutive interpreting and interpreters' reputation. With MTI teaching focused on practical interpreting skills, and students seeking real-world practice through internships, this model is crucial. It aligns with professional ethics, requiring students to evaluate task suitability to their skills, preventing potential harm to clients' interests. For MTI students entering the language service market, the model aids in assessing task difficulty, considering aspects like theme, speaker accent, and media, thus ensuring task compatibility with their abilities and maintaining interpreters' credibility.

Key words: C/E consecutive interpreting; source material difficulty; factors; influential weights; assessment

目　　录

第一章　绪论 ·· (1)
　　第一节　选题缘由 ·· (1)
　　第二节　研究目的 ·· (8)
　　第三节　研究学理前提分析 ·· (8)
　　第四节　研究范围界定 ·· (11)
　　第五节　研究内容和思路 ··· (13)
　　第六节　研究技术路线图 ··· (16)
　　第七节　研究定位 ·· (17)
　　第八节　研究意义 ·· (18)
　　第九节　章节安排 ·· (21)

第二章　文献综述 ·· (24)
　　第一节　相关领域难度研究 ·· (25)
　　第二节　翻译难度研究 ·· (49)
　　第三节　研究起点 ·· (72)
　　第四节　本章小结 ·· (74)

第三章　研究基础 ·· (75)
　　第一节　工作定义 ·· (75)
　　第二节　理论来源 ·· (80)
　　第三节　理论关系图 ··· (87)
　　第四节　研究问题 ·· (89)

第五节　研究方法 …………………………………………（90）
第六节　数据分析方法 ……………………………………（98）
第七节　试点研究 …………………………………………（103）
第八节　研究伦理 …………………………………………（110）
第九节　本章小结 …………………………………………（110）

第四章　英汉交替传译源语难度评估体系假设模型构建 ……（112）
第一节　本章研究目的和概述 ……………………………（112）
第二节　英汉交替传译源语难度把控现状调研 …………（113）
第三节　评估体系假设模型维度和因素提取 ……………（126）
第四节　评估体系假设模型建构 …………………………（168）
第五节　本章小结 …………………………………………（179）

第五章　评估体系构建与权重分配研究 ……………………（180）
第一节　本章研究目的和研究概述 ………………………（180）
第二节　评估体系假设模型修正与检验 …………………（181）
第三节　评估体系权重分配 ………………………………（201）
第四节　本章小结 …………………………………………（219）

第六章　英汉交替传译源语难度评估体系中难度影响
　　　　因素作用机制探索和效度验证研究 ………………（221）
第一节　研究目的和概述 …………………………………（221）
第二节　评估体系结构确定 ………………………………（222）
第三节　评估体系中难度影响因素作用机制探索 ………（223）
第四节　评估体系效度验证 ………………………………（277）
第五节　本章小结 …………………………………………（282）

第七章　研究总结 ……………………………………………（284）
第一节　研究结论 …………………………………………（284）
第二节　研究创新点 ………………………………………（299）

第三节　研究贡献与启示 …………………………………… （300）
　　第四节　研究不足与未来改进方法 ………………………… （304）

附　录 ………………………………………………………………… （307）
　　附录 1　英汉交替传译任务负荷和难度自评量表 ………… （307）
　　附录 2　试点研究测试语料（3 篇） ………………………… （309）
　　附录 3　交替传译质量评估量表 …………………………… （313）
　　附录 4　研究知情同意书范本（问卷、访谈、测试）……… （314）
　　附录 5　英汉交替传译源语难度把控现状
　　　　　　调查问卷（学生）………………………………… （315）
　　附录 6　英汉交替传译源语难度把控现状
　　　　　　调查问卷（教师）………………………………… （318）
　　附录 7　口译教师和测试专家访谈提纲 …………………… （321）
　　附录 8　英汉交替传译源语难度影响因素感知初始量表 … （322）
　　附录 9　英汉交替传译源语难度影响因素感知正式量表 … （325）
　　附录 10　"英汉交替传译源语难度评估"指标体系
　　　　　　 权重调查问卷 …………………………………… （327）
　　附录 11　逻辑因素实验法语料语义逻辑关系
　　　　　　 标注图（3 篇）…………………………………… （332）
　　附录 12　有声思维法提问大纲 …………………………… （334）
　　附录 13　缩略语表 ………………………………………… （335）

参考文献 …………………………………………………………… （337）

索　引 ……………………………………………………………… （364）

后　记 ……………………………………………………………… （367）

Contents

Chapter 1　Introduction ……………………………… (1)
　Section 1　Research Background ……………………… (1)
　Section 2　Objectives of the Research ………………… (8)
　Section 3　Analyzing the Premises of the Research …… (8)
　Section 4　Scope of the Research ……………………… (11)
　Section 5　Research Methodology and Content ………… (13)
　Section 6　Research Roadmap ………………………… (16)
　Section 7　Research Positioning ……………………… (17)
　Section 8　Significance of the Research ……………… (18)
　Section 9　Structure of the Thesis …………………… (21)

Chapter 2　Literature Review ………………………… (24)
　Section 1　Studies on Difficulty of Related Fields …… (25)
　Section 2　Studies on Translation Difficulty ………… (49)
　Section 3　Identifying Research Gaps ………………… (72)
　Section 4　Chapter Summary ………………………… (74)

Chapter 3　Research Foundation ……………………… (75)
　Section 1　Defining Key Concepts …………………… (75)
　Section 2　Theoretical Framework …………………… (80)
　Section 3　Diagram of the Theoretical Framework …… (87)
　Section 4　Research Questions ………………………… (89)

Section 5　Research Methodology ……………………………（90）
Section 6　Data Analysis ……………………………………（98）
Section 7　Conducting a Pilot Study ………………………（103）
Section 8　Research Ethics …………………………………（110）
Section 9　Chapter Summary ………………………………（110）

Chapter 4　Constructing a Hypothetical Assessment Model
　　　　　　of DSM for E-C Consecutive Interpreting ………（112）
　　Section 1　Chapter Overview and Research Purpose …………（112）
　　Section 2　Investigating Current Assessment Methods
　　　　　　　for DSM in E-C Consecutive Interpreting …………（113）
　　Section 3　Extracting Factors and Dimensions for the Hypothetical
　　　　　　　DSM Assessment Model in E-C Consecutive
　　　　　　　Interpreting ……………………………………（126）
　　Section 4　Constructing the Hypothetical DSM Assessment
　　　　　　　Model for E-C Consecutive Interpreting …………（168）
　　Section 5　Chapter Summary ………………………………（179）

Chapter 5　Constructing the Assessment Model and
　　　　　　Determining Its Weight Allocation ………………（180）
　　Section 1　Chapter Overview and Research Purpose …………（180）
　　Section 2　Revising and Validating the Hypothetical
　　　　　　　Assessment Model ……………………………（181）
　　Section 3　Allocating Weights for the Assessment Model ……（201）
　　Section 4　Chapter Summary ………………………………（219）

Chapter 6　Exploring the Influential Factors Mechanism
　　　　　　in DSM Assessment Model for E-C Consecutive
　　　　　　Interpreting and Validation ………………………（221）
　　Section 1　Chapter Overview and Research Purposer …………（221）

Section 2 Architecture of the Assessment Model .... (222)
Section 3 Investigating the Mechanism of Difficulty
    Influential Factors .... (223)
Section 4 Validating the Assessment Model .... (277)
Section 5 Chapter Summary .... (282)

Chapter 7 Conclusion .... (284)
Section 1 Research Findings .... (284)
Section 2 Research Innovations .... (299)
Section 3 Research Contributions .... (300)
Section 4 Research Limitations and Recommendations
    for Future Research .... (304)

Appendices .... (307)
Appendix 1 Workload and Difficulty Self-assessment
    Scale for E-C Consecutive Interpreting .... (307)
Appendix 2 Pilot Study Source Materials .... (309)
Appendix 3 Consecutive Interpreting Quality
    Assessment Scale .... (313)
Appendix 4 Informed Consent Forms and Templates
    (Questionnaire, Interview, Experiment) ...... (314)
Appendix 5 DSM Assessment Status Questionnaire for E-C
    Consecutive Interpreting (Students) .... (315)
Appendix 6 DSM Assessment Status Questionnaire for E-C
    Consecutive Interpreting (Teachers) .... (318)
Appendix 7 Interview Guide for Interpreting Teachers
    and Testing Experts .... (321)
Appendix 8 Initial Scale to Extract Influential Factors Influencing
    DSM in E-C Consecutive Interpreting .... (322)

Appendix 9　Formal Scale to Extract Influential Factors Influencing DSM in E-C Consecutive Interpreting ············（325）
Appendix 10　Factor and Dimension Weight Allocation Questionnaire in DSM Assessment Model for E-C Consecutive Interpreting ·······························（327）
Appendix 11　Annotating Logic Relations of the Source Material in the Experiment for Exploring the Difficulty Influential Mechanism ···························（332）
Appendix 12　Think Aloud Protocol Guidelines ·················（334）
Appendix 13　List of Abbreviations ···························（335）

Reference ···（337）

Index ···（364）

Postscript ··（367）

第一章

绪　　论

本章主要阐述了选题缘起、研究目的、研究前提、研究范围、研究内容与思路、研究意义、研究定位和章节安排。

第一节　　选题缘起

2006年翻译专业本科的正式设置标志着中国口译教育进入了蓬勃发展的新时代，中国口译研究亦迈入了新兴和多元发展时期（王斌华，2018）。随着人工智能、大数据、区块链等现代信息技术的发展，口译教学、测试和科学研究范式都发生了重要的变革：口译在线学习平台、在线教学资源库、考试题库、计算机译文评分系统等应势而生。

口译源语难度研究关系到口译教学、测试和研究的合理化、技术化发展，关系到学生学习信心的建立和学习效果的提升，关系到大规模高风险考试的信誉和信效度，重要性不容小觑。笔者前期针对国内院校口译教师（46名）和学员（186名）的调查问卷显示，目前在口译教学和测试中，口译源语难度把控不合理或不一致问题较为突出。回顾国内外口译研究文献，不难发现，口译源语难度研究尚未得到足够重视（Liu & Chiu，2009），为数不多的研究也存在诸多不足。总体来说，口译源语难度还需进行系统、全面、深入的研究，以满足口译教育信息化资源建设的发展需求，推动口译教学、测试和研究的科学化、规范化发展，本书即在此背景下展开。

一 口译教学、测试和研究的需求

任务难度（语料难度）把控问题对于课程制定者、大纲设计者、教材作者、教师、测试命题者来说都是核心问题，也是以过程为基础的翻译教学中的一个重要步骤（鲍川运，2009），由于缺乏较为客观科学的评估方法和标准，任务的选择和组合只能依靠直觉（Nunan，2004）。因此，口译源语难度研究和把控对口译教学、测试命题、口译研究都具有十分重要的意义。

首先，在教学层面，教材、教师、学生构成了教学的三个基本要素（郭晓明，2005）。具体到口译教学中，种类丰富的教学资源、口译教师和口译学员共同构成了口译教学的三大基本要素，而口译难度甄别和这三个教学基本要素关系紧密。口译教学技能性和实践性强，需要大量难度循序渐进的课堂辅助练习和课后自主练习资源。目前，国内口译教学的教学资源包括已出版发行的口译教材、在线教学资源库、教师实战素材和课堂模拟演讲等。

调查表明，1990—2011年我国出版的口译教材中超过75%的教材不能做到材料难度循序渐进，很少有教材根据Seleskovitch & Lederer（2011）、Sawyer（2004）的教学建议编写，Hönig（2002）也指出文献中很少有对口译教学资源难度进行客观与系统性的研究。教师和学生通常依靠主观经验自行寻觅教学和自主练习材料，若语料难度把握不当，不仅会令口译学习者的表现大打折扣，而且易损伤其自信心和好奇心，给口译人才培养带来不便（陶友兰，2010；高彬、徐珺，2012）。因此教师不仅应关注在教学中如何教，还应意识到在素材选择过程中的责任，选择的教学资源应符合学生的"量力标准"（孙三军、文军，2017），不可荒废学生的发展潜力与学习热情，进而达到最佳教学效果（杨承淑，2005）。此外，自2018年以来，"语料编制"过程中的难度把控标准成为"欧洲会议口译硕士"师资培训的重要内容之一,这也有力地说明了语料难度把控对教学和教师发展的重要性(邓军涛等,2022)。

其次,在测试层面,目前口译研究界多从质量评估和评分者打分问题入手,探究如何增强口译测试的信效度,却忽略了试题的语料难度甄别是关系到口译测试信度和效度的生命线,大规模高风险口译考试尤其要注重测试语料难度的把控(Gile,2009),才能体现考试的意义(杨承淑,2005)。中国是考试大国,口译教育在职业化发展的进程中也存在种类规模不同的各类测试。无论是小规模的入学潜能测试、教学检测、企业译员选拔还是大规模的全国口译职业资格考试,测试设计都带有一定的主观色彩,测试语料选择易受"晕轮效应"的影响,缺乏科学客观的难度评估体系。有时因为各评判专家对影响难度的因素理解不一致,甚至会出现专家组意见不一致的情况,严重影响了口译测试的信度和效度(Alderson,1993;Fulcher,1997;王斌华,2007;Liu & Chiu,2009)。

目前,以 CATTI[中国翻译专业资格(水平)考试]为代表的测试机构已开始努力建设在线考试题库,尝试计算机自动命题,希望从根本上改变现代高风险口译考试经验式、作坊式的命题模式,发挥命题在考试中的枢纽和龙头作用,服务并保障考试内容和形式改革(于涵,2018)。在此过程中,考试机构需制定科学严谨的试题语料难度评估体系和方法,以准确测量试题库中语料的难度值,服务口译试题库的分级建设和口译测试的自动命题。

最后,在研究层面,口译源语难度把控关系到研究过程的严谨性和研究结果的有效性。在口译实证研究中,研究者经常需要选取若干篇口译语料对受试开展实验。在此过程中,语料的难度问题是需要研究者注意控制的变量,研究者通常需要单列一小节阐明如何对待测语料的难度进行合理把控。但是由于目前缺乏对口译语料难度影响因素的系统实证研究,导致研究者不能客观全面认识口译任务难度影响因素,在控制变量选取过程中较为随意和主观,最终影响了实验结果的准确性(Hönig,2002;Liu & Chiu,2009)。

综上可见，口译语料难度甄别和评估无论是对教师、学生、测试命题者还是考生来说，都应是一个亟须受到关注的对象。

二 信息化口译资源建设需求

党的十九大报告指出将教育信息化作为教育系统性变革的内生变量，支撑引领教育现代化发展。[①] 新时代赋予了教育信息化新的使命，随着国家《教育信息化 2.0 行动计划》的提出，我国在新时代教育信息化的发展进程中即将实现跨越式发展。

在信息化时代背景下，基于信息技术的口译教学受到了前所未有的重视，信息技术已成为口译学科发展中不容忽视的一个因素，与口译教学呈现深度融合趋势（邓军涛、仲伟合，2019），推动了口译教、学、测各个环节的变革。例如，口译教学资源打破了使用纸质书籍加录音的传统方式，取而代之的是各种在线学习网站、在线教学语料库；教师授课和学生学习方式发生变革，慕课、学习小组、网络研修等新的教学和自修方式不断涌现；各种计算机辅助口译训练软件的开发为学生口译自主训练的开展提供了技术保障；在线考试题库和自动化评分系统的开发提高了大规模现代化口译测试的效率。

然而，信息化口译资源建设过程中仍然存在诸多挑战，有待口译研究者开展纵深研究，挑战之一即口译语料的难度甄别问题。在口译教学资源库建库过程中，语料难度甄别是确保资源库语料对学习者认知水平具有适度挑战的关键步骤（邓军涛，2014）。Becta (2008，转引自邓军涛，2014) 指出，要将数字化资源转化为有价值的教学资源就必须遵循教学资源对学习者学业成就的适度挑战性。信息化时代，网络资源语种齐全、内容丰富，但要将之应用于具体的口译练习或是口译课堂，就需要考虑文本特征、语料的难度和循序渐进性等（Seeber, 2006）。此外，语料难度甄别还关系到现代化

---

① http://www.moe.gov.cn/srcsite/A16/s3342/201804/t20180425_334188.html.

口译测试在线题库的分级和自动组卷的试卷质量。故而，开展口译源语难度研究符合信息化时代口译教育的发展趋势，回应了信息化口译资源建设的挑战。

三 翻译教学中学习者研究的缺乏

难度本身具有主客观双重属性，对于同一事物而言，不同的任务接收者因其自身能力水平的差异，对事物难度的感知也会存在差异。此道理同样适用于交替传译源语难度的感知判断，即不同语言水平和口译能力的学生，对于源语难度的影响因素和整体难度感知必然存在差别，任何客观指标都有可能无法反映学生译者的主观感受（原蓉洁，2018），故需要教师和测试专家等了解不同阶段学生主体特征、学习难点，在选材和命题过程中充分考量语料的难度，做到难度适中。

对于不同阶段学生学习难点的把握和研究，属于翻译教学中的学习者因素研究。但是目前在翻译教学界，针对翻译学习者开展的研究，尤其是实证研究尚非常缺乏，为数不多的前人研究基本也出自MTI（翻译硕士专业学位）学生的实践报告，乃学生对于自己实践过程中遇到的难点的总结和主观反思。

传统而言，翻译教学界研究者更多地关注翻译学习中的非学习者因素，如翻译教材、翻译教学方法等，很少考虑翻译学习者的能力差异及其需求，容易导致教师和学生认知脱节，学生在学习过程中存在负面情绪，这是翻译教学研究中的一大问题（武光军，2018、2019）。为了解决以上不足，翻译教学研究必须关注翻译学习的主体，即从翻译学习者视角出发，开展翻译学习者因素的相关研究，尤其要加大与学习者因素相关的实证研究，通过大量系统的数据，了解翻译学习者的真实感知和学习难点，从而做到因材施教，提高翻译教学效果及相关考试的效度，这也是本书选择从学生视角出发，考察英汉交替传译过程源语难度的主要原因之一。

四 口译源语难度研究的现状和不足

口译源语难度研究属于广泛意义的翻译难度研究范畴。翻译活动涉及接受源语、理解源语和再表达的过程，因而影响翻译难度的因素众多。研究者从不同维度总结了影响翻译难度的因素，如源语维度、译者能力维度和翻译任务特点维度（Campbell，1999；孙三军、文军，2015）。口译活动因其源语转瞬即逝性、现场性和即时性等特点，使得影响口译任务难度的因素更加复杂。Liu & Chiu（2009）认为应从源语、工作模式、工作环境、背景知识四个维度考察影响口译难度的因素。与此同时，研究者也指出在以上影响翻译难度和口译难度的维度中，源语维度的难度影响因素更复杂多样，且不易控制，需要引起教学和测试专家的格外注意（Campbell，1999；Liu & Chiu，2009）。基于此，本书选取对于口译难度产生最主要影响的源语难度为研究对象。

回顾前人文献可以发现，前人对于口译源语难度已有研究主要有以下五个方面的不足：一是难度影响因素零散和缺失，研究者多基于主观经验及文本难度研究成果，选取若干影响口译源语难度的零星因素，从词（Pöchhacker，2004 等）、句（Liu & Chiu，2009）、篇章（原蓉洁，2018）层面进行实证研究，虽然研究结论较为合理，但难度影响因素的选取或缺乏实证论证、或缺乏理论支撑，或缺乏系统聚类；二是口译源语难度评估方法准确性不高，多使用平均赋值法对不同难度影响因素平均赋值（黄晓佳、鲍川运，2016），尚未考虑不同因素对于源语难度影响的差异，评估结果的准确性缺乏验证；三是思路单一，多考察单一因素的作用机制，忽略考察口译活动中不同难度影响因素之间的交互作用；四是研究视角单一，多从研究者和教师视角出发，忽略从难度感知主体，即学生视角出发考察他们对于源语难度影响因素的真实感知；五是针对源语难度研究的口译工作模式单一，以同声传译为主（Alexieva，1999；Setton，

1999等），其他形式的口译如交替传译（Liu & Chiu, 2009等）、视译（赖则中, 2010等）等为辅，不同口译形式之间的源语难度研究得到的关注度不平衡。

然而，本书认为交替传译源语难度研究滞后会在一定程度上影响口译教育的整体发展，主要原因如下：首先，交替传译在大部分院校教学安排中被安排在同声传译课程之前，综合了口译工作中一些核心技术（张吉良, 2003），凸显了交替传译在口译培训过程中的重要性。其次，交替传译与同声传译虽然都是两种常见的口译工作模式，但是其在工作程序、注意力分配、记忆方式、译语产出质量、质量评估标准、源语难度影响因素、工作技术要求方面都存在较大差异，值得对其开展进一步研究（张吉良, 2003）。最后，交替传译广泛应用于各类场合，如国际会议、商务谈判、远程救助、公共服务等，各国的口译测试均设有交替传译考试，需要对其加强研究。

基于以上四方面背景和英语作为第二外语对学生的交替传译听辨障碍更大，本书认为英汉交替传译源语难度评估是口译教学、测试和研究领域的重要课题。目前，国内外关于其研究仍处于起步阶段，研究成果较为分散，研究视角不够多元，缺乏系统的理论研究框架和严谨的实证研究设计，这些不足为本书提供了一个较大的值得探索的空间，也体现了本书的重要性和必要性。

本书将采用多阶段多元互证的研究方法，即通过对已有文献的梳理分析、广泛的调查研究及学生交替传译表现，提炼英汉交替传译源语难度评估体系中的维度和因素，确定各主要难度影响因素和维度所占权重。在以上研究基础之上，再结合文献法、理论思辨、前期调查和英汉交替传译测试，深入探究评估体系中各难度影响因素的作用机制，为评估体系中各因素的难易打分提供描述语参考。整个研究遵循了理论和实证结合，定量和定性结合，由表及里，点面结合的研究思路。

第二节 研究目的

本书旨在遵循多阶段、多元方法互证的实证主义研究思路，构建可量化分析的英汉交替传译源语难度评估体系，为口译教学、测试和研究的合理化、科学化、规范化提供参考，并为口译源语难度评估的程序化和计算机化奠定基础。

第三节 研究学理前提分析

学理主要指科学研究得以顺利开展的理论前提。本书之所以能够开展，主要基于三重学理前提，其一是语言方向性对口译会产生影响；其二是交替传译与其他口译形式在工作模式和源语语篇方面存在差别；其三是难度具有主客观双重属性，下面将分别阐述。

一 语言方向性对口译的影响

本书主要探索英汉语对的交替传译源语难度评估，因此语言方向性会对口译产生影响理应成为本书的学理前提之一。就语言方向性对口译质量产生影响而言，口译尤其是会议口译界一直对此颇有争议，也进行了积极探索和论证。

早期国际口译界中以巴黎释意学派为代表的学者（如 Seleskovitch & Lederer, 1989）认为口译中尤其是同声传译中，考虑到译员的母语表达能力较强，而B语言（非母语）容易受到压力的影响，因此译员只能译入外语，译出母语，以保证口译质量。而反对观点（如 Denissenko, 1989）则认为母语译入外语，更能保证口译质量，其原因在于母语的理解难度较小，译员更容易理解母语，从而保证输入时信息获取的完整性。近年来，我国口译研究界也对语言方向性与口译质量的关系进行了探索，并且将语言方向性研究与不同口译模式相结合，认为语言方向性确实会对不同口译模式，如视译、交替传译以及同声传译的信息加工方式、译语质量、口译策略等产生影响（付荣波，2013；程喆，2017；袁帅、万宏喻，2019；李婷婷，2019；何妍、李德凤、李丽青，2020等）。

基于以上研究结论，本书认为从学理层面来说有理由确认在不同口译模式中，译员在理解和译入外语时的难度更大，需要耗费更多的资源进行听辨，故而本书以英汉方向的口译源语为研究对象，进行难度影响因素提取和评估体系建构。

二 交替传译工作模式和源语的独特性

除了研究特定的语言方向性即英译汉外，本书主要探索交替传译这一工作模式的源语难度评估，因此，交替传译的工作模式和语篇与其他口译模式存在差别应为本书的另一重要学理前提。

前人研究表明，交替传译与其他口译形式在工作模式上存在差别主要表现在工作程序、注意力分配方式、记忆方式、脱离语言外壳程度、译语质量评估、技术要求和工作环境等方面。就工作程序而言，交替传译的各个程序呈历时顺序展开，译员的译语发布永远处于源语结束后，拥有的口耳时间差相对较长。就注意力分配方式而言，译员接受和理解源语信息是和译语产出分开进行的，因此可集中注意力于每一项任务中，关注源语的有声和各类副语言信息。就记忆方式而言，由于交替传译源语发布的时间可能短则几十秒钟，长则数十分钟，因此译员需要在笔记的辅助下，充分调动短时和长时记忆，以保证对源语信息内容完整全面地复刻。就脱离语言外壳程度而言，由于交替传译中译员在发言人发言完毕后才开始翻译，因此可以充分利用源语的情境知识和个人的理解，脱离语言形式束缚，再现源语发言人的话语意义。就译语质量评估而言，交替传译对源语的理解相对较为完整，译语通常较为顺畅、达意，且富有逻辑性。就技术要求而言，除了有和其他模式口译相同的译前准备、听辨、理解和代码转换技术外，交替传译译员还需具备较为关键的笔记技术，以辅助记忆，进行译语输出（张吉良，2003）。就工作环境而言，交替传译译员通常和发言人处在相同的时空中，可以有机会和发言人沟通，接受发言人的各类副语言信息。

基于交替传译的独特工作模式，交替传译的源语既和其他口译模式的源语一样具有衔接性、连贯性、意图性、可接受性、信息性、情境性、互文性、口语性、冗余性和短暂性特征，也存在独特性，如源语语义完整性、源语结构的层级性和源语内容的多模态性等（原蓉洁，2018），其中源语语义完整性主要体现在交替传译源语的语义相对完整，便于译员准确把握源语语义；源语结构层级性主要体现在交替传译中，译员可以利用口耳时间差和前后较为完整的语义，对交替传译源语的微观命题进行充分解读，进而基于可理解的微观命题和自身背景知识，构建更为宏观的命题，最终实现对源语的充分理解；源语内容的多模态性主要体现在译员不仅需要关注发言人的有声语言信息，如词汇、句法、逻辑、语速、口音等，还需要对现场发言人使用的各类副语言信息和提供的信息媒介，如停顿、沉默、手势、表情、图表等进行揣摩和解读，保证源语信息得以完整、正确地传译。

综上所述，本书认为从学理层面来说有理由确认译员在不同口译工作模式中面临的源语和口译中的难点存在差异，研究者不能对所有模式的口译难点一概而论。故而本书以交替传译源语难度为研究对象，希望能够对其他模式口译的源语难度评估提供参考。

三 难度的主客观双重属性

本书主要从学生视角考察英汉交替传译源语难度的影响因素和评估问题，因此难度具有主客观双重属性，从特定能力的学生视角开展难度评估也是本书得以开展的学理依据之一。

关于难度的定义可以分为通用定义和特定领域的定义，本书虽然聚焦英汉交替传译的源语难度评估，但可从通用的难度定义和其他领域的难度定义中寻找研究理据。根据《当代汉语词典》（莫衡，2001）释义，通用的难度可释义为"技术或记忆方面的困难程度"。其他诸多领域的研究者从测试学、二语习得、运动学、认知心理学、教育学、心理测量学角度进行难度定义。如 Davies et al. （1999）认为"难度是某一测试或者某一道试题对一个或一群特定被试的难易程度"；吴旭东（1997）认为"任务复杂程度越高，包含成分越多，学习者要花的脑力就越大，同时要注意的方面就越多，任务就越难"；李通等（2015）认为"难度是任务对学习者付出努力要求的高低"等。

通过以上定义可以看出难度主要具有三个特点。首先，难度是物体具有的客观属性，不同任务都有造成技术或记忆困难的客观因素。其次，难度又是一个相对的概念，主要是针对被试者的能力而言。同一项任务或同一次测试对于不同能力的被试来说难度应该是不同的。此外，"难度"的主要考察表征在于任务执行者在完成任务过程中所消耗的脑力和努力，即脑力负荷或认知负荷。

结合以上分析，本书认为将难度的主客观双重属性相结合从源语难度感知主体视角出发，通过测量任务负荷或主观感知，考察源语难度的影响因素和权重符合学理前提及逻辑。

第四节　研究范围界定

本书中涉及的高校、学生、教师、专家范围界定如下。

1. **高校**：本书中的高校限定为开展翻译硕士（MTI）口译方向教学的高校。为保证研究中样本分布的合理性和全面性，研究中涉及的 MTI 口译教学高校根据院校类型和地区分布不同，分为了华东、华西、华南、华北和华中地区的综合类、理工类、师范类、外语类和其他类型高校,其他类型高校主要包括民族类、农林类、医药类、财经类、军事类等。

2. 学生群体:考虑到难度的主客观双重属性和语言水平、学习时间等变量对交替传译源语难度感知的潜在影响,本书的研究对象主要是各高校MTI口译方向一年级下学期的学生,这阶段学生在一年级上学期已经系统学习了口译基础课程,对于交替传译和其他类型口译有了初步认知,并且即将迈入交替传译高阶和同声传译初阶学习阶段。同时,他们也是参加CATTI交替传译考试的主力军,因此考察他们对于交替传译源语难度的感知,对于指导教学和测试的难度把控具有更为积极的意义。

3. 教师群体:本书中涉及的教师主要是各类型和地区开设MTI口译方向教学高校中,教授过交替传译课程并且教龄大于5年的教师,以考察他们在教学过程中对于学生学习难点的认知,比较他们认为的难点与学生难点感知的差异,同时邀请相关教师对本书中的问卷进行预填并提出修改建议。

4. 专家群体:本书中的专家主要指对于本书涉及的知识领域具有较为丰富的理论和实践知识,并能对本书中的结论形成、问卷表述修正等提供帮助的专家学者,如全国交替传译教学语料库建设专家、CATTI考试中心命题专家、口译信息化教学资源研究专家、语言学和计量语言学领域的专家等。

5. 辅助研究者:本书共有四名辅助研究者,其中两名辅助研究者为华南地区某高校的翻译学博士研究生,他们在翻译尤其是口译教学、研究、实践和技术运用中均具有较为丰富的经验,协助研究者在研究过程中开展转写、编码、问卷预读和学生口译质量评估工作;一名研究者为西班牙某大学自然语言处理的博士研究生,指导和协助研究者运用语言计量和标注软件;一名研究者为华南地区某高校应用数学硕士研究生,指导研究者进行数据处理和分析。

第五节 研究内容和思路

研究内容 1：提取英汉交替传译源语难度评估体系中的维度和因素。

首先，基于质性研究方法论，对实践层面（翻译国家标准和行业规范）、教学层面（口译教材、著作）和研究层面（笔译难度、口译难度、测试任务难度、副语言研究）的文献进行系统梳理，并遵照定性资料三级编码的方式，提取质性文献中提及的可能影响英汉交替传译源语难度的潜在因素和维度，作为评估体系理论模型的来源之一。

其次，基于量化研究方法论，以欧盟口译语料库中交替传译教学语料为来源，选取五个不同难度等级的 45 篇文章并转写，借助文本易读性、词汇复杂性、句法复杂性和 SPSS 软件，提取对 45 篇语料难度产生显著预测效应的客观指标，作为理论模型的另一来源。

再次，建立英汉交替传译源语难度评估体系理论假设模型。汇总以上质性和量化渠道获得的主客观难度影响因素，按照既定的指标体系构建的原则进行筛选，初步提取出影响英汉交替传译源语难度的因素和维度，并结合专家评估建议修改完善，构建英汉交替传译源语难度评估体系理论假设模型。

复次，假设模型理论饱和度检验。通过对比 MTI 口译学员口译源语难度现状调查问卷结果，开展 MTI 口译学员回溯性访谈和焦点访谈，对理论假设模型进行理论饱和度检验，确认假设模型理论饱和。

又次，检验假设模型信效度。参考已有研究成果明确理论假设模型中各因素的表征和计算方式，编制英汉交替传译源语难度影响因素感知量表初始量表，并邀请专家评估和修正初始量表。而后发放修改后的初始量表，运用 SPSS 软件对初始量表的回收数据进行探索性因子分析，通过主成分分析和纠正相关系数（Corrected Item-Total Correction，CITC）的方式剔除因子载荷较低的因素和整体信度不合格的维度，实现对初始量表的修正。

最后，构建英汉交替传译源语评估体系正式模型。根据修正后的初始量表条目，编制正式的英汉交替传译源语难度影响因素感知量表，在全国范围内不同地区和类型的 MTI 口译教学院校发放。随后对量表数据进行验证性因子分析，以验证量表具有较高的信效度，正式确定英汉交替传译源语难度评估体系包含的维度和因素。

研究内容 2：分配英汉交替传译源语难度评估体系模型中各维度和因素的难度影响权重。

首先，制作英汉交替传译源语难度影响因素重要性感知量表。基于研究内容 1 的维度和因素，运用层次分析法，构建英汉交替传译源语难度评估体系的层次模型，并据此制作英汉交替传译源语难度影响因素重要性感知量表，邀请专家评估和修改。

其次，量表发放和回收。邀请部分高校 MTI 口译学员对评估体系中的各维度和因素的重要性进行两两对比和"9 标度"判断，并回收问卷。

再次，矩阵判断与求解。根据量表结果，构建难度影响因素重要性判断矩阵，并运用合法求解，获得各维度和因素的难度影响权重。

最后，权重分配结果检验。利用一致性指标、随机一致性指标和一致性比率对判断矩阵做一致性检验，当一致性比率 C.R. <0.1 时，表明权重分配结果合理，否则需重新构造判断矩阵。

研究内容 3：探索英汉交替传译评估体系中各因素的难度影响机制，检验评估体系的效度。

首先，确定研究方法。根据评估体系中各难度影响因素的性质、测量方法以及前人研究基础，确定各因素的难度探索方法，即基于质性方法的研究、基于文本分析方法的研究和基于实验法的研究。

其次，开展不同难度影响因素的作用机制研究。借助前人研究成果、文本难易度测量软件、词汇和句法复杂度分析软件、RST标注软件等，对各难度影响因素的作用机制进行探索，确定各因素的难易评估描述语。

最后，评估体系效度验证。本书通过评分效度和效标关联效度验证评估体系的效度。具体做法为使用本书构建的源语难度评估体系对待测的三篇英汉交替传译语料难度打分，并将该难度评估值和学生对语料的难度感知打分进行相关性检验，检验评估体系的评分效度和效标关联效度。

第六节 研究技术路线图

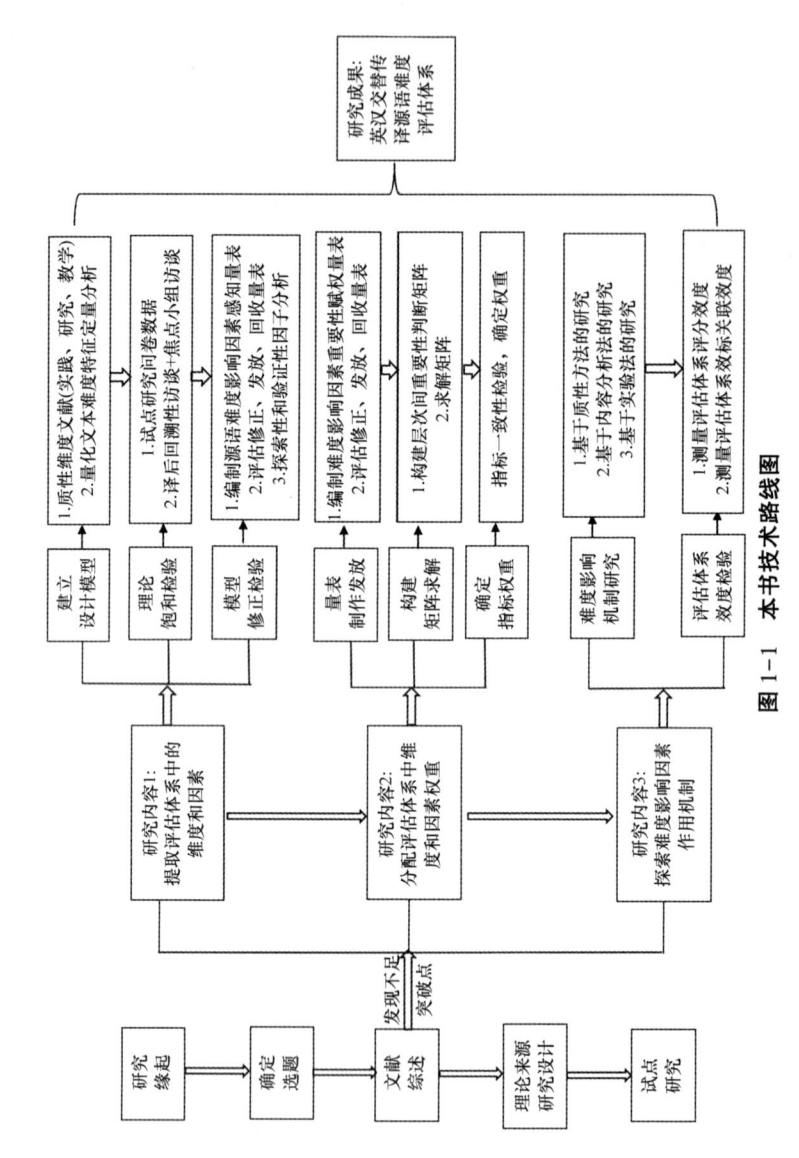

图 1-1 本书技术路线图

第七节 研究定位

仲伟合、王斌华（2010）指出，口译研究作为一门正在形成中的学科，其发展必然借鉴诸多相关学科研究成果，因此，最利于口译研究充分发展的学科定位是：一门属于"翻译学"学科之下的独立的子学科，其鲜明特点是："交叉学科"，并提出了完整的口译学科研究框架图，见图 1-2。

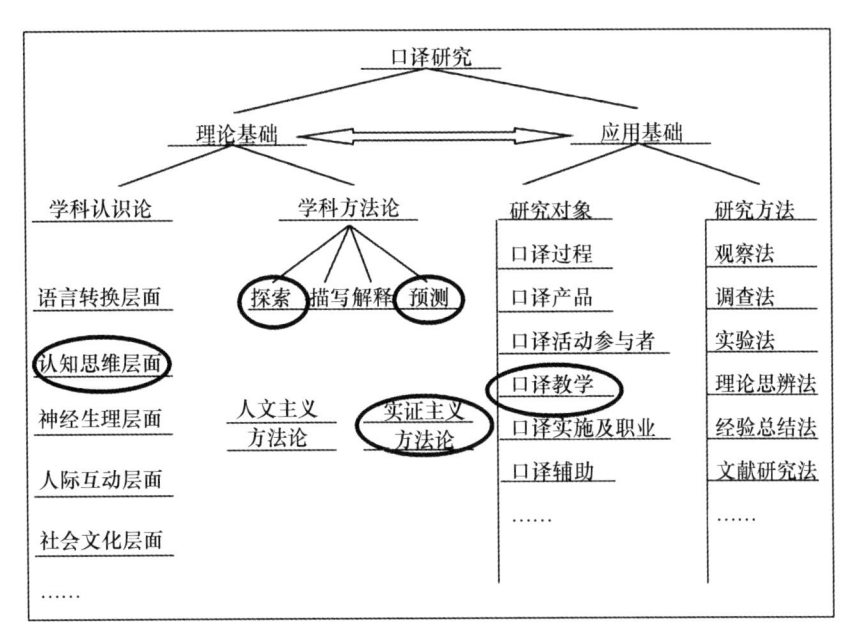

图 1-2　本书学科内部定位图（仲伟合、王斌华，2010）

从口译学科内部定位图看，本书主要为口译应用研究中的教学研究，其认识论主要为认知思维范式，方法论为实证主义指导下的探索和预测性研究。同时，根据穆雷、李希希（2019）提出的翻译教育研究的学科框架，本书在"教"层面，属于教材/教学语料研究;在"学"层面,属于学习感知和影响因素研究;在"测"的层面属于测试内容研究。此外,本书的研究对象交替传译与同声传译、视译、手语翻译一样,都是口译教、学、研的重要模式之一。

从学科交叉性来看,本书最主要基于翻译学理论研究成果,同时参考了若干跨学科理论成果。翻译学理论成果包括翻译难度测量框架(孙三军、文军,2015)、交替传译教学语料难度评分标准(黄晓佳、鲍川运,2016)、交替传译认知负荷模型(Gile,2009)、交替传译质量评估量表(Lee,2015)。跨学科研究成果包括借鉴认知科学中的脑力和工作任务负荷量表,测试了本书中受试的译后难度感受;借鉴语言学中的相关定义,探讨了本书的难度影响因素的定义;借鉴测试学中的社会—认知效度验证框架(Weir,2005),设计了本书所构建的评估体系的效度验证方法;借鉴教育学中的最近发展区理论(Vygotsky,1978),确定了本书的研究视角和实验对象。

第八节 研究意义

本书的研究意义主要体现在理论意义、应用价值和方法论意义三个方面:

一 理论意义

英汉交替传译源语难度研究对于深化交替传译难度影响因素认知,丰富口译难度研究视角,拓宽交替传译研究主题,提高交替传译研究关注度以及难度研究跨学科输出等具有一定理论意义,具体如下。

第一,从理论层面补充和丰富英汉交替传译源语难度影响因素,构建英汉交替传译源语难度评估体系。鉴于前人对于英汉交替传译源语难度影响因素的提出多基于主观经验或借鉴已有的翻译难度、文本难度研究成果,提出的因素较为零散和单一,缺乏系统的理论框架。本书结合多渠道文献、问卷调查、交替传译语料文本分析、学生实验译文分析和层次分析法等方式，全面系统地总结和提炼了影响交替传译源语难度的因素和维度，并对其各自影响权重和影响方式进行了深入考察，有望丰富和完善英汉交替传译源语难度的理论研究，深化对交替传译难度影响因素的理论认知。

第二，从学生视角出发，丰富翻译难度研究视角。传统的翻译难度研究较多借鉴文本难度研究中所使用的难度指标和难度评估方法，但没有借鉴文本难度的研究视角。文本难度研究多从读者视角出发，考察特定能力范围内的读者对于不同难度影响因素的感知。而翻译难度研究者多从研究者的经验和主观判断出发选择难度影响因素，忽略原文信息的接收者学生对于难度影响因素的具体感知。本书在原有以研究者为主体视角的基础上，补充考查了学生对于翻译难度影响因素和影响方式的感知，有望为翻译难度研究提供新的视角。

第三，拓宽丰富交替传译研究主题，提高对交替传译工作模式的关注度。从交替传译研究文献的总体数量来看，交替传译研究集中于交替传译策略、认知过程和质量评估研究，对于其他主题研究鲜有关注，近年来随着口译专业教育的兴起，交替传译测试和课程构建研究也在增多，但是对于事关"教什么"和"测什么"的交替传译任务难度研究成果占比仍然较低。本书对于交替传译源语难度的研究可在一定程度上拓宽以上主题研究。此外，自20世纪70年代巴黎学派将会议口译研究热度推向顶峰，其他类型的口译研究基本都被同声传译的光芒遮盖（仲伟合等，2010），本书以交替传译这一工作形式为研究对象，以期能够提高研究界对于交替传译研究的关注度。

第四，本书将融合翻译学、语言学、测试学、教育学领域的理论研究成果，这种跨学科的研究视野有助于增强研究结论的解释力，所得出的研究结论有望能够在理论层面进行相应的跨学科输出，为其他学科的难度研究提供理论借鉴。

二 应用价值

本书具体的应用价值如下。

首先,为源语难度评估的计算机化和程序化奠定基础。在口译教育信息化迅速发展的今天,开展可量化的英汉交替传译源语难度评估研究,有助于构建计算机化和程序化的源语难度评估模型,提高交替传译在线教学资源库、学习平台、考试题库和自动命题的难度分级效率及科学性,推动信息技术发展和口译教学深入融合。

其次,就口译教学测领域而言,本书成果有利于教学资源编写者合理安排教材的难易度;有利于口译教师了解学生的学习难点,根据学生的难度感知反馈调整教学语料的难易度,促进教学目标的顺利完成;有利于学员在自主学习环节选择难易度合适的练习语料,建立学习信心,提高学习效率;有利于交替传译测试命题者识别学生交替传译难点,提高交替传译学能测试、教学评测、资格考试等的信度和效度。

最后,就口译研究而言,目前越来越多的口译研究尤其是硕博士层面的口译研究偏向使用实证主义研究方法,开展口译测试成为口译实证研究的主要研究方法。本书预期成果之一英汉交替传译源语难度影响因素框架可为口译实证研究控制交替传译源语语料难度提供参考,增强实验过程的严谨性和研究结论的准确性。

三 方法论意义

本书采用多阶段混合实证的研究思路,即下一阶段的研究对象和研究思路取决并建立在上一阶段的研究结论基础之上[①]（Han, 2015）,具体研究方法包括文献法、内容分析法、问卷法、访谈法、

---

① the research follows a multi-phase mixed-methods research (MMR) design, in which research results from a previous study inform and build to a subsequent study.

层次分析法和实验法，因此本书的方法论意义主要如下。

一可为其他语言方向、语言对和工作模式的口译源语难度、口译难度、翻译难度乃至更大范围内的任务难度研究提供方法论借鉴。本书首先以交替传译认知负荷模型为理论来源，结合质性和量化研究结论，提取了英汉交替传译源语难度的评估体系中的维度和因素，在此基础上对其进行权重分配和难度作用机制研究，力争做到由表及里、点面结合。该种多阶段混合研究和点面结合的研究路径可为其他难度评估研究提供参考。

二可为其他语言方向、语言对和工作模式的口译源语难度、口译难度、翻译难度乃至更大范围内的任务难度研究提供具体研究方法的参考。本书综合运用了文献法、内容分析法、问卷法、访谈法、层次分析法和实验法开展研究，尤其是使用了系统工程学中的层次分析法，将主观的难度感知通过模糊运算进行量化，进而计算出各难度影响因素相对于整体难度的不同影响权重，一定程度上弥补了以往难度研究结论主观性过强和评估方法准确性不高的缺陷，可为其他领域的难度评估研究提供方法借鉴。

第九节　章节安排

本书共分为七个章节。

第一章　绪论。本章首先从口译教学、测试、研究的需求，信息化口译教学资源建设需求，翻译教学中学习者研究的缺乏，口译源语难度研究的现状和不足角度论述了研究背景和紧迫性；其次论述了研究目的和学理前提，对研究范围进行了清晰界定，并介绍了本书的研究问题、研究内容与思路以及研究定位，描绘了本书的技术路线图；最后分别从理论、应用价值和方法论意义三个角度阐述了本书的意义和创新性。

第二章　文献综述。本章主要目的在于回顾和本书密切相关的前人研究成果，总结前人研究的不足，阐明本书的研究问题是如何在已有研究的基础上逐步细化而成。本章将首先回顾文本、副语言、任务和教学测评领域难度研究所取得的主要成果，借鉴其研究成果，为本书核心概念的厘定、主要难度影响因素的确定、研究视角、研究思路和研究方法的设计等提供参考。同时，还将详细回顾笔译难度、口译难度和交替传译源语难度的既有研究成果，总结研究不足，以此帮助确定本书的起点、拟突破点和研究问题。

第三章　研究基础。本章回顾了本书能够顺利开展的基础，主要包括理论基础和研究基础两大方面。理论基础部分厘清了本书中六个重要概念的定义，介绍了本书的理论来源，论述了各理论对于本书的适切性。研究基础部分着重介绍了本书的研究问题及其对应的研究方法和数据分析方法，同时，也阐述了本书的伦理规范性。

第四章　英汉交替传译源语难度评估体系假设模型构建。本章首先通过调研，从学生、教师等不同视角展现了教学和测试中交替传译源语难度把控现状，并通过理论和实证研究相结合的方式，提炼了英汉交替传译源语难度影响因素评估体系中的各维度和因素，构建了待检验的英汉交替传译源语难度评估体系理论模型。

第五章　英汉交替传译源语难度评估体系模型构建与权重分配研究。本章通过实证研究的方式对英汉交替传译源语难度评估理论模型进行了修正和信效度检验，构建了英汉交替传译源语难度评估体系正式模型。并通过层次分析法对正式模型中各维度和维度中各因素的难度影响权重进行了分配。

第六章　英汉交替传译源语难度影响因素作用机制和效度验证研究。本章深入探索了英汉交替传译源语难度评估体系中各因素对源语难度的具体影响，为各因素难度评估打分的描述语提供了来源和依据。同时，也对评估体系的校标关联效度进行了检验，确保本书构建的评估体系合理有效。

第七章　研究总结。本章首先逐条回应了本书对前文研究不足的推进，回答了本书中提出的三个研究问题，进而论述了本书可能产生的主要研究贡献和启示以及在研究过程中存在的不足，并对未来的进一步研究提出建议和展望。

第二章

文献综述

本章旨在通过回顾和英汉交替传译源语难度研究密切相关的前人研究成果，为本书提供思路、方法、因素和工作定义的借鉴，同时通过发现和总结前人的研究不足，确定本书的起点和拟突破点。

鉴于本选题从隶属关系来说，属于"口译难度研究"，"口译难度研究"又属于"翻译难度研究"乃至更宏观的"难度研究"的一部分。故而，本章将主要对与口译语料难度评估关系较为密切的"相关领域难度研究"及直接相关的"翻译难度研究"文献进行综述。

考虑到英汉交替传译从本质上是一项工作任务，但其与口译教学与测试密切相关，且该任务的源语信息可通过语言和副语言两个渠道传递。文献综述第一部分主要包括三个领域：（1）文本难度研究综述，总结和提炼文本层面的难度影响因素和测量方法；（2）副语言难度研究综述，总结和提炼非语言层面的难度影响因素和测量方法；（3）任务难度研究综述，尤其是工作任务难度研究和教育测评领域难度研究综述，总结测试和工作任务负荷测评方法及工具。

文献综述第二部分主要立足于翻译学科内部的难度研究。鉴于笔译和口译是翻译中两种主要工作形式，关联紧密，同时为了凸显研究对象"英汉交替传译"这一口译工作模式的重要性和研究不足，本章将单列一小节对其进行回顾和述评，以区别于其他口译工作模式的难度研究。因此，文献综述第二部分同样包括三方面内容：（1）

笔译难度研究综述，总结和提炼笔译任务的难度影响因素和测量方法；（2）交替传译以外的口译难度研究综述，总结和提炼除交替传译外的口译任务难度影响因素和测量方法；（3）交替传译源语难度研究，提炼交替传译相关概念定义和难度影响因素及测量方法。

本章第三部分和第四部分别为研究起点和总结，主要对前两部分的文献综述进行整体回顾和辩证评述，阐明本书的起点和拟突破点，为研究问题做铺垫。文献综述部分结构关系如图 2-1 所示。

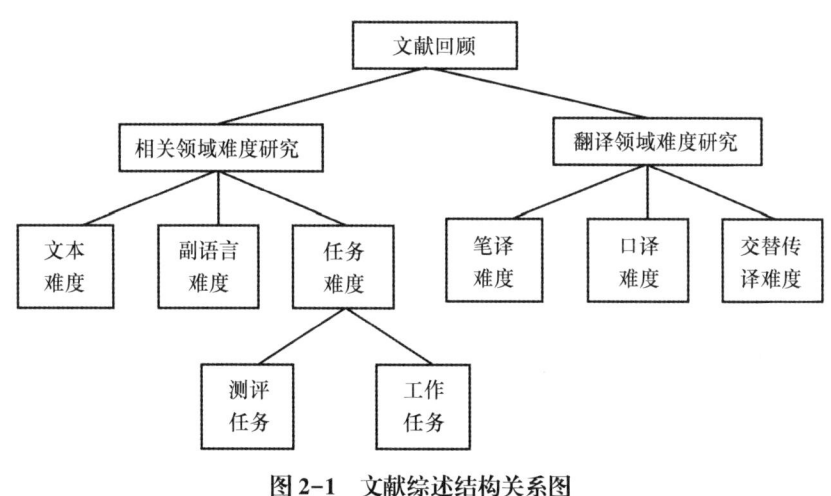

图 2-1　文献综述结构关系图

第一节　相关领域难度研究

"难度"通用释义为技术或记忆方面的困难程度[①]。其他诸多领域的研究者从各自研究领域出发，对难度提出了不同的定义。尽管难度定义存在差异，但是研究者都赞成难度是个相对复杂的概念，是客观性与主观性、相对性与绝对性相互作用的结果（如 Davies et

---

① 参考现代汉语词典（莫衡等 2001）。

al.，1999；孙三军、文军，2015等）。难度的主客观、相对与绝对双重属性决定了评估难度时既要考虑难度的客观性，即任务固有的特征对难度造成的绝对影响，也要考虑难度的主观性，即任务接收者因能力等不同造成的难度感知不同。

以上难度双重属性对本书具有重要启发，即在评估英汉交替源语难度研究时，既要注重考察对源语难度产生影响的语言、非语言等一切客观要素，又要从难度感知主体出发，考察特定能力水平的学生对于难度的感知，以实现对英汉交替传译源语难度的科学评估。基于以上考虑，本节选取和英汉交替传译源语难度研究密切相关的文本难度研究、副语言难度研究、任务难度研究进行综述，以期从相关领域的研究中获得启示和借鉴，推动本书开展。

一 文本难度研究

Wilss（2001）曾指出造成翻译障碍（Translation Difficulty，TD）的根源主要有四种，分别是转换源翻译障碍（Transfer-specific TD）、译者源翻译障碍（Translator-specific TD）、语类源翻译障碍（Text-type-specific TD）和个体源翻译障碍（Single-text-specific TD）。在以上四类翻译难度障碍中，转换源翻译障碍和语类源翻译障碍和翻译原文的文本特征密切相关（见图2-2）。对于英汉交替传译而言，源语本身的文本层面特征如词汇、句法、文体、语域、篇章结构会对信息传达与译员表现产生不同程度的困难。因此，有必要回顾文本难度研究成果，为本书提供启示和参考。

目前，国内外语言学家、心理学家、自然语言处理专家关于文本难度研究主要集中于三方面：（1）文本难度影响因素的研究，即哪些文本语言特征会对阅读文本造成难度；（2）文本难度测量方法研究，即如何基于不同的语言特征构建难度评估模型或体系，测量文本的整体难度；（3）易读性研究的评价（章辞，2010）。由于前两个研究主题和本书较为相关，本节主要回顾前两方面的文本难度研究成果，并阐明其对本书的重要启示和借鉴。

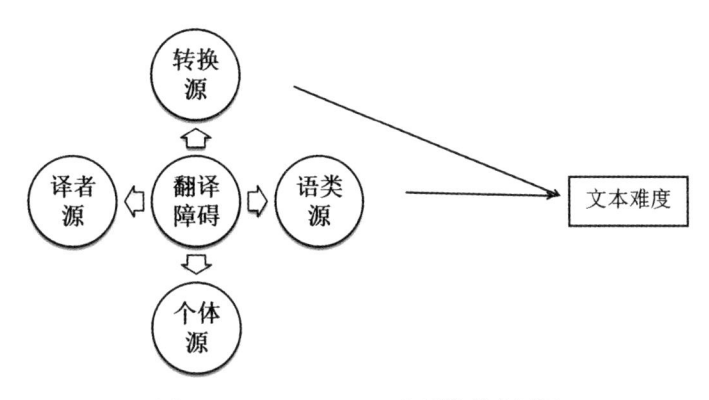

图 2-2 Wilss（2001）翻译障碍来源图

（一）文本难度影响因素研究

文本难度影响因素研究的历史最早可追溯到 1983 年，研究成果自 1920 年开始逐渐增多。早期的文本难度研究代表有 Nikolai A. Rubakin（1889）、Sherman（1893）、Kitson（1921）、Thorndike（1921，1932，1944）、Gray & Leary（1935）[①] 等，以上研究者主要基于可计量的词、句层面语言表征判断文本的难易度。

具体来说，1889 年，Nikolai A. Rubakin 在俄罗斯对超过 10000 个书面文本进行研究，提炼出了 1500 个容易理解的常见词，并指出不熟悉的词汇和长句是造成大众阅读困难的主要障碍。1921 年，Harry D. Kitson 通过阅读两种新闻报道和杂志，总结出短句和单词可以明显降低阅读新闻文本的理解难度。

英国研究者 Sherman（1893）发现自伊丽莎白时代至他所处的时代，英文句长在不断缩短，从平均每句 50 词到 23 词，且实词数量（concrete words）在增多，因此更容易理解文学文本。由此，他首次提出了文学文本难度分析的两个因素，即句长和实词数量。

进入 20 世纪 20 年代后，教育领域工作者开始意识到，要想提

---

① 以上五个参考文献均转引自 https：//en.wikipedia.org/wiki/Readability。

高学生的阅读能力，需要为学生提供与其能力水平相适应的阅读材料，这一点对初学者尤其重要，因此，教育领域研究者开始对教育领域的文本难度开展研究。如1921年，教育心理学家Edward Thorndike在其出版的著作 *The Teacher's Word Book* 中提取了10000个常用英文词汇，组成词汇库，并于1932年将词汇库丰富至20000个，1944年丰富至30000个。该研究成果在此后较长时间内为教师选择难度合适的阅读材料提供了参考，也为后期文本难易度研究奠定了基础，但是实际操作比较费时，且考虑的文本难度影响因素较为单一。

随后，Gray & Leary（1935）较为全面地总结了影响文本难度的因素。他以数篇不同类别的阅读材料（报刊、书本、测试）为语料，对1690个来自不同地区和工作领域的美国成年人的阅读能力展开了大规模的调查访谈，归纳了228个影响成年人阅读难度的因素，并进一步将其归为四大类，按照影响的重要性依次为内容层面因素（Content）、文体层面因素（Style）、设计层面因素（Format）、结构层面因素（Organization），见图2-3。他们认为在以上因素中，只有文体层面的因素如词汇、句法等容易测量，并用平均句长、难词数量、人称代词数量、专有名词数量以及介词短语数量五个指标拟合了文本难易度测量模型，使用该模型对大约800名成年人开展阅读测试。结果表明，模型与成年人阅读可理解力的相关性为0.645。该研究成功实现了运用统计的方法开展文本难易度测量，开拓了后期文本难易度公式研究者的研究思路。

总体来说，早期文本难度研究主要兴起于西方，研究成果基本都可归入词法和句法两大类语言内因素。词汇类因素包括句子平均单词数、介词短语数、不同词的百分比、不常见词数、多音节词数、形容词数、副词数、不确定修饰词数（Betts, 1949; Rosenshine, 1968, 转引自李绍山, 2000等）；句法层面因素包括句子数量、事实密度、概念负载量、词汇的抽象程度、语法分布频率、连贯性特征（Dechant & Smith, 1961, 1977; Frazier, 1988; Kintsch & Miller,

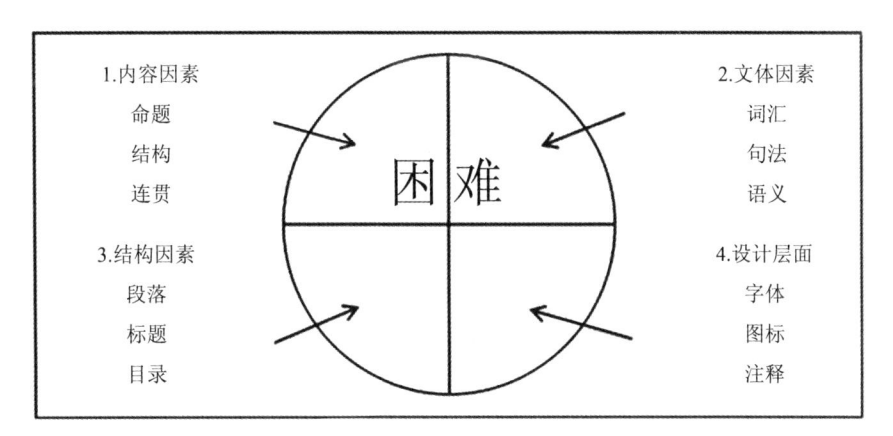

图 2-3　Gray & Leary（1935）文本难度影响因素框架图

1984等）。

然而，与此相对，部分研究者认为传统单纯依靠词长、句长、生词分布等变量考察文本难度存在诸多不确定性和主观性，且没有深入探究语言的内部规律对于文本难度的影响。因此其测量结果的准确性会受到严重影响。应依靠新的研究方法解决传统研究中的不足，考虑借鉴计算语言学中基于信息计算的研究方法开展文本难度自动测量，如词熵、句熵、语篇信息量等。这种根据文本信息量的难度评估更符合人的认知规律，也符合实际阅读经验，从理论基础和方法论上要优越于传统的简单测量词长、句长的方法（邢富坤等，2008）。

尽管以上自然语言处理中的信息量相关指标突破了文本难度评价囿于词句层面的传统，为文本难度评价引入了深层次的自然语言处理的信息论视角，但依旧仅关注文本本身的难易程度，尚未考虑读者个人因素对于阅读材料难度评价的影响。简而言之，既有研究主要考虑了文本的客观难度。随着研究者对文本难度影响因素研究的不断深入，越来越多与读者或学习者相关的，较难定量测量的难度影响因素进入了研究者的视野，包括但不限于读者或学习者掌握的语言知识、背景知识、阅读动机、个人兴趣、价值观念、阅读环境等。

例如 Oakland & Lane（2004）在前人研究的基础上尝试全面概括了影响文本难度的两大类因素和若干子因素，即读者层面因素（阅读能力、背景知识、词汇语法知识、阅读动机、参与度）和文本层面因素（句法、词汇、主题密度、认知负荷等）。Newbold & Gillam（2010）从原作者、文本、读者三个层面全面归纳了影响文本难度因素的新框架。其中，原作者因素包括语言、主题和结构，文本因素包括词汇熟悉度、句法复杂度、专业知识、逻辑紊乱度、命题密度，读者层面因素包括阅读水平、兴趣、知识背景和智力水平。以上两项研究逐步实现了文本难度影响因素的主客观相结合。

综上所述，国内外对于文本难度和易读度影响因素的探索主要呈现出以下特征：（1）研究者逐渐将粗浅单一的传统因素和丰富细化的自然语言计量指标相结合；（2）研究视野从语言内层面因素转向语言、社会、文化等多层面因素；（3）从纷繁复杂的指标中选取若干操作性较强，且具有显著预测效度的指标组合作为文本难度测量的模型。

（二）文本难度测量研究

确定文本难度影响因素后，研究者开始思索如何科学、有效、经济地测量文本难度，评估方法主要有 3 种：（1）专家评估法，即请阅读研究与教学方面的专家评估阅读材料的难易程度；（2）读者反馈法，即通过回答问题（Question and Answer Technique）和完成句子（Sentence Completion Technique），获得读者在阅读文章后的信息反馈；（3）易读性公式测量法，即使用代数方程对文本的语言学特征进行量化分析（李绍山，2000；章辞，2010）。总体来说，专家评估法和读者反馈法主观性强、随意性大、准确度不高、可操作性差，遭到了很多学者的批判，相对客观的文本易读性公式因而成为文本难度评估研究的主流（章辞，2010），下文将对其详细介绍。

自 20 世纪 20 年代 Vogel and Washburne 提出第一个测量文本难度的公式以来，已有超过千篇文本难易度研究的文献和 200 多种不同的文本难易度公式（Klare，2002），也因预测变量的不同形成了三个不同的研究阶段，分别是：（1）20世纪20—70年代以词汇和句法为主要变量的文本难度测量阶段；（2）20世纪80—90年代，以认知心理学因素为主要变量的文本难度测量阶段；（3）20世纪90年代至今，以自然语言处理技术为主要变量的测量阶段（刘潇，2015）。

具体来说，第一阶段文本难度测量公式基本沿用Gray & Leary于1935使用的测量思路，即从影响文本难度的因素中选取出主要难度影响因素，进而基于主要难度影响因素运用统计方法，将其和文本总体难度匹配并进行分析，拟合文本难度预测的多元线性回归模型。Klare于1984年在 Handbook of Reading Research 一书中对文本难度的测量方法和步骤进行了较为全面和详细的总结，对于翻译文本的难度测量以及交替传译源语难度测量具有重要的参考价值，具体步骤见图2-4（转引自邹兵，2016）。基于以上因素和多元回归方法计算出的文本易读度公式众多，其应用范围也较为广泛，覆盖了教育、军事、儿童读物、新闻报道分级，如 Flesch Reading Ease formula、The Dave-Chall formula、Gunning Fog Index、The SMOG Formula 等。

第二发展阶段，认知心理学家从认知心理学视角出发提出了诸多影响文本难度的因素，如：概念难度、概念密度、回指密度、距离、相邻句子相似度、词汇覆盖度等（刘潇，2015）。但以上因素由于统计方法较为复杂且常需手工参与标注，故而没有得到大范围推广和实践应用。

在第三发展阶段，即最新发展阶段，文本难度研究者以大量文本作为数据库，引入语义和篇章类型等更多变量，运用自然语言处理技术建立更加复杂的文本难度测量模型。例如，Foltz等（1998）率先将LSA（Latent Semantic Analysis）运用于文本连贯性分析，至此，起源于20世纪20年代的多元线性回归模型不再是测量文本难易度的唯一模型。

总体而言，目前主流的文本易读性公式使用起来较为快捷和便

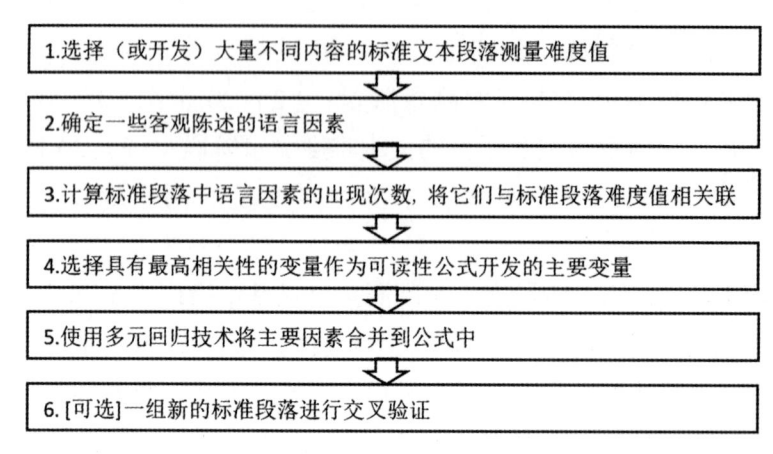

```
┌─────────────────────────────────────────────────────────────┐
│ 1.选择（或开发）大量不同内容的标准文本段落测量难度值          │
└─────────────────────────────────────────────────────────────┘
                            ⇓
┌─────────────────────────────────────────────────────────────┐
│ 2.确定一些客观陈述的语言因素                                  │
└─────────────────────────────────────────────────────────────┘
                            ⇓
┌─────────────────────────────────────────────────────────────┐
│ 3.计算标准段落中语言因素的出现次数，将它们与标准段落难度值相关联 │
└─────────────────────────────────────────────────────────────┘
                            ⇓
┌─────────────────────────────────────────────────────────────┐
│ 4.选择具有最高相关性的变量作为可读性公式开发的主要变量        │
└─────────────────────────────────────────────────────────────┘
                            ⇓
┌─────────────────────────────────────────────────────────────┐
│ 5.使用多元回归技术将主要因素合并到公式中                      │
└─────────────────────────────────────────────────────────────┘
                            ⇓
┌─────────────────────────────────────────────────────────────┐
│ 6.[可选]一组新的标准段落进行交叉验证                          │
└─────────────────────────────────────────────────────────────┘
```

图 2-4　易读性公式研发步骤图（根据邹兵，2016 描述绘制）

利，其主要用途可大致分为两类：（1）选择适合目标读者阅读能力的材料，为教材编写、教师和学生选择教学及阅读材料、考试命题等提供难度参考；（2）简化文本，作家、编辑、出版商可参考易读性公式的评判结果修改文本难度使其适应和符合目标读者的理解能力，这也是本书希望构建的英汉交替传译源语难度评估体系的应用价值。

尽管文本难度测量公式具有以上广阔的社会应用前景和优势，但是目前应用最广泛的文本难度测量方法还是 20 世纪 50—60 年代的传统易读度公式，所选用的难度测量因素主要集中在语言和文本层面（如词长、句长等），忽略了语言内部规律和读者背景知识等因素的影响，测量准确率和实际应用之间还有较大差距（章辞，2010），且这些英语文本难度测量方法的研究多是从英语母语者的视角出发，相关测量模型或公式是否适用于非英语母语者（如中国英语学习者）尚有待进一步验证（邹兵，2016）。

基于以上文本难易度测量研究的不足，我国学者借鉴英语文本难易度测量研究成果，结合我国的国情和中国英语学习者的实际语言困难对文本难易度测量公式进行了尝试性研发，主要成果有

ERDA（English Readability & Difficulty Assessment）、ERMS（English Readability Measurement System）和 IRMS（Information-based Readability Measuring System）。

ERDA 是中国研究者利用计算机进行文本难度测量的较早尝试，由福建师范大学外语学院开发。在 ERDA 测量体系中，文本难度的主要影响因素为英文单词和句子的易读性。其中，单词的易读性由单词的习得顺序（初中至大学）决定，句子的易读性由句子的长度（1—15 个单词、16—25 个单词、26—35 个单词、35 个单词以上四个级别）决定（林铮，1995）。ERDA 推动了中国易读性研究的发展，但是其以词汇习得顺序为基础判断文本难度的科学性受到了研究界的质疑。

ERMS 是重庆大学研发的一套针对大学英语教学的易读度测量软件，其主要测量的四个参数分别为文章的句子数、文章的总音节数、文章的总词数、差异词的数量。ERMS 以大学英语词汇为基础词库，更适用于大学英语教学材料的评估，但同时也限制了 EMRS 测量软件的使用领域。

由解放军外国语学院开发的 IRMS 系统遵循前文中所述的自然语言系统中的信息计算思路，以语篇信息量、词熵和句熵为指标，构建了不同语言模型下的文本难度测量公式，为国内文本难度研究提供了新的思路，其测量结果的准确性和适用范围都大大超越了传统的文本难度测量公式，具有较强的实践应用价值（章辞，2010）。

（三）文本难度研究对本书的启示

首先，国内外学者在多年研究中逐渐提出的文本难度影响因素较为全面，既涵盖了可定量测量的文本客观难度影响因素，又覆盖了字体、图标、注释等文本设计和排版等因素的影响，还充分考虑了读者的水平、兴趣、背景知识和智力水平等因素，可丰富影响英汉交替传译源语难度的因素模型，为总结英汉交替传译源语难度的因素框架提供参考和补充。

其次，文本难度研究者基于通过相关分析或问卷调查法选取主要难度影响因素测量难度的方法，对于本书的研究思路具有较好的启发。

最后，部分文本难度易读性测量公式针对教育、保险、军事等特定领域研发，充分考虑到不同读者群对于文本难度主观感知的差异，测量准确性较高，启示本书选取特定的研究对象和研究视角，以增强研究结论的实用性和准确性。

需要指明的是，尽管文本难度研究取得了较为丰硕的成果，测量过程较为直观和便捷，对本书具有较好借鉴，但目前主流的文本难度测量公式基于传统的词汇和语法层面因素，忽视了语篇和情境等其他可能对源语难度造成影响的因素（Alexieva，1999），无论对于笔译还是口译难度都不可能完全适用。因此，本书在借鉴文本难度研究成果时需充分结合交替传译的过程和实质，考虑各难度影响因素对于英汉交替传译源语难度评估的适切性。

二 副语言研究

副语言（Paralanguage）一词最早由 Trager 于 1958 年在 *Paralanguage: A First Approximation* 中首次提出，指在与词汇和语法层面平行的信号层面上的非语言话语信息（陈瑞青，2011）。副语言信息与语言信息相辅相成，其研究在西方已有几十年的历史，形成了以诸多副语言为研究对象的学科，即副语言学（Paralinguistics）。

尽管如此，副语言这一概念因为使用者不同，其定义也不尽相同。部分学者从副语言和语音的关系出发定义副语言，如副语言是一些可适用于不同情境中的语音修饰成分（Voice Modifications），这些成分虽然自成系统，但是伴随正常交际的语言系统而产生；副语言是声音的长期非语言特性，包含许多独立的、类似话语缺陷的结构（Trager，1958；Poyatos，2002）。张治英（2000）将副语言分为了四个类型，即语音替代、语音分隔、语音区别、语音修饰。而许多其他学者认为副语言指非语言交际的各个方面，包含一切的非言语交际行为（Non-verbal Communication），通过声音、身势、表情、近体等渠道传播信息。梁茂成（1994）则在前人研究的基础上将副语言定义为："副语言是因文化而异的，声音的或运动的身势体系，用来辅助人们用语言进行交际。"Stevick（1982）在 *Teaching and Learning Languages* 中认为如果说言语交际的目的是用来叙述细节，非言语交际可以为其提供背景和情境。Birdwhistell（1970，转引自田华、宋秀莲，2007）认为"在交谈中，可能至多有百分之三十至百分之三十五的交际意义是通过词句来表达的，其余的交际意义则主要靠副语言来表达"。前人的说法虽然不尽准确，但是却指明交际在很大程度上依靠副语言信息，语言和副语言相互作用，才能使交际得以顺利进行。

本书的研究对象——英汉交替传译的本质是一种交际行为，即发言人、译员和听众在同一时空下通过语言进行交流。故而在英汉交替传译过程中与口译员有效理解及传递源语信息密切相关的副语言信息对于口译交际目的的达成和信息沟通具有重大影响（Shlesinger，1991；张威，2015）。

目前国内外对于副语言研究的主题多样，鉴于副语言研究的参数以及相关参数的测量方法和本书关系更为紧密。本小节仅回顾副语言参数的研究现状以及测量方法，论述其对英汉交替传译研究的启示。

（一）副语言参数理论研究

几十年来，中外研究者借鉴语音学、人体动作学、近体学等学科的研究成果，对副语言的研究参数展开了大量的理论探索。20 世纪 50 年代，Paul Watzlawick 和 Gregory Bateson 根据当时新提出的模拟（符号性）和数字（语言性）代码之间的区分，认为两者提供了完全不同的功能。因此，在 20 世纪 50 年代和 60 年代研究者将副语言的言语渠道和非言语渠道截然分开，认为前者负责传达所指内容，后者负责情感和社会层面的交际。然而随着跨学科研究趋势的不断深入，研究者逐渐借鉴不同学科的理论成果丰富副语言研究对象，这种二分法不再盛行。越来越多的研究者认识到言语和非言语维度共同构成了复杂互联的、创造意义和调节社会互动的整体（Knapp et al.，2013）。这种整体多模态范式的主要推动力来自对手势的研究，特别是在20世纪80年代和90年代，Adam Kendon 和 David McNeill 做开拓性研究，将言语和身体运动视为同一基础系统的外在表现（McNeill，1992；Kendon，2004）。

概括起来，研究者们提出的副语言信息参数主要可以归为狭义副语言参数和广义副语言参数两大类（Trager，1958；Duncan，1969；Wardhaugh，1977；Bolinger & Sears，1981；Loveday，1982；Poyatos，1997，2002；梁茂成，1994；曹合建，1997；田华等，2006；许婷婷，2014；张威，2015）。

狭义的副语言参数主要指传统语音学中的超音段韵律特征、突然性发声特征和次要发音特征（田华、宋秀莲，2007）。

其中，超音段韵律特征包括音型、音域、节奏、响度、速度、音强、语调、声调、口音、重音、话轮长度、语音拖长、语音清晰度、基频等。在言语交际中主要具有三大功能：（1）组织声音连续性和强调话语中重要元素功能，即帮助听众了解讲话内容（Ahrens，2005）；（2）索引功能，即帮助听众判断发言人相关信息（性别、年龄、个性）及其情感状态（Scherer，1986）；（3）补偿功能，即韵律元素能增强语言要素，补充发言人未言说的内容，也能补全交际中某些要素的缺失。如在耳语中，虽然音高这一声调参数有所缺失，但可通过改变强度和时长给出重音。韵律对于口译源语的重要性主要体现在源语发言人的韵律，能为口译员提供强调重要信息的信号，且作为辅助理解，尤其是在表达讽刺等意图时。

突然性发声特征包括支吾语、伴随音、沉默、停顿、话语填充语、话语重叠、不完整句、犹豫、修正、咳嗽音等。Goffman（1981）从认知节奏视角出发，将以上伴随着语言产出的突发性言语中断现象视为语言表达错误或话语不流畅现象，减损了表达的流畅性，影响了听众对源语信息的接受。然而，Mead（2002）指出话语中断不一定是不流畅的迹象，它们有时也可能是有益于听众接收语音的"标点符号",即听众可利用以上突发性的语音中断时间或不流畅现象判断源语发言人是否有特殊表达意图。

次要发音主要指叠加在辅音上的元音样特征,种类多样,普遍存在于斯拉夫语和俄语中。常见的次要发音分别是:唇化音(Labialization)、颚化音(Palatalization)、唇颚音(Labiopalatalization)、咽化音(Pharyngealization)和鼻化音(Nasalization)。次要发音对于消除交际中源语语音的歧义,润色源语发言人的语音具有较为重要的作用。

广义的副语言参数主要指两大类特征:(1)狭义副语言的声音特征参数;(2)对言语交际中的意义传达产生重要影响的非声音特征(田华、宋秀莲,2007)。其中,非声音类特征又可细分为:外观特征、空间行为特征、身体运动特征、表情特征和感觉特征。外观类特征包括说话人的自身特征、衣着打扮等,空间行为特征包括交际双方的距离、谈话姿势、身体运动的方向等;身体运动特征包括讲话人的手势等;表情特征指讲话者的面部表情等;感觉特征包括交际双方的视觉和嗅觉感知等,见图2-5。

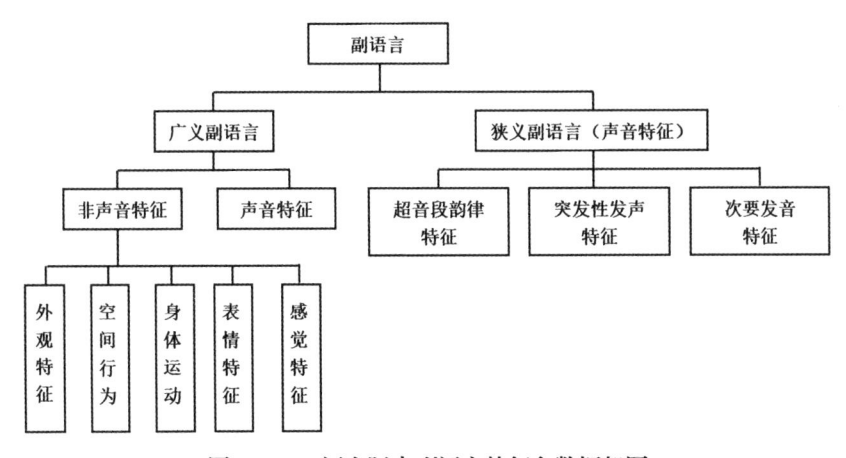

图2-5 口语交际中副语言特征参数框架图

通过回顾副语言的定义、研究参数、研究历史的文献不难看出副语言具有如下特性：（1）副语言是有声的或运动的，广义的副语言参数可以分为非声音特征参数和声音特征参数；（2）副语言是文化所特有的，离开了特定的语言和文化，副语言则不再容易被听众所理解；（3）副语言与语言关系密切，语言和副语言都是用来交际的工具，研究者和交际参与者既不可过分强调语言的作用而忽视副语言，又不可过分地注重副语言而轻视语言（梁茂成，1994）。

值得一提的是，几十年来虽然副语言这一术语得到广泛的使用，但是随着对副语言研究的深入推进和对语言及副语言之间关系的明晰，多模态这一术语孕育而生，即强调在口语、声音和动作各模态之间既没有分裂也没有等级关系（Müller et al.，2013）。

以上概念的提出对于口译尤其是交替传译十分重要，即交替传译的源语信息传递难度除了受到词汇、句法和篇章结构等文本层面难度因素影响外，还会受到源语发言人的口音、韵律、表情、动作等多种模态的副语言信息的影响。因此研究英汉交替传译源语难度的潜在影响因素需充分借鉴副语言参数的理论研究成果。

（二）副语言参数分析方法研究

广义的副语言参数研究借鉴语音学、人体动作学、近体学等学科的研究成果，使副语言研究尤其是口译副语言研究具备了多学科、跨学科的特点（刘宓庆，2003；鲍刚，2005）。尽管副语言对于交际活动的成功进行发挥着重要的作用，但是目前副语言研究仍存在以下方面的不足：（1）研究规模和影响有待进一步提高；（2）研究方法有待科学化和系统化；（3）研究层次有待进一步深化，主要表现在对各种副语言现象的分析方法和程序尚未严格界定（张威，2015）。关于副语言参数的分析方法主要有两种方式：一方面，某些声音特征可以通过声学仪器量化测量；另一方面，某些其他的非声音副语言特征可以通过运用多模态语料库标注和转写的方式进行定性和定量分析。

目前，声学研究中可以测量的副语言参数包括音色、音强、音高、音长、语速、停顿等,它们都可以用示波器、语图仪、音强计、音高计等仪器和 Praat、Adobe Audition、Final Cut Pro 等语音学分析软件来定量分析。以常用的语音学分析软件 Praat(Doing Phonetics by Computer)为例,其可以实现自动生成可视化的图谱分析,测量语音中的音高、共振峰、音强和停顿,见图 2-6。

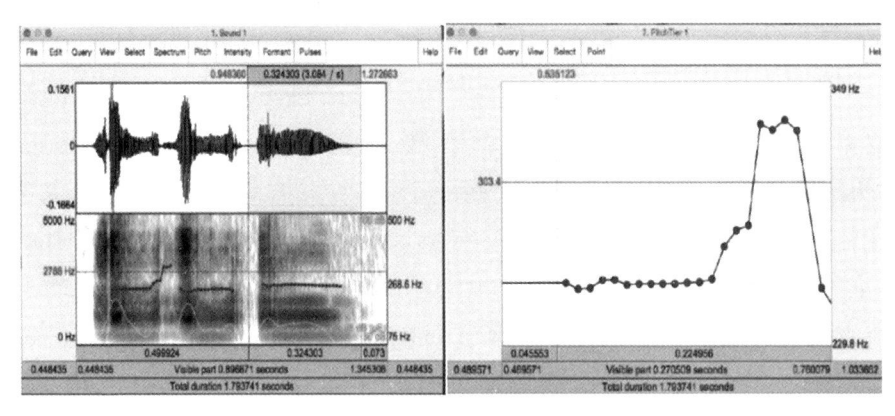

图 2-6　Praat 软件语音分析图谱

对于一些难以用语音学软件和图谱计量的非声音类副语言参数,研究者主要选用多模态语料库对其进行转写和标注以研究语言符号与非语言符号之间的相互作用(Heiss & Soffritti, 2008)。相较于以语言元素为标注对象的传统语料库,多模态语料库的标注内容拓展到表情、目光、手势、动作、空间位置、环境噪音、生理信息等非语言元素(刘剑,2017)。

主流的多模态转写与标注工具包括 Anvil、Elan、Exmar、Ralda、Transcriber、NXT、DRS 等(刘剑,2017)。以上软件在使用上各有优势,都可实现对非声音类副语言特征的分层线性标注。以 Elan 软件为例,其设有四类标注层,使用者可根据自己的需求选择需要标注的层的类别,以实现转写过程中语言信息和副语言信息的分层标注,彼此不干扰。此外,Elan 软件设置以时间轴对齐的方式允许不同层次的语言和副语言信息通过时间轴线性连接。由于副语言研究的兴起，交际中所包含的副语言参数逐渐增多，需要标注和分析的副语言参数数量也在不断增加。为了适应这一需求，Elan 软件允许使用者自行设计层级，且不同层级之间没有数量的限制，以利于不同类别的副语言特征参数（外观特征、空间行为特征、身体运动特征、表情特征和感觉特征）在不同层别进行分层标注，避免了不同类别的副语言特征在同一时间节点出现时不便标注的问题（邹兵、王斌华，2014）。

在多模态语料库方面，每一个多模态语料库都有一个涵盖语言要素、副语言要素以及非语言要素的标注模型（Annotation Scheme），由于研究目的不同，每一个语料库的标注模型和方案也存在较大差异。目前国际上比较有影响力的标注方案有：MUMIN、FACS、EARL 和 DAMSL 等，其中 MUMIN 主要针对手势与表情类副语言参数进行标注，FACS 主要针对面部表情类副语言参数进行标注，EARL 则主要针对情感类副语言参数进行标注（刘剑，2017）。以 Allwood（2007，转引自刘剑，2017）提出的用来研究手势与面部表情的 MUMIN（MultiModal Interfaces）标注模型为例，该标注模型所标注的副语言参数具体包括话轮、表情、手势、身体姿态等，每一类别又进一步细分为更多的动作。国内多模态语料库建设与应用起步相对较晚，仅有上海交通大学、中国社会科学院相关研究者在从事多模态语料库建设工作。

张德禄、穆志刚（2012）指出人类交际活动不再是语言独尊的局面，是由多种模态共同完成的，因而运用语音计量软件和多模态语料库对副语言参数中众多的语音参数和非声音参数进行可视化计量和转写，可以为副语言参数研究提供大量重要的实证数据支撑，同时也可为口译尤其是英汉交替传译的源语难度潜在影响因素的确定和测量提供借鉴。

（三）副语言研究对本书的启示

首先，广义的副语言参数众多，有声和无声的副语言参数都可促进信息的准确传达，因而本书可借鉴广义的副语言参数和其聚类，进一步丰富和完善影响英汉交替传译源语难度的因素框架。

其次，副语言研究者运用跨学科的研究方法和工具对多种副语言参数进行测量和转写，对于本书选择相关难度因素的测量工具具有启发意义。

尽管副语言参数的理论探索和其标注计量的研究取得了较为丰硕的成果，但是部分无声的副语言参数的测量标准存在较大的争议，例如口译研究者特别关注停顿的识别和测量，这引发了许多方法学的问题。虽然声学软件能够较为直接地测量有声和无声停顿的间隔，但仍难以在极短停顿和发音停顿间做出区分，以上问题在英汉交替传译源语难度研究时需要研究者特别关注。

三 任务难度研究

任务难度主要指执行任务者在完成任务过程中需要付出的努力程度。"任务难度"不仅存在于任务难度本身，也受到地域、文化因素、背景知识、时间、认知等不同因素的影响（Skehan，1998）。因此，任务难度同时具有客观和主观双重属性，部分研究者对此给予特别关注和细分。如 Robinson（1995，2001）区分了所谓的"任务复杂度"（task complexity）和"任务难度"（task difficulty），认为前者是任务本身所具有的客观难度，而后者是被试主观感知的任务难度，与学习者的能力、动机等密切相关。

"任务"一词的外延可以被不断扩大，涵盖人们生活中的方方面面，如粉刷墙壁、填表格、买鞋子、预订飞机票、考驾照、预订宾馆等各种事件（Long，1985），因此，任务难度研究的对象众多，难以穷尽。同时，任务难度的研究主题众多，包括任务难度影响因素研究、任务难度比较研究、任务难度和任务表现关系研究、不同任务类型对任务表现的影响、任务难度评估方法研究等。

考虑到英汉交替传译既属于教学和测试领域的活动，又是一项常见的口译工作模式，且本书重点在于构建面向教学和测试的英汉交替传译源语难度评估体系,因此,本小节仅选取教育考试领域和工作难度研究领域中关于难度影响因素探索和评估方法研究的文献进行综述。

(一) 教育考试领域难度研究

近年来,国内外研究者就影响试题难度因素和难度评估方法进行了持续探索,推动了测试命题的规范化发展,尤其在客观性测试中,如数学、物理、科学等学科测试中,关于试题难度的影响因素研究已经非常成熟,也具有科学的测量方法和量化模型(如 Larkin et al., 1980;周华辅,1999;辛自强,2005;Cheng,2006;杜明荣,2008 等)。但在主观性较强的语言测试中,相关研究还很薄弱(聂丹,2012a)。

进行考试试题难度评估,研究者首先需要考虑哪些因素对于难度会产生重要影响,进而对其进行分析和计算。因英汉交替传译涉及源语发言人和译员之间的话轮交替,且信息通过语言和副语言两个渠道传达,故本书首先选取和交替传译形式最为相似的口语测试任务难度影响因素研究成果进行回顾,代表性研究主要有 Weir (1993),Bachman & Palmer (1996),聂丹(2012a)等。

Weir (1993,转引自聂丹,2012a) 提出了口语测试任务特征描述表,其中话题熟悉度、兴趣、话题范围等是以往语言测试和文本难度研究所忽视的难度影响因素,可以成为本书难度影响因素的重要参考。具体见表 2-1。

表 2-1　Weir (1993) 口语测试任务特征描述表(转引自聂丹,2012a)

特征	特征描述
在限定时间下的处理	在短话轮中沉默的容忍;在长话轮中的计划
互惠程度	相等的话语权;对持续互动的共同责任
目的	做某事的原因

续表

特征	特征描述
对话者	参与者数量：对话、小组讨论 身份地位：参与者在现实生活中的社会/专业地位 语域：正式的/非正式的 熟悉度：参与者之间熟悉还是陌生 性别：男考官还是女考官
环境	物理的
角色	年龄和经验的适切性：朋友/朋友，学生/老师
话题	特征、转换、熟悉度、兴趣
信道	电话、面对面
输入维度	现实的任务维度
大小	处理大小适宜的输入量
复杂度	使用的语言、谈论的话题
范围	覆盖的话题范围、词汇范围

Bachman & Palmer（1996）提出的语言任务特征框架详细考虑了语言测试中的各方面难度影响因素，涵盖了环境、测试组织、输入、预期回答以及输入与回答的关系五大类因素，该框架为后续语言测试的开发提供了框架基础。

相较于以上对于口语测试难度影响因素的理论探索，聂丹（2012a）的研究进一步推进，指明了各因素作用于任务的方式和程度是不同的，例如充满变数的话题、体裁、辅助信息、语言和结构特征等可能是影响口语测试任务的关键性因素，因此聂丹（2012a）对影响口语测试任务难度的重要因素用加★方式进行了特别标注（见表2-2）。该研究思路对本书的借鉴力较强，即在难度影响指标体系中，可以筛选出难度影响权重较大的指标以便进行深入考察。

表 2-2　　　聂丹（2012a）口语测试任务难度影响因素框架

组织与环境	活动类型	单向表达（看图说话、话题陈述等），双/多向互动（对话、小组讨论等）
	条件/要求	操作程序，准备时间，回答时间，任务数量及分值，评分标准，其他要求
	指令	对测试程序、任务要求、时间分配、评价标准、分值等的说明方式和语言
	环境	物理特征（时间、地点、温度等）；人员及设备；参与者（考官，其他被试）
内容	话题★	个人类，社会类，专业类等
	体裁★	描写，叙述，说明，议论等
输入	形式★	读文字，听话语，看图表等
	语种	目标语，母语
	问题★	开放问，封闭问等
	辅助信息★	语境信息，提示信息等
	语言特征★	语音，词汇，语法；短语，句式，语段，语篇
被试		

此外，部分学者打破了以往研究者基于主观经验感知难度影响因素的传统视角，认为学生是语言和技能学习的主体，在设计教学和测试任务时，了解他们认为影响完成任务的障碍，会使他们的学习以及教师教学和测试更加有效。故而他们从难度感知主体——学生和被试视角出发考察难度影响因素。如 Numan & Keobke（1995）、龚亚夫、罗少茜（2006）认为学生是学习的主体，从学习者视角出发考察了任务难度的影响因素。以上视角对于本研提炼英汉交替传译源语难度影响因素也有较强的借鉴意义。

就教育测试中的难度评估方法而言，总结起来主要有两大类，分别为事后评估和事前标定（罗玛、王祖浩，2016），这两大类评估方式各有利弊，可互为补充和交叉验证，以提高测试难度评估的准确性。

其中，事后评估主要指试测后计算学生的通过率等，获取具体的难度值。这种评估方法虽结果较为客观，但难度判断依赖于特定的被试样本。若试测中考生的能力和前期难度试测时被试群体不一致或试测时考生的心理状态、动机、情绪等和实测时存在差别，那么难度评估的结果则会存在较大偏差。

事前评估主要指根据试题本身的特征判断试题难度。传统的事前评估依赖命题者个人主观判断，难度把控随意性大。随着研究水平的不断提高，研究者开始结合数理统计方法，确定评估指标，开发测评工具，甚至应用计算机建模技术等，试图找到合适的、全面的试题难度评估方法，使用较多的评估方法主要有以下三大类（罗玛、王祖浩，2016）。

一是确定评估指标，构建评价工具。即基于一定的理论和研究经验，构建难度影响因素体系，对体系进行信效度验证，进而使用该体系测量难度（如任子朝、于福生，1995；陈燕、王祖浩，2013），但该方法没有考虑到问题解决过程中的认知因素。

二是基于认知理论，评价问题解决过程中所消耗的认知负荷。即以工作记忆中语句的数量、工作记忆中激活的产生式数量、工作循环的次数、条件匹配的数量等指标来评价问题解决过程中需要的认知负荷的大小，为定量分析解题过程的难度提供了新思路（如辛自强，2003；邵志芳、余岚，2008；Knaus et al.，2011等），但该方法的理论要求过高，难以广泛应用。

三是建立数学模型，实现综合评判。主要的数学模型有多元线性回归模型（如毛竞飞，2008；杜明荣，2008等）、反向神经网络分析法和基于层次分析法的模糊综合评价法（如王晓华，2013等）。

多元线性回归模型是指建立起影响因素与试题实测难度间的多元线性回归模型，但其只适用于难度影响因素和难度预估值之间存在线性关系的评估，不适用于口译难度评估。

反向神经网络分析法将难度影响因素作为网络的输入项，以实测难度作为输出项，利用 MATLAB 软件对网络进行训练，建立基于反向神经网络模型对试题难度进行预测（罗玛、王祖浩，2016），难度预估准确度较高，但需要大量的实测数据进行学习和训练，还需要团队长时间协作完成，亦不适合本书。

基于层次分析法的模糊综合评价主要指研究者利用建立测试难度影响因素层次分析结构模型，构造两两成对比较矩阵，计算权向量，进行一致性检验，再计算组合权向量，进行组合一致性检验，进而构建试题模糊综合评判模型（罗玛、王祖浩，2016）。该方法能够考虑到难度的主客观双重属性，具有处理时变和非线性变化的能力，通用性强。考虑到口译语料难度本身就具有一定的模糊性，而且被试的心理特质等也都具有非线性和时变的特点，因此，该方法对本书具有较高的参考价值。

（二）工作任务难度研究

工作任务难度评价准确来说就是测量工作中产生的工作负荷，通常以工作任务完成过程中消耗的脑力负荷为研究对象（邹兵，2016）。目前，关于工作负荷或脑力负荷测量最关键的问题是采取何种方式更为有效，这也是本书中评价交替传译任务难度的必要步骤，需要仔细回顾。

早期研究者普遍采用在实验室模拟真实任务的方法考察受试的反应，但这种方法缺乏生态效度，测量结果的准确性受到质疑。基于此，O'Donnell & Eggemeier（1986）最早提出了工作负荷的测量准则，分别是方法的敏感性、诊断性、非侵犯或干扰性、有效性、及时性、可靠性、针对性。在以上所有准则中测量的敏感性是最主要的。目前主要的测量方法有主观测量法、任务测量法和生理测量法（梁永强等，2018）。

主观测量法又叫量表测量法，主要是根据操作者的主观体验，通过特定的测试量表评估其脑力负荷水平（梁永强等，2018）。主流的测试量表有单维度量表和多维度量表。单维度测试量表有全工作负荷量表（Overall Workload Scale）、库伯—哈勃量表（Cooper-Harper Scale）、贝德福德量表（Bedford Scale）等。多维量测试表有美国国家航空航天局的 NASA-TLX 量表（Task Load Index）、SWAT 量表（Subjective Workload Assessment Technique）和 WP 量表

(Workload Profile Index Ratings）等。实际中普遍采用的是 NASA-TLX 量表，中国学者王小潞、王艺臻（2018）论证了该量表在汉英翻译难度测量中具有良好的信效度。

NASA-TLX 量表将脑力负荷定义为脑力需求（Mental Demand）、体力需求（Physical Demand）、时间需求（Temporal Demand）、绩效水平（Performance）、努力程度（Effort）和受挫程度（Frustration）6 个维度，前 3 个维度测量的是工作任务施加给操作者的要求，后 3 个维度则测量的是操作者与工作任务之间的交互水平（谢金柱等，2018）。

以上主观测量法优点在于简单易测，且对被试无额外干扰，定性测量效果明显，但主观性较强，易受到被试个性特征、努力程度等因素的干扰。

任务测量法也称行为测量法，是通过对操作者执行任务的表现及其变化来观察测量脑力负荷的方法，主要可分为单任务测量和双任务测量法（梁永强等，2018）。前者主要是对被试执行的单一任务的设定指标（通常是完成时间和准确性）进行观察和测量（O'Donnell & Eggemeier, 1986）。后者也叫次要任务测量法，该方法假设如果被试在完成主任务之外次要任务完成得越好，那么主任务对其造成的负荷就越低。需要指明的是，任务测量法具有其特有的优势，即可对被试在任务进行中的脑力负荷进行直接和客观测量，准确性较高，但其缺点在于双任务测量中的主次任务会产生交互作用，造成主任务工作负荷的测量存在偏差。

生理测量法主要是借鉴神经科学的研究成果，运用神经科学中的研究工具测量被试的生理反应，常用五种方法：（1）脑电信号测量法（Electroencephalography, EEG），基于被试在不同任务状态下脑电信号的差异测量被试的工作负荷；（2）事件相关电位测量法（Event-related Potentials, ERPs），即利用某个特定刺激作出反应的平均 EEG，精准测量多任务模式下不同任务的工作负荷；（3）正电子发射断层扫描技术（Positron Emission Tomography, PET），即从体外精确测量人体内的心血管变化；（4）功能性磁共振成像技术（functional Magnetic Resonance Imaging，fMRI），通过测量大脑区域的携氧血红蛋白（HbO）和脱氧血红蛋白（HbR）变化，间接反映大脑的活动，评估不同任务产生的不同负荷；（5）外周生理指标测量法，测量指标包括心电、血压、呼吸率以及皮肤电等，心电（electrocardiography，ECG）是其中最常使用的指标。生理指标测量法的优缺点同样比较明显，其优点在于客观性强、侵入性低、易操作、敏感度高，其缺点在于所需设备费用较高，且测量结果分析需要较强的专业知识。以上针对工作负荷的三种主要测量方法的优缺点总结见表 2-3。

表 2-3　　　　　　　　工作负荷测量方法汇总分析表

方法	工具	优缺点
主观测量法	单维度、多维度量表	简单易测，无干扰，主观性强
任务测量法	单任务、双任务测量	准确性高，易受任务交互作用影响
生理测量法	神经科学仪器	客观性强、侵入性低、敏感度高、设备费用高

综上所述，任何单一指标或者单一测量方式都无法全面客观地反映被试在执行任务过程中的真实脑力负荷。这启发本书要综合运用多种工作负荷评测指标和方法，以提高测量结果的客观性和准确性。

（三）任务难度研究对本书的启示

首先，本小节第一部分关于口语测试难度影响因素及其类别划分，突破了传统的词句层面的难度因素，可以为本书影响英汉交替传译的难度因素体系确立提供参考。

其次，本小节第一部分中教育测试领域的试题难度影响因素的权重判定和整体难度评估方法可为本书提供重要的参考，尤其将主观经验进行量化的层次分析法对于本书更为适用，本书在后续章节将对其进行进一步论证。

另外，Nunan（1991）、龚亚夫、罗少茜（2006）等从不同的视角，如学生视角出发和教师视角出发，分别考察难度影响因素的思路对于本书的研究视角选择带来了较大的启发。

再者，本小节第二部分工作任务难度中关于脑力负荷的测量方法，对于本书中测量被试面对不同难度值的任务所产生的脑力负荷具有重要的参考作用，即需要综合运用主观测量法、任务测量法甚至生理测量法测量译员的工作负荷，以提高结论的准确性。

同时，本书在借鉴以上研究成果时，还需考虑两方面问题：一要结合英汉交替传译的过程和实质，同时基于科学的实证研究，确定影响交替传译的难度因素及其影响权重；二是考虑研究者的已有背景和研究能力，选择合适的工作任务负荷测量方法，不能一味照搬前人的研究，确保前人研究方法和本书之间的适切性。

第二节　翻译难度研究

翻译难度可视作译者为达到客观与主观质量要求，针对一项翻译任务所付出的努力程度（孙三军、文军，2015）。Reiss（1982，转引自邹兵，2016）较早较全面系统地总结了影响翻译的文本难度的五个层面因素，分别为语义层面的主题因素、物质层面的语域因素、功能层面的语言类别因素、语用层面的读者因素、时空文化层面的历史文化语境因素，每个层面的影响因素又分为四个难度级别。此后，不同研究者从宏观和微观层面对影响翻译难度的因素进行了相关理论和实证探索。本节将回顾笔译（包括译后人工编辑）和口译难度的理论探索和实证研究，指出翻译难度研究存在的问题以及对本书的启示和借鉴，同时为了突出本书的研究对象——交替传译，本节将单独设立一小节对其进行综述。

一 笔译难度研究
(一) 笔译难度研究理论探索

国内外学者对笔译难度的影响因素进行了多角度的理论探讨。自 20 世纪 80 年代，西方针对笔译难度的理论探索开始兴起，难度因素的理论探索经历了以下发展阶段：词汇、句法、翻译文本、翻译过程和翻译者个人（Reiss，1982；Schwanenflugel et al.，1988；DeGroot，1992；Gathercole & Baddeley，1993；Hatim & Mason，1997；Campbell，1999；Wilss，2001；Shreve et al.，2004，转引自 Sun，2014；Nord，2005）。我国笔译难度的研究始于 21 世纪初，研究者既关注宏观层面的笔译难度影响因素和测量方法探究（洪宜华，2000；王战平，2012；孙三军、文军，2015；陈吉荣，2015；郑秀芳、杨士焯，2016），又从实用角度出发，对商务、诗歌、宗教等具体类别的笔译难度影响因素进行了理论层面的探索（司景方、孙美玮，2007；严立东、严明，2008；顾骁南，2010；伍忠纲，2017）。

西方笔译难度研究最早聚焦词汇层面的探究。部分学者对词汇层面翻译困难进行了详细的探讨。如 Schwanenflugel et al.（1988）基于语境可用性模型（Context Availability Model），DeGroot（1992）借助双语词汇表征（Bilingual Lexical Representation）领域研究成果开展研究，结果均表明具体词具有单一的心理表征，而抽象词的表征是依赖语言的，因此翻译起来的难度更大。

还有部分学者认为应该从句子和语篇出发，探索笔译难度影响因素。如 Gathercole & Baddeley（1993）根据工作记忆标准模型，提出翻译源文本中的困难在于处理消耗更多工作记忆容量的项目，即复杂语法项目和困难词汇项目。Hatim & Mason（1997）认为文本类型会对翻译困难造成影响。

伴随着翻译过程研究、认知语言学、心理测量学等学科成果的进一步发展，更多研究者认识到影响笔译难度的因素不仅应着眼于原文本，还应考虑笔译的转换过程和译者能力，由此笔译难度的理论探索维度得以进一步丰富和系统。

Campbell（1999）从认知视角出发，提出了翻译难度研究的框架应包含源语文本、翻译任务和译者能力三方面要素，其中文本类型和任务类型对于翻译难度会产生重要影响。Wilss（2001）在 *The Science of Translation Problems and Methods* 一书中系统论述了翻译难度理论，主张从四个方面归纳造成翻译任务难度的根源：（1）转换源翻译障碍：两种语码间的转换落差所造成的翻译困难；（2）译者源翻译障碍：译者能力的缺陷所造成的翻译困难；（3）语类源翻译障碍：原文的语类及文体风格所造成的翻译困难；（4）个体源翻译障碍：翻译语码的原输出者的表达方式和独有风格所造成的翻译困难（分类描述转引自严立东、严明，2008）。

Shreve et al.（2004，转引自 Sun，2015）认为造成笔译困难主要有七个因素，分别为语言变体、不完整的文本或难识别的文字、源语与目的语差异、源语文化与目的语文化的差异、词汇层面的复杂性、语法层面的复杂性以及主题概念层面的复杂性。在此基础之上，Nord（2005）将翻译问题及其影响因素归为四类：（1）由语用差异造成的翻译问题；（2）由源语文化与目的语文化差异造成的翻译问题；（3）由原文与译文之间的结构性差异造成的翻译问题；（4）由原文本特征造成的翻译问题。

我国笔译难度理论研究起步较晚，洪宜华（2000）通过分析学生大学英语四级翻译部分的表现，总结了影响翻译句子难度的四个主要因素，包括特殊的句型结构（倒装、省略、强调）、基本句型的扩展（把句中某一成分扩展成从句，或通过添加定语或状语，从而使句子变长）、代词的指代、一词多义和惯用语。王战平（2012）认为做笔译难易度评估需要同时考虑文本理解过程和翻译转换过程的难易度，并据此总结了影响两阶段难度的 13 个潜在影响因素，即主题内容、词汇、句法、语法、语义、语用、文体、修辞、文学体裁、语言功能、语体、文化内容、翻译策略。与此同时，他还根据以上的评估标准生成了翻译难易度公式。

孙三军、文军（2015）从理论层面概括了影响笔译任务难度的两方面因素，同时借鉴了 Meshkati（1988）的心理负荷多维模型对翻译难度进行了测量，丰富了前人对于笔译难度研究的理论成果，为我国翻译难度研究提供了新思路，但遗憾的是研究中没有对影响翻译难度的潜在因素进行系统梳理，也尚未论证该框架对于口译难度测量的适切性。

陈吉荣（2015）对笔译难度预测和分级研究进行了详细的评述，他认为 Sun（2012）对于翻译难度预测的研究最为系统，为翻译难度研究提出了一个通用模式，同时 Mishra et al.（2013）认为以句子为单位自动测量笔译难度的方法是最简方案。

郑秀芳、杨士焯（2016）将跳水裁判专业术语"难度系数"引入翻译研究中，提出了"翻译难度系数"（Difficulty Coefficient，DC）概念。作者归纳了三个主要翻译难度的逻辑来源：源语文本难度、转换难度和译者因素以及八项具体逻辑构成（主题内容、文本结构、语言功能、词汇特征、句法特征、语义对等、修辞手法、改写程度），每一个具体逻辑构成可分为简单、中等、困难三个级别。在此基础上形成的"翻译难度"和"翻译难度系数"计算公式如表2-4所示。尽管"翻译难度系数"的提出有利于扩大翻译难度评估的范围，但该公式中的30%和70%占比为研究者根据理论思辨提出，缺乏实证数据的支持。此外，翻译难度公式的计算排除了译者的影响因素，只考察了影响源语文本和转化过程中的客观变量，其科学性有待进一步论证。

表2-4 郑秀芳、杨士焯（2016）翻译难度系数计算公式

翻译难度公式	TD = 30%TD1+70%TD2
翻译难度系数公式	DC = TD/T
说明：	T 为源语文本难度值

国内笔译难度影响因素研究的一大特点在于诸多学者集中对具

体类别和领域的笔译难度影响因素进行了理论层面的探讨。如司景方、孙美玮（2007）基于英文歌曲翻译的实践，提出了影响英文歌曲翻译难度的因素，包括歌曲本身的节奏、韵律、文化差异；严立东、严明（2008）探讨了商务英语翻译的两类困难来源；顾晓南（2010）总结了宗教翻译难度的主要影响因素为文化差异；伍忠纲（2017）指明音调和文化差异对于宗教翻译难度产生了重要影响。单宇、何苗（2021）以词长、句长为指标判断科技教材中译例的难度。

此外，值得一提的是，由于近年来机器翻译迅速发展，译后编辑模式被语言服务行业广泛采用，成为当下翻译市场应用最多的主流翻译模式（TAUS，2019，转引自贾艳芳、孙三军，2022），因此，关于译后编辑难度影响因素的研究也得到了关注。如贾艳芳、孙三军（2022）结合机器翻译、翻译学、认知科学和工效学理论，指出译后编辑难度的影响因素主要归结为三类：即材料因素（原文和机器翻译译文）、译者个体因素和译后编辑工具，并详细分析了各类因素的难度计算方式。

以上各具体领域翻译难度的理论探讨所归纳总结的影响翻译难度的因素可进一步补充翻译难度研究的理论框架，拓宽翻译难度研究思路和对象域，为从理论层面探讨口译难度的影响因素提供了参考。

（二）笔译难度实证研究

目前，针对笔译难度的专门实证研究尚不多见，主要代表有Campbell（1999）、Campbell（2000）、Jensen（2009）、Mishra et al.（2013）、邹兵（2016）等。

Campbell（1999）认为笔译原文的难度与翻译过程中所需做出的选择有关，如果一个项目在翻译过程中需要做出的选择越少，就越容易翻译。他运用个案研究法，设计实验，邀请被试将主题相同的英文文章分别译入阿拉伯语、西班牙语和越南语。实验结果表明，原文文本是导致翻译困难的原因之一，不同语言对之间存在共同的翻译困难。在词汇层面，造成翻译困难的因素包括命题较少的词汇、复杂名词短语和抽象名词。在此基础之上，Campbell（2000）运用了选择网络分析法（Choice Network Analysis）对翻译难度展开评估，即以同一译文的不同译本数量来判定翻译的难易度。然而 Campbell（2000）以译者在翻译决策过程中的版本数作为判断翻译难易度因素与 Pym（2003）的观点相矛盾，且孙三军、文军（2015）也认为，虽然专有名词通常译法单一，但查证过程耗时耗力，也应视为翻译难点。因此，运用网络分析法判断翻译难度的科学性还需进一步论证。

Jensen（2009）通过实证研究，考察了文本可读性、词汇频率和可直译度（成语、隐喻）这三项因素对于预测笔译难度的显著作用。Mishra et al.（2013）根据眼球跟踪时间以及凝视点个数，翻译加工过程时间和句子长度因素，确定了翻译难度系数公式。经过模型实证验证，他发现了句长（句子出现的全部单词总和）、词语多义度（全部词义总和/该句句子长度）、句子结构复杂度（在句子依存结构的总长度中全部依存链接的长度）对于预测句子翻译的难度具有较高准确性。眼球追踪技术为后续翻译难度尤其是笔译难度研究拓宽了思路。

Sun & Shreve（2014）综合运用了文本分析、模拟测试、专家评分、受试问卷调查、脑力负荷量表测评法对笔译难度和影响变量开展实证研究，结果表明：可读性公式、笔译质量和笔译速度不是预测翻译难度的显著变量，译者的译前难度评估对于预测翻译整体难度具有显著作用，并提出了一个预测模型：$T = 1.81306 + 0.549266 * P$。

邹兵（2016）在其博士论文中参考文本难度公式的研发思路，通过文献法、问卷调查法、实验法、访谈法、专家评分法和回归分析，提取了 23 个不同类别的英汉笔译难度预测指标，并得出了五个英汉笔译难度测评模型。其使用的研究方法，尤其是从静态和动态两个渠道提取尽可能穷尽笔译难度影响因素的研究思路和设计对于本书亦具有较强的启发意义。

相比较而言，其他国内对于笔译难度的实证研究更多基于"翻译难度"理论和影响难度的潜在因素,采用模拟实验等方法对翻译测试进行难度一致性考察,注重从实用角度解决翻译任务中的实际问题(辜涛,2009;乌琳,2015;孙雪,2015;欧国芳,2016等)以及翻译任务中的难点考察(顾琦一、汤卫琴,2013;袁金明、罗天妮,2017)。

辜涛(2009)参考概念名词密度和句法复杂度这两个潜在影响因素,组织学生对历年的考研翻译试题和专八翻译试题进行模拟测试,得出历年考研翻译试题学生得分普遍偏低,其主要原因是英语翻译试题难度过大。乌琳(2015)通过考察影响翻译难度的文本因素(易读性指数、专有名词、被动词数量)和译者因素(翻译速度、工作负荷),对全国翻译专业资格(水平)考试英语二级、三级笔译实务(2003—2005年)英译汉题目进行量化研究。孙雪(2015)通过考察影响翻译难度的文本因素(难词数、简单句比例、实词重复度)和译者因素(翻译速度、工作负荷),对全国翻译专业资格(水平)考试英语二级、三级笔译实务(2005年)汉译英题目进行量化研究。欧国芳(2016)以2015年CET-4的三篇平行文本为实验蓝本,设计模拟翻译实验,考察2015年CET-4翻译段落的难度一致性。该研究参照学生的翻译总体评分和译后调查问卷,指明该次考试的三段翻译难度不一致,总结了影响2015年CET-4翻译难度的因素包括词汇翻译、长难句处理和习惯性表达。

此外,顾琦一、汤卫琴(2013)和袁金明、罗天妮(2017)基于"翻译难度"理论对翻译任务中的难点进行了实证考察。通过综合运用实验法、有声思维法和访谈法,顾琦一、汤卫琴(2013)验证了关系从句习得中的"感知难度"假设(Kuno,1974),即由于短期记忆限制,嵌入主句主语位置的关系从句中断了人们对主句的解析过程,加重了人们工作记忆的负担,因而给翻译造成了较大的困难。袁金明、罗天妮(2017)总结了造成联合国游客中心宣传册翻译过程中的困难,分别为转换源翻译障碍(敬语、语态)、译者源翻译障碍(译者经验、知识)以及语类源翻译障碍(一词多义、语用)。

通过以上笔译难度的文献回顾可以看出,中外研究者一方面从多元视角出发,借鉴跨学科研究成果(文本阅读难度、认知语言学、功能语言学、心理测量学)对笔译难度的影响因素和测算方法进行了深入的理论探索,丰富了翻译难度研究的理论框架,为后续的实证研究奠定了良好的基础。另一方面研究者对于影响笔译难度的词、句等具体难度因素开展了探索性实证研究,一定程度上验证了理论探索的成果。但是由于笔译活动包括了文本阅读、理解转换和表达生成三个阶段,因而影响笔译难度的变量众多,不能单纯根据原文难度判断翻译难度(冯佳、王克非,2021)。因此,未来研究者在探究笔译难度影响因素时需尽可能将笔译活动的各阶段和参与者因素纳入考量,以进一步丰富笔译难度的研究成果。

二 口译难度研究

较之笔译难度研究,口译难度研究则显得更加困难,其原因首先在于口译话语转瞬即逝,难以以长时记忆的形式保留在人脑中,且难度受多种动态和静态因素干扰,因此口译教学和口译研究者更多以经验直觉对口译难度进行感性判断。其次,口译活动形式多样,同声传译、交替传译、联络口译、视译等口译形式的工作模式存在较大差异,因此影响难度的因素各不相同。此外,译员能力的差异也会在一定程度上造成对口译任务难度的感知差异。因此,口译难度来源的理论探索应覆盖口译源语、译员能力以及口译工作模式和工作环境等(Gile,2009;Liu & Chiu,2009)。本小节仅聚焦于除交替传译以外其他口译模式的难度研究,为交替传译源语难度研究提供参考。

(一)口译难度研究的理论探索

国外学者对于口译难度的理论探索开展历史较早,PeterMead 曾在 *Encyclopedia of Interpreting Studies*(Pöchhacker,2015)一书中对影响口译质量和口译难度的输入变量进行了较为详细的梳理。总体来说，国际口译难度研究的理论探索呈现出系统化、全面化的发展特点。

系统化主要表现在口译源语难度理论研究成果众多且成果关联性较强，理论探索成果基本可分为原文形式相关的难度影响因素和原文内容相关的难度影响因素。就原文形式影响因素而言，理论探索成果包括了词汇、句法和篇章结构层面因素。如 Treisman（1965）和 Gile（1984）最早从词汇角度开始研究口译语料难度，认为影响语料难度的词汇因素包括词频、词汇多样性、专有名词和数量词等。

Gile（2009）基于认知负荷模型，认为低冗余词语，如姓名、缩略词、数字等会造成口译信息丢失，同时，源语语篇密度和句法结构等会增加译员的认知压力，因此以上因素可成为影响口译源语难度的潜在变量。Dillinger（1994）指明分句密度和分句镶嵌结构会对口译原文难度产生较大影响。Messina（2000）和 Liu & Chiu（2009）都分别指出词汇密度、句法复杂性、句长等会直接影响口译难度。

与此同时，研究者开始从源语内容出发，考查原文内容对于口译难度的影响。塞莱斯科维奇、勒代雷（2011）建议将语篇体裁类型、主题熟悉度和专业术语作为判断口译源语难度等级的因素。德国美因茨大学的学者主张以话题、篇章结构、语言特征和讲话方式为因素，对不同口译源语的难度分级（Hönig，2002，转引自许明武、邓军涛，2013）。此外，与原文内容相关的语用因素如双关语和幽默等词语对口译源语难度的影响也引起了研究者的探索兴趣（Viaggio，1996）。

然而，口译话语并非以上词句的简单叠加，在考虑以上客观的口译原文难度研究基础上，还应考虑其他动态因素（如语速、话语清晰度、连贯性等）以及不同工作模式和环境等对口译难度的影响。

国际口译难度研究的理论探索全面化的特点表现在研究对象进一步丰富，研究者注重考虑口译活动的各个环节以及各参与方对于口译难度的影响。就动态因素研究而言，Tommola & Lindholm

（1995）、Gerver（2002）、Pio（2003）、Pöchhacker（2004）、Gile（2005）、AIIC（2014）、Albl-Mikasa（2006）等的研究表明语速、语调、重音、语域、发言人逻辑和环境变化影响口译质量，成为影响口译难度的潜在因素。Kopczyn（1982）认为口译话语韵律和身体语言会对口译造成潜在的困难，同时口译设备和口译技术也会影响口译的整体质量。就口译活动参与者而言，Alexieva（1999）认为发言人的参与程度会对口译难度产生重要影响。Liu & Chiu（2009）在其实证研究中的理论框架部分论述了译员个体能力不同造成对口译难度的感知差异。Setton（2005）较为全面地归纳了探究口译难度影响因素时需要控制的变量，包括语言内因素、语言外因素和译者因素。其中语言外因素包括口译源语的声学特征和现场的可视性；译者因素指口译员的语言能力和背景知识；语言内因素为话语的基本属性，如语义密度、篇章结构、隐喻、韵律、衔接等。以上变量对后续开展微观层面口译难度因素的实证探究具有指导意义。

相比较而言，国内学者注重从教学素材选择和口译测试材料难度甄别的实际出发，对口译难度的影响因素进行宏观层面理论探索，这与国内口译研究界集中口译教学主题研究的趋势相一致（王茜、刘和平，2015），丰富了口译教学和测试研究的成果。

国内口译难度影响因素研究经历了从关注影响口译源语文本难度的静态因素研究到动态因素探讨，最终从宏观层面对影响口译源语难度的因素进行了全面总结和系统分类。如杨承淑（2005）明确提出了检测口译试题语料难度的"检测指针"，包括专有名词数量、语速、准备时间和话轮长度。刘先飞（2016）从日语口译教学出发，探讨了区分日语口译教学素材难度的四个标准：语音长度、语速、意层、专有名词密度，其中意层和专有名词密度这两个因素对于口译素材的难度影响更为显著。但该研究提出的影响因素仅围绕说明类语篇展开，并未说明是否适用于所有文体，且难度因素的确立来自课堂授课经验，今后还需要从实验中获取更多数据来予以验证。王炎强（2018）基于前人研究成果和视译教学经验，将视译教材难度影响因素总结为题材及内容深度、百字中专业术语比例、汉语特色语言难点、能够对译的句子比例、兼语连动句比例。尽管以上评价指标的提出缺乏实证研究支撑，但该研究明确指出科学的视译材料分级需要考虑学习者自身条件和材料使用目的，兼顾了难度评估的主客观视角，值得借鉴。

许明武、邓军涛（2013）认为国内外对于口译难度的理论探索最大不足在于未能建立或运用系统的语篇分析方法，将许多影响口译教学语料难度的语言和非语言因素有机地结合了起来。因此，他们基于功能语篇分析法，将影响难度的因素分为了五大板块和15个变量，分别是：语篇题材和情景语境板块（背景知识、话题熟悉度、基调、语式）、概念功能板块（参与者数量、被动句、否定句、隐喻、转义）、人际功能板块（语气、情态）、语篇功能板块（主—述信息分布模式、衔接、连接词）、措辞系统板块（词频），为甄别口译材料提供了层次分明的理论框架，但以上难度变量还可以进一步细化，以对影响口译语料难度的因素进行深入探讨。

与国内从教学实际需求探讨口译教学材料的难度影响因素相类似，国际上也有部分口译研究者基于题材、风格、话题熟悉度等不同因素，就如何根据不同技能发展阶段选择难度合适的口译教材和语料进行了定性的描述。Gillies（2013）认为口译教学材料的主题内容选择应遵循从具体到抽象，文体类型应遵循从叙述文到议论文的变化。Seleskovitch & Ledere（2011）对口译教材选择给出了更加详细的建议，即口译教材的选择应按照如下顺序加大难度：题材熟悉的叙述类发言，题材熟悉的论述类发言，题材生疏的叙述类发言，题材生疏的论述类发言，题材熟悉、风格正式的发言，题材生疏、风格正式的讲话，内容陌生但无需准备术语的专题性发言，内容陌生需要术语准备的发言。

（二）口译难度研究的实证研究

口译研究者对于口译难度影响因素进行了多项宏观因素探索（杨承淑，2000；张威，2012；刘建珠，2017等）和微观因素

（Gerver，1971；Barik，1973；Dillinger，1994；Tommola & Heleva，1998；Lee，1999；Alexieva，1999；Dam，2001；Pöchhacker，2004；Liu & Chiu，2009；赖则中，2010；黄子安，2017；原蓉洁，2018；Wu，2019等）验证的实证研究。

在宏观层面的口译难度因素实证研究方面，杨承淑（2000）最早运用了眼球追踪的方法，观察中日口译方向学生在视译过程中的非流利现象，总结出影响视译难度的因素包括：（1）无法分析词义的语义内涵，如：外来语、专有名词、复合名词；（2）无法剖析构成的长句子，如：名词修饰句、副词修饰句、从属句；（3）无法辨认模糊的句法成分，如不完整的句子、形式名词、抽象名词和指示词等。较之以往的口译难度研究，该研究实现了三个方面的创新，即研究语言对方向性为中文到日文，研究对象为视译，研究方法为学生课堂视译表现的眼动追踪。

张威（2012）在探讨口译工作记忆与口译技能在同声传译中的关系的实证研究中表明，源语发布速度加快、源语语言结构复杂、源语信息容量大、主题熟悉度下降、语音不清等会加大口译信息加工过程的难度。

此后，刘建珠（2017）结合国内外关于口译语料难度的研究，通过部分口译现场的录音分析、职业译员和学生译员的问卷访谈，总结出英汉口译语料的难度主要受信息因素、语言因素、发言因素和场景因素的影响。信息因素包括：术语陌生度、信息密度、文化差异度；语言因素包括：词汇水平、句子结构、语篇类型。需要指明的是，尽管该难度体系的因素相对全面，但是研究者将各因素之间的难度影响平均赋值，若想进一步探究各难度因素对于总体难度的影响关系，后续还需开展实验并进行统计学分析。与此类似，王炎强（2018）基于教师和学生对视译材料的难度评价及实际视译表现，将前文所述的基于理论探索得出的难度分级影响因素（题材及内容深度、百字中专业术语比例、汉语特色语言难点、能够对译的句子比例、兼语连动句比例）划分为三个难度等级，并分别赋分为

0、1、2。如百字中专业术语比例5%以下为0分，5%—10%为1分，10%以上为2分。研究者还进一步选择了三篇视译材料，运用构建的视译难度评分量化表，测算了三篇视译语料的难度，展示了难度评分量表的实际应用过程和评估有效性。尽管该研究中各难度影响因素的赋分依据主观性略强，还有待更多数据支撑，但其在研究中关注了评分量表的实际应用问题，对于本书设计具有一定启发，即在构建完评估体系后，可进一步考察评估体系的效度。

微观层面的口译难度影响因素实证研究主要可以分为语言内因素研究和语言外因素研究。与理论层面的探索框架相似，实证层面的语言内因素探究也可具体从词语、句子和篇章层面展开。语言外因素则从语速、口音、讲话者身份、语域、噪音、译者能力等因素展开。

就词汇因素实证研究而言，Pöchhacker（2004）提出可基于语料库的方式确定口译原文的词频对于难度的影响。其他研究者如Alexieva（1999）、吴子牛（2014）、黄子安（2017）的实证研究中也都探索了词汇和词频对于口译难度产生的影响。Liu & Chiu（2009）、吴子牛（2014）实证研究的结果不支持词频或词汇长度对口译难度产生显著影响，Alexieva（1999）反而证明长度越长的词汇越有利于缓解口译员的认知负荷，帮助口译员听辨和理解。黄子安（2017）的研究也说明词汇难度对口译难度具有显著影响，该实验采用"难度积分法"对同声传译源语材料进行预分级，比较了文本可读性公式、专家判断和译员对于同一源语难度判断的差异，同时介绍了命题分析的方式和信息点覆盖率的测评方式，对于后续口译难度研究的实验设计具有借鉴意义和参考价值。

就句子因素实证研究而言，研究者围绕句子的长度、从句数量和句法复杂度对句子层面的难度影响因素进行了实证量化研究。Dillinger（1994）和Setton（1999）通过不同语言对的口译研究表明，句法结构和句法复杂性对于口译难度影响不大，但若结合其他因素则会加大口译难度。与之相反，Tommola & Heleva（1998）通过分析英语到芬兰语的同声传译，发现句法复杂度对口译难度会产生重要影响。Liu & Chiu（2009）的实验指出句长可视为影响口译难度的潜在因素。赖则中（2010）针对英汉视译的难度影响因素的实证研究表明，句子长度和语言对之间的句法差异对视译文本的难度产生了重要影响。吴子牛（2014）的研究结果表明，交替传译中复合句比例显著影响口译难度，这也验证了唐嘉忆（2011）的研究结论。

就篇章因素实证研究而言，研究者围绕篇章结构和篇章类型对口译难度的影响，设计实验进行实证探索。Dillinger（1994）对比了新手译员和专业译员在同声传译过程中翻译叙述类文本和说明类文本的差异，表明叙述类文本的口译难度较低。

此外，Wu（2019）运用实证研究的方式，考察了前人运用较多的文本难度测量指标、译者主观感知困难与视译产出质量的关系，认为词汇类型和 T 单位的平均长度对于视译文本的难度有显著的预测作用。

除去以上语言内层面难度因素的实证研究，语言外影响因素也吸引了研究者的研究兴趣，并带来了大量的实证研究。

就语速因素实证研究而言，黄子安（2017）研究表明较快语速的同声传译输入会增加失误机率，该结论与 Gerver（2002）、Pio（2003）、Meuleman & Van Besien（2009）的实证研究结果一致，即较快语速会对同声传译造成难度。而 Han & Riazi（2017）则采用混合实验设计，其针对译员的译后访谈表明快语速反而有利于译员集中精力，提高译语的流利度。

就发言人口音因素实证研究而言，Mazzetti（1999）、Sabatini（2000）、Kurz（2008）、田甜（2012）等的实证研究都表明发言人的口音和方言会造成口译困难。Kurz（2008）通过分析译员在面对母语讲话人和非母语讲话人时的口译表现，证明非母语讲话人的口音会造成译员在口译过程中的信息丢失。田甜（2012）则从认知负荷模型出发，探究了讲话人口音对于译员造成的翻译难度。

就发言人讲话韵律特征因素实证研究而言，Setton（1999，

2005）分析了停顿、音高、音调等口语韵律特征会对口译难度产生影响。而 Déjean Le Féal（1978，1982）和 Iglesias Fernández（2016）的研究都表明口语韵律特征会和语速等因素相互影响，应考虑其交互作用对于口译难度的影响。

就发言人的参与度、讲话方式和背景知识因素而言，Anderson（1979）的实验探究表明背景知识对于口译表现的影响并不明显。Balzani（1990）发现较之带稿演讲方式，即兴演讲对口译造成的难度较小，其原因在于即兴演讲包含的冗余信息较多。Iglesias Fernández（2016）通过实验验证了发言人的情感参与度（Emotional Involvement）会对口译难度产生影响。

就源语所包含的图表、PPT 等信息承载媒介而言，杨芷（2017）、汪雅君（2019）等考察了幻灯片内容详略程度对同声传译的质量影响，认为中等详略程度的幻灯片以及与发言人讲话逻辑一致的幻灯片对同声传译产生的难度最小。

此外，需要指明的是，受口译交际目的的影响，口译的本质在于意义的传达，而非字词的对应翻译。故在口译难度的实证研究中，研究者更倾向于以信息为单位测量口译难度，如 Barik（1973）、Dillinger（1994）、Lee（1999）、Alexieva（1999）研究表明信息密度会造成口译原文内容的难度加大，Liu & Chiu（2009）则进一步以新信息密度为潜在难度因素开展实证研究。

对于信息密度的计算，不同研究者采取了不同的计算方法。Alexieva（1999）用"可听性系数"（句中显性述位和总述位数量之比）测量同声传译源语的语义密度。Lee（1999）通过计算语速来测量信息密度，认为语速较快的源语包含的信息量较大。但 Iglesias Fernández（2016）的研究表明口译的韵律特征和说话者的情感参与度会在一定程度上抵消语速造成的口译难度，且有些源语虽然语速较快，但是存在大量冗余信息，故不会造成较大的口译难度（鲍刚，2005）。Dillinger（1994）、Liu & Chiu（2009）则采用命题分析法，通过计算命题密度考察口译中的信息密度，并指出信息密度是影响口译难度的潜在因素。

综上所述，既有口译难度研究具有以下五方面特征：（1）口译难度研究的对象以同声传译为主，其他口译形式的难度研究尚未得到研究者的足够重视。（2）口译难度研究的方法论以理论探索为主，实证研究相对滞后。（3）口译难度研究主要以认知语言学和功能语言学为理论基础。（4）口译难度的影响因素基本可概括为语言内难度影响因素和语言外难度影响因素，语言内因素中的词汇、句法层面因素的研究得到的关注相对较多。为方便读者阅读，本书将已获得研究者关注的各类口译难度影响因素及其分类以表格的形式呈现，详见表2-5。（5）口译难度研究具体的研究方法包括专家整体评分法、语料分析法、有声思维法、译员问卷调查法、模拟实验法以及以上方法的综合运用。

表2-5　前人研究中主要口译难度研究影响因素归类汇总表

因素	词汇	句子	篇章	有声副语言	无声副语言	发言人	译者	其他
背景知识							●	
被动句		●						
不完整句		●						
参与者数量								●
抽象名词	●							
词汇多样性	●							
词汇密度	●							
词汇心理距离	●							
词汇长度	●							
词频	●							
低冗余名词	●							
情感参与度						●		

续表

因素	词汇	句子	篇章	有声副语言	无声副语言	发言人	译者	其他
方言				●				
分句结构		●						
分句密度		●						
兼语连动句		●						
否定句		●						
复合名词	●							
辅助设备								●
复合句比例		●						
话轮长短			●					
基调			●					
发言方式						●		
双语句法差异		●						
句法复杂性		●						
句长		●						
口音				●				
连接词	●							
数量词	●							
缩写词	●							
体裁类型			●					
听众类型								●
外来词	●							
习语	●							
信息量			●					
形式名词	●							

续表

因素	词汇	句子	篇章	有声副语言	无声副语言	发言人	译者	其他
修饰句		●						
意层			●					
隐喻	●							
语篇密度			●					
语气				●				
语式			●					
语速				●				
语调				●				
语音清晰度				●				
语音长度				●				
语用特征			●					
语域			●					
源语逻辑			●					
韵律				●				
噪音								●
肢体语言					●			
重音				●				
主述信息分布		●						
主题			●					
专业术语	●							
专有名词密度	●							
转义	●							
图表								●
PPT								●

三 交替传译难度研究

本小节旨在总结和回顾与本书最直接相关的交替传译难度研究的成果和不足,指明已有研究对于本书的启示,寻找本书的起点。

就口译工作模式而言,西方口译难度研究的成果基本集中于同声传译这一工作模式,部分原因在于早期的认知心理学家认为同声传译认知负荷较大,并对此开展了大量的理论探索和实证研究。然而,Gile(2009)在 *Basic Concepts and Models for Interpreter and Translator Training* 一书中从认知视角出发,总结了同声传译、交替传译和视译工作模式的认知负荷差别,建立了不同口译工作模式的认知负荷理论模型,其目的也在于通过分析口译活动各阶段的特征和精力消耗,为探究不同口译工作模式的难度因素提供理论框架。Gile(2009)将交替传译的认知负荷模型分为了两个阶段,具体公式见表2-6。

表2-6　　　　　　　Gile(2009)交替传译认知负荷模型

第一阶段:听力和笔记
公式:Interpreting = L + N + M + C
备注:L:Listening & Analysis　N:Note-taking 　　　M:Short-term Memory　C:Coordination
第二阶段:目标语产出
公式:Interpreting = Rem + Read + P + C
Rem:Remembering　Read:Note-reading　P:Production　C:Coordination

以上交替传译认知负荷模型对于研究者探究交替传译任务难度的影响因素产生了重要影响,不同研究者基于模型中的不同步骤总结了交替传译过程中的困难,主要可分为听辨环节困难、笔记环节困难、产出环节困难和精力分配困难。其中听辨环节困难、笔记环

节困难与交替传译源语的输入难度密切相关。

听辨环节难度研究是交替传译难度研究的重点。听辨位于交替传译活动的前端，自信息输入开始，止于但服务于信息储存（卢信朝，2009）。听辨环节的成功与否关系到交替传译笔记的记录和整体精力分配，因此作为听辨输入来源的源语理应成为交替传译难度研究的重点。

关于交替传译源语听辨环节的难度影响因素，研究者进行了大量的微观探索（如吴磊，2006；张睿、方菊，2009；曾婷，2012；AIIC，2014；高欣，2016；宋菁，2016；原蓉洁，2018；姚斌，2018），总结出造成英汉交替传译源语听辨困难的因素包括数字、句子复杂度、语篇类型、发言类型、语言变体、话题熟悉度、文化负载词。

以上因素产生困难的原因如下：数字信息具有高信息量、低预测性、低相关性与低冗余度等特点，且不同语言之间的计数法差异较大（张睿、方菊，2009；曾婷，2012）；交替传译中长句逻辑层次、并列成分、附加成分多，在翻译过程中经常造成译文冗余、难以厘清修饰关系等问题（高欣，2016）；交替传译是在语篇层面进行，不同语篇类型的逻辑关系不同，造成的理解难度不同（吴磊，2006；原蓉洁，2018）；即兴演讲的口语体较多，逻辑较为散乱（姚斌，2018）；本土化的语言变体在语音、词汇和句法层面与标准英语存在较大的差异（Jenkins，2007；Kirkpatrick，2010；AIIC，2014；宋菁，2016）；不熟悉甚至厌烦的源语话题往往会加重译员听辨负荷或造成注意力赤字（曾婷，2012）。

除去以上微观层面的难度影响探索，研究者也尝试对影响交替传译听辨难度的因素进行系统梳理（如 Gile，2009；马靖，2010；姚艳波，2010；唐睿婉，2013；金振林，2016；王丹，2017；何文缤，2017；罗禹涛，2017；杨桦，2017 等），并将影响难度的零散因素进行了总结，如程是颉（2019）通过个人实践案例，将对英汉交替传译口译听辨造成的难度影响因素归结为逻辑结构因素、歧义结构因素、修辞结构因素、信息密度因素、源语信息干扰、背景信息缺失等。还有部分研究者将源语对交替传译听辨造成困难的因素进行了聚类和命名，如增加精力消耗因素和易错因素（Gile，2009）、客观因素和主观因素（马靖，2010）、智力因素和非智力因素（姚艳波，2010）、语言因素和语音因素（罗禹涛，2017）、译员因素和发言人因素（金振林，2016）、动态因素和静态因素（黄晓佳、鲍川运，2016；何文缤，2017），具体见表2-7。

表格中关于交替传译难度影响因素的每一聚类中还包含一些其他难度影响因素，如工作环境、有无PPT提示等。因本书旨在讨论英汉交替传译源语难度影响因素，故而仅选取了和源语难度相关的因素进行总结和归纳。通过以上表格可以看出，尽管研究者对影响交替传译源语难度因素的聚类命名不同，但是各聚类之下包含的具体因素存在交叉，有待从宏观角度进一步整合、丰富和验证，这也是本书的努力方向之一。

根据Gile（2009）的认知负荷模型，笔记环节是交替传译过程中的重要环节，其原因在于交替传译的话轮有时较长，口译笔记能够辅助译员记忆，减轻脑力负担，帮助译员记忆意义，如果译员的笔记和听辨配合得好，则交替传译的齿轮就会越转越顺，否则就会互相干扰（王燕，2009）。笔记困难研究也因而成为交替传译难度研究的重点之一。通过观察交替传译过程不难发现，译员在听取源语的同时记录笔记，故而有理由猜测交替传译的源语特征会对笔记的困难产生重要影响。因此，众多研究者对口译源语特征造成的笔记困难进行了探索。

如部分研究者开展实验，从认知角度出发，得出语言方向性、语篇内容、体裁熟悉度对于交替传译的笔记带来了较大的困难（Daro，1997；徐海铭、柴明颎，2008；肖丽，2018；张立志，2022）。部分研究者认为语言类型不同，源语讲话者和译员之间的逻辑差异会加大交替传译的笔记困难（Setton，1999；Doherty，2002；龙莹，2015）。还有部分研究者分析了源语句子结构复杂性、信息密度造成的交替传译笔记困难（王崇恩，2012；吴迪，2012；龙莹，2015）。

表 2-7　　交替传译难度影响因素分类总结

聚类名称	因素
增加精力消耗因素和易错因素 （Gile，2009）	增加精力消耗因素：语速、信息密度、口音、语音语调、语法、语言结构、噪音、专业术语、百科知识、不熟悉的人名和地名
	易错因素：数字、缩写
客观因素和主观因素 （马靖，2010）	客观因素：文化信息、习语和固定表达、长难句、话题
	主观因素：讲话者口音、译员生理心理状态、立场、情绪；听众专业程度；现场环境；压力
智力因素和非智力因素 （姚艳波，2010）	智力因素：词汇量、长句、数字
	非智力因素：心理因素
语言因素和语音因素 （罗禹涛，2015）	语言因素：数字、专有名词、句法、文化负载词
	语音因素：口音
译员因素和发言人因素 （金振林，2016）	译员因素：词汇、句法、背景知识
	发言人因素：口音
动态因素和静态因素 （何文缤，2017）	动态因素：口音、语速
	静态因素：双语知识、话轮长度

就交替传译难度研究方法而言，比较有代表性的研究和研究方法包括：(1) 徐海铭、柴明颎（2008）运用有提示回忆法，诱导译员回忆交替传译时的心理状态。(2) 原蓉洁（2018）综合运用实验法、问卷法和访谈法验证了以"推演类"关系为主的语篇和以"添补类"关系为主的语篇的交替传译难度。(3) 唐嘉忆（2011）运用语料分析法从词、句、篇章三个层面出发，讨论了除话语音质和音速外如何判断汉译英口译材料难度的标准，提出了以语篇的长度、语篇内复合句比例和词汇心理距离总值为因素来评价汉译英口译材料的难度。(4) Liu & Chiu（2009）采用命题分析法、专家评估法、

实验法研究验证可读性、信息密度、新概念密度对于交替传译源语难度的影响，遗憾的是，以上三项因素均不能有效预测交替传译源语难度。

黄晓佳、鲍川运（2016）运用文献法较为全面地总结了国内外对于口译难度研究的理论探索，以交替传译教学材料为研究对象，根据交替传译本身的特点，将影响交替传译材料的影响因素分为动态因素和静态因素。其中动态因素包括语音变体、语速、话轮长度，静态因素包括语言因素、文化因素、专题与百科知识因素。在此基础上，两位学者利用"难度积分法"对每篇交替传译材料的难度评级，即对七个难度影响因素分别打分，再将各项难度相加算出总分。虽然使用"难度积分法"对翻译难度影响因素进行平均赋值，有利于推动口译难度分级的量化评估，但是各影响因素对整体交替传译难度的影响所占权重是否一致还需进一步实证验证。

四　翻译难度研究对本书的启示

考察英汉交替传译的源语语篇难度，既要从静态的文本角度进行分析，也要考虑动态的语音参数的影响。笔译难度中的文本难度影响因素以及口译难度研究中的源语难度影响因素对本书都具有较强的借鉴和启发，主要表现在以下五点。

一是部分口笔译理论研究者从任务难度理论出发，提出的口笔译难度测量框架较为系统，包含了翻译原文的难度因素、翻译转换过程中的难度因素以及工作条件和参与者对翻译难度的影响，尤其是孙三军、文军（2015）提出的翻译难度测量框架及测量方法以及邹兵（2016）对于笔译难度影响因素的提取思路，可为本书提供理论框架和研究设计参考。

二是研究者在口笔译难度研究中总结的难度影响因素虽然不够系统，但较为合理。本书可参考其难度影响因素的研究成果，丰富影响本书的难度影响因素框架。

三是已有宏观层面的口笔译难度研究多基于功能语言学和认知

语言学视角，对各难度因素进行了较为科学的分类。此外，部分研究借鉴心理测量学的研究成果对译者的主观感知难度进行测量。这启示本书应借鉴跨学科研究成果，将各难度影响因素有机组合，科学测量。

四是已有的口译难度研究对象多聚焦同声传译这一口译工作模式，交替传译和视译等其他口译工作模式的难度研究成果较少。以上研究趋势启示本书可选择成果较少的交替传译为研究对象，以进一步丰富口译难度研究的成果。

五是前人在口笔译难度研究中运用的实证研究方法，如有提示回忆法、实验法、问卷法、命题分析法、难度积分法等可为本书提供方法借鉴。

第三节　研究起点

通过回顾交替传译难度研究文献不难发现，交替传译难度的研究重点在于交替传译听辨环节和笔记环节的难度研究，其中源语输入特征对听辨和笔记环节产生了重要影响，因而源语难度研究属于交替传译难度研究的重中之重。目前，交替传译源语难度的研究模式主要为理论探索，也有部分研究者基于影响交替传译源语难度因素的理论思辨，选取个别因素开展实证研究，考察其对交替传译源语难度的预测效果。

尽管前人研究取得了较为丰硕的成果，奠定了良好的基础，但是仍然存在以下几个方面的不足，可构成本书的起点。

第一，对于影响交替传译源语难度的因素框架而言，前人总结的难度影响因素交叉性较强，且缺乏理论支撑，表现在一些微观层面的难度影响因素虽命名不同，但内容实质相同（如句子复杂性和从句嵌套数量、信息密度和信息量等），另一些宏观层面的聚类因素包含的内容基本相似。鲜有研究者借鉴成熟、系统的理论框架，通过综合运用文献法、调查法和实验法等多种方法对影响英汉交替传译源语难度的潜在因素进行丰富、聚类和提炼。

第二，对于交替传译源语难度的研究视角而言，传统的交替传译难度影响因素提出多基于研究者的文献梳理和主观感受，视角单一，针对学习者的研究寥寥无几，鲜有考虑难度感知的主体——学生对于难度影响因素的感知。然而学生是语言学习中的主体，如果我们在设计英汉交替传译教学任务或测试任务时，了解他们认为影响任务的障碍在哪里，会使他们的学习、教师的教学以及测试更加有效。

第三，对于交替传译源语难度的实证研究而言，前人主要借鉴文本难度研究和同声传译难度研究成果，集中从词句层面探讨影响交替传译源语难度的因素，成果较为零散。但是交替传译与其他口译模式的工作方式不同，鲜有研究者结合交替传译的本质和工作模式，实证研究究竟哪些因素对英汉交替传译的源语难度产生了显著影响及其具体影响方式，研究结论的科学性和阐释力不够。

第四，对于已有的交替传译源语难度实证研究设计而言，并非所有的实验设计都严谨合理。部分实验的样本量较小且语料选择内容趋同，影响了统计学数据的准确性（Liu & Chiu, 2009）。

第五，对于交替传译难度影响因素之间的关系而言，大部分研究集中探讨某一难度因素（如生难词、复杂句型、信息密度、语篇结构）对整体难度的影响，忽略考察不同的难度影响因素之间的互动作用。正如前文所述，影响交替传译的难度影响因素众多，通过加入变量，考察各难度影响因素之间的互动关系或可帮助进一步揭开影响交替传译源语难度因素的面纱。

第六，对于英汉交替传译难度的测量方法而言，部分研究者运用文本可读性公式对语料难度进行判断，使用该种方法极易造成测量变量缺失；部分研究者运用平均赋值的方式提出计算交替传译源语难度的公式（黄晓佳、鲍川运，2016），忽略了考察不同因素的难度影响权重，从而影响了测量的准确性。

以上存在的不足都是本书在后续开展过程中需要努力思考和重点突破的问题。在此基础上，本书拟首先对影响英汉交替传译源语难度主要因素和维度进行提炼，探索其各自难度影响权重，并通过质性研究、文本分析和实验等方式探索其具体难度影响机制，进而尝试构建面向教学和测试的英汉交替传译源语难度评估体系，为交替传译教学、测试、研究的合理化、科学化、规范化提供参考。

第四节　本章小结

本章综述了与英汉交替传译源语难度研究密切相关领域的研究成果。具体来说，在文本难度研究部分，回顾了文本难度影响因素的理论探索及文本难易度的测量方法；在副语言研究部分，回顾了副语言的研究参数，各参数的计量转写方法及工具；在任务难度研究部分，回顾了教育测试和工作任务的影响因素及测量方法；在翻译难度研究部分，总结了影响笔译和口译任务难度的多种因素及现有的测量方式。总体来说，以上几方面研究成果都从不同角度关涉了英汉交替传译源语难度评估相关内容，可为本书带来不同程度的启示，帮助本书确定研究起点和拟突破点。

第三章

研究基础

本章主要介绍了本书后续能够顺利开展的理论和研究基础，包括了八个方面，分别是关键概念定义、理论基础、理论关系图、研究设计、研究方法、数据分析方法、试点研究以及研究的伦理。

第一节　工作定义

本书中涉及的需要定义的概念包括交替传译、源语、交替传译源语、难度、评估体系和副语言。

一　交替传译

交替传译（Consecutive Interpreting, CI）简称交传，指的是口译员在听到源语后，将源语的信息用目标语译出，如此重复循环进行的口译活动（张吉良，2003）。

交替传译按照源语话轮长短和工作方式不同可分为不同类型。按源语话轮长度来分，交替传译既可以指短到几秒钟的单个词句翻译，也可指长达十几分钟的演讲翻译（González et al., 2012），前者通常被称为"短交替传译"，而后者则因经常借助系统的笔记辅助而被称为"经典"交替传译。按照口译员工作方式的不同，交替传译可以分为有笔记交替传译和无笔记交替传译。按照讲话人发言方式可以分为会议交替传译和对话交替传译。

根据上文所述的交替传译定义、特征和分类,本书中的交替传译指 MTI 口译学员在**接受完较长话轮(数分钟以上)的源语发言后,依靠笔记帮助,将某一固定发言人的源语信息重组并用目标语译出,其方向性为英语到汉语**。

二 源语

翻译是语际活动,涉及双语,即原作的语言和译作的语言,简称为"原语"和"译语"(Source Language)。近年研究者常将"原语"与"源语"混合使用,并由此衍生出其他相关术语(如"原/源作""原/源文"等)(黄忠廉、杨荣广,2015),不同研究者和学者对于"原"和"源"的认识都存在分歧。方梦之(2011)在《中国译学大词典》中对"原语"和"源语"的定义和关系进行了厘定,认为"源语"比"原语"的范围更广,具体如表 3-1 所示。英文中对 Source Language 的定义则较为一致,韦氏大辞典将(Source Language)定义为"待译为目标语的语言"。维基百科英文在线和柯林斯大辞典对其赋予两层含义:(1)待译为目标语的语言;(2)计算机中编程运行需要的源代码。尽管中文对于"原语"和"源语"一词的使用存在争议,但其共同点都承认"原语"或"源语"与翻译活动密切相关,是译语表达的初始来源和依据。因此,本书选取"源语"一词代指**口译译语意义产出和传达的来源及依据**。

表 3-1　　"源语""原语"定义汇总(方梦之,2011)

来源	作者	词条	定义
中国译学大词典	方梦之(2011)	原语 √　源语 √	如果译者直接从原作译出,则源语即原语;如间接地从第三国语言译出,则源语为第三国语言

三 交替传译源语

根据前两节关于"交替传译"和"源语"的定义,本书中的"交替传译源语"即指 MTI 口译学员依靠笔记帮助,将某一固定发言人想要表达的信息进行重组并用目标语译出的来源和依据。

由此定义出发并结合交替传译的实质和认知加工过程,可总结出交替传译的源语具有以下几方面的特征:第一,语篇性,包括衔接性、连贯性、意图性、可接受性、信息性、情景性、互文性;第二,包含丰富的副语言信息,即伴随着言语产出的非言语特征(详见副语言研究综述或副语言定义);第三,口语体特征鲜明,即高频词居多,信息相对冗余,行文结构松散;第四,信息发布转瞬即逝性,以声音和非声音渠道传递,不易保存,需要译员配合调用长期记忆能力和短期记忆能力最大程度上保留源语信息;第五,多样性,即交替传译源语的话题和语体丰富多样,译员需要在译前做大量的准备工作以完成交替传译任务(原蓉洁,2018)。

四 难度

本书在绪论章节的学理前提部分简要论述了难度的定义,在本小节中,将对该概念进行更为详细的梳理。难度的定义可以分为通用定义和特定领域的难度定义。根据《当代汉语词典》(莫衡,2001)释义,通用的难度可释义为技术或记忆方面的困难程度。其他诸多领域的研究者从测试学、二语习得、运动学、认知心理学、教育学、心理测量学角度进行难度定义,见表3-2。

就本书的研究本体翻译学而言,前人对于翻译难度的定义也存在差别。Palumbo(2009)在前人研究的基础上,将翻译难度(TD)定义为导致文本翻译变得困难的一切因素,既包括狭义的语言层面的困难,也包含读者认知方面的主观困难,反映了难度本身的双重属性,即难度的客观性和绝对性、主观性和相对性的紧密联系和相互作用。

表 3-2　　　　　　　不同学科"难度"定义汇总一览表

学科	研究者	定义	备注
测试学	Davies（1999）	某一测试或者某一道试题对一个或一群特定被试的难易程度	主观感受特定群体
二语习得	吴旭东（1997）	任务复杂程度越高，包含成分越多，学习者要花的脑力就越大，同时要注意的方面就越多，任务就越难	主观因素客观因素
运动学	游泳大辞典（1999）	指运动员在水中完成某一动作或某一套动作的难易程度	客观因素
教育学	李通等（2015）	对于学习者付出努力要求的高低	主观因素
心理测量学	Gopher & Donchin（1986）	任务要求对任务执行者产生的工作负荷的大小	客观因素、主观因素、特定群体

参照 Palumbo（2009）的翻译难度定义，本书中的"英汉交替传译源语难度"指在**英汉交替传译过程中，源语的相关特征在转换过程中对一定能力水平的译员产生较大的工作负荷或需要译员付出更多的努力以完成的源语信息传递。在判断此难度的过程中，既要考察客观上给口译信息传达的来源和依据造成困难的所有潜在因素，也要注重将客观难度影响因素和特定能力的译员群体相匹配，体现难度的主客观之间的联系。**

五　评估体系

评估体系是由一系列相互联系、相互制约、相互作用的评估要素构成的科学和完整的总体，基本构成要素涉及评估目标、服务对象、评估原则、评估内容、评估方法、评估标准等，其构建需要遵循典型、全面、系统、简洁、易操作等原则（刘岩、李娜，2019）。

本书中的英汉交替传译源语难度评估体系指由**一系列相互联系、相互作用的难度影响因素和其所属维度构成的可服务于英汉交替传译源语难度评估的科学完整的整体**。该整体具有明确的评估目标、评估对象、服务对象、理论依据、评估指标、评估模块和评估方法，具体如表 3-3 所示。

表 3-3　　　　　　　　　本书评估体系说明表

评估目标	英汉交替传译源语难度
评估对象	英汉交替传译源语
服务对象	英汉交替传译教师、教学资源开发者、命题者、学生
理论依据	详见第三章第二节理论基础部分
评估指标	待研究提取
评估模块	待研究提取
评估方法	层次分析法、难度积分法

六　副语言

在英汉交替传译中，影响口译员接受和表达发言人信息的来源和依据是多模态的，包括超音段韵律、突发性发声和次要发音特征以及外观、空间行为、身体运动、表情和感觉等非声音类特征。根据本文 2.2 小节关于副语言参数研究的回顾，本书中的副语言定义和广义的副语言定义相一致。

副语言在英汉交替传译信息传达过程中的作用不可小觑，主要有三类，即（1）确定言语信息意义，如通过重音的不同帮助确定交际者的意图，明晰语言中的信息意义；（2）增加言语信息意义，如通过语调的变化表情达意；（3）替代言语传达信息，如使用支吾语和沉默等表达反对或拒绝等意图（许婷婷，2014）。

第二节 理论来源

本章主要以翻译学本体中的翻译难度测量框架（孙三军、文军，2015）、交替传译教学语料难度评分标准（黄晓佳、鲍川运，2016）、交替传译认知负荷模型（Gile，2009）、交替传译质量评估量表（Lee，2015）以及测试学中的社会—认知效度验证框架（Weir，2005）和教育学中的最近发展区理论（Vygotsky，1978）为理论来源，本小节将介绍以上理论的内容和发展，重点介绍其对于本书的适切性以及本书对这些理论可能产生的丰富和拓展空间。

一 翻译难度测量框架

根据第二章第三节翻译难度文献回顾可知，前人对于翻译难度的影响因素和测量方法进行了大量的理论探索和实证研究，但是不同的研究者考察的难度影响因素各异，缺乏系统性和全面性。我国学者孙三军、文军（2015）在前人研究基础上，从认知视角出发，借鉴了Meshkati（1988）的心理负荷多维模型，提出了翻译难度测量的研究框架，见图3-1。

从图3-1可以看出，研究者将影响翻译难度的因素分为翻译因素和译者因素两大类，其中翻译因素又包含了文本阅读难度和翻译相关难度，翻译相关难度是在语言转换过程中的主要难点。针对以上难点，该理论框架同时提出了对应的测量方法。即运用文本难易度公式如Flesch, Reading, Ease, Dale-Chall, Flesch-Kincaid Readability, Fry Readability等对文本造成难度的固有特征值进行自动测量；运用翻译质量评估（评分）法对翻译质量进行评估；运用NASA-TLX、SWAT和Cooper-Harper等工作负荷主观感知量表测量译者对于难度的主观感知。

本书选此框架为理论来源，主要原因有二：首先，该模型直接

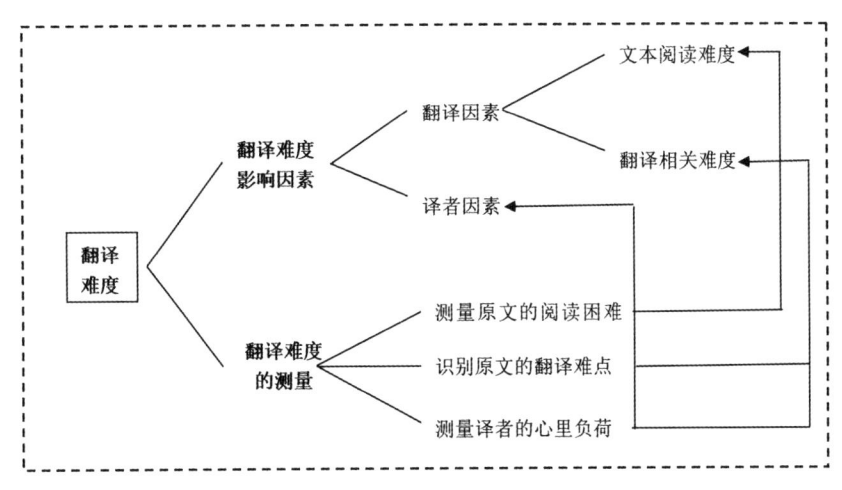

图 3-1　孙三军、文军（2015）翻译难度测量框架图

点明了影响翻译难度因素的来源包括主观和客观难度，与本书中难度的主客观双重属性一致。其次，该框架建议同时运用科学的测量方法从不同侧面多方考察翻译的主客观难度，如文本难度测量、认知负荷测量方法以及译文质量评估等，尽量做到多元互证，对于本书中交替传译源语难度的测量设计有着较强的启发。

但是该模型主要为笔译难度测量提出，鉴于交替传译的源语信息通过多模态方式传播，难度影响因素还包括了副语言等因素，与该框架中的难点来源不完全一致，故而本书在借鉴此翻译难度测量框架时还需结合英汉交替传译的工作模式和信息传递方式进一步丰富翻译难度的影响因素。

二　交替传译教学语料难度评分标准

黄晓佳、鲍川运（2016）两位学者首次从理论上对影响交替传译教学材料的难度因素进行了较为全面准确的梳理，提出了英汉交替传译教学材料难度的评分标准，并使用"难度积分法"对每项难度影响因素按照难易程度进行三个等级（0、1、2）赋分，见表3-4。

表 3-4　黄晓佳、鲍川运（2016）英汉交替传译材料难度的评分标准

指标	0 分	1 分	2 分
语音变异	英美标准口音或接近标准口音	有一定的语音变异，但对中国译员造成的压力较小，如香港口音	有严重的语音变异，对中国译员造成的压力较大，如印度、阿拉伯、非洲口音等
语速	较慢，120—150 词/分钟	较快，150—180 词/分钟	很快，>180 词/分钟
话轮长度	较短，一般包括 1—3 个句子	较长，一般由 4—6 个句子组成	很长，一般由 6 个以上句子组成
词汇	低频词较少，不太有复杂的术语、专有名词、缩略语等	低频词较多，含有复杂的专业术语、专有名词、缩略语、数字等	低频词很多，含有很多复杂的专业术语、专有名词、缩略语、数字等
句法	简单句多、句法结构简单	单复句相当、句法结构较复杂	复句居多、句法结构复杂
逻辑	各个相关信息点之间逻辑关系较简单，较多使用关联词	各个相关信息点之间逻辑关系较复杂，较少使用关联词	各个相关信息点之间逻辑关系很复杂，很少使用关联词
文化因素	包含的文化信息量较小、文化信息与译入语文化的差异度很小	包含的文化信息量较大、文化信息与译入语文化的差异度较大	包含的文化信息量很大、文化信息与译入语文化的差异度很大
专题和百科知识因素	涉及的专题知识和百科知识较少、且较浅易懂	涉及的专题知识和百科知识较少、且较艰深	涉及的专题知识和百科知识很少、且很艰深

本书选择该评分标准作为理论来源，同样出于两个方面的考量。首先，该表基于研究者的经验和文献思辨而成，是对英汉交替传译源语难度影响因素的系统梳理，值得本书在汇总难度影响因素时借鉴。其次，黄晓佳、鲍川运两位学者将各个因素的难易程度进行了细分，并运用难度积分法量化源语的总体难度，推动了对英汉交替传译材料难度乃至口译语料难度的量化研究进程，也为本书评估英汉交替传译源语难度开拓了新思路。

然而，以上英汉交替传译材料难度评分标准还需从四个方面进一步补充和完善。

首先，该评分标准未明确适用的评估对象和其能力水平。根据前文所述，难度具有主客观双重属性，不同能力水平的群体对难度的感知存在较大差异，因而在研究影响英汉交替传译源语难度指标时需首先界定评估对象的范围，提高评估标准的适切性。

其次，研究者运用文献法提炼的英汉交替传译语料难度影响因素主观性较强，且各难度因素的描述语相对模糊，缺乏实证数据的支撑和多渠道数据来源的交叉验证。如研究者可采用问卷法、访谈法等对难度影响因素进行动态补充或设计实验对每一项影响因素的难度作用机制进一步研究，则描述语会更加清晰明确。

再次，虽然研究者提出的英汉交替传译难度影响因素较为全面，涵盖了影响源语信息传达的声音、语言和认知因素，但是研究者忽略了非声音渠道的副语言信息，如面部表情、肢体语言、支吾语、停顿等对交替传译信息传达过程的影响。如果在以上评估表中加入非声音类副语言信息影响因素，则该评估表会更加合理和完善。

最后，研究者运用"难度积分法"对英汉交替传译材料进行量化评估，理论上讲其结果相对于以往的专家评估法应该更加准确，但各影响因素所占的权重还需进一步考量。如评估表中的每项因素对于英汉交替传译的难度是否产生同样重要的影响？哪些因素对于英汉交替传译产生的难度更大等？如果研究者能够较好地解决以上问题，评估表的准确性则会进一步提高。

本书基于以上不足，以 MTI 一年级下学期口译学员为主要研究对象，对原有的英汉交替传译评估标准表通过实证研究的方式进一步丰富和完善，即对原有难度影响因素扩充和分级，确定不同因素的难度影响权重，并综合运用多种方式探索各因素的难度影响机制，使评估标准中各因素的描述语更为客观科学，这也是本书可以在其基础上做出的理论贡献。

三 交替传译认知负荷模型

Gile（2009）在 *Basic Concepts and Models for Interpreter and Translator Training* 一书中提出了针对交替传译过程的认知负荷模型，主要包括听辨和笔记阶段、目标语产出阶段。具体来说，听辨和笔记阶段包括听辨分析、笔记、短期记忆和协调；目标语产出阶段包括回忆、笔记阅读和语言产出。同时 Gile（2009）也指出各阶段任务对译员产生的认知负荷不能超过译员能承受的总体认知负荷，否则就会导致口译困难的出现。

本书之所以选择该认知负荷模型作为理论基础，主要出于两个方面原因。首先，正如 Gile（2009）所言，该模型的主要目的就是用来解释交替传译不同阶段存在的诸多困难。该模型对交替传译过程中的所有步骤进行了整体梳理和概念化建模，指明了交替传译困难可能产生的原因，对于本书具有直接的指导意义。

其次，该理论可为本书中探讨各因素对于交替传译产生难度的原因和机制提供认知角度的说明，如研究者可运用该理论解释为什么一些因素会对英汉交替传译源语难度产生影响，或者为什么同一因素的不同水平对源语难度产生的影响存在差异。

但是该模型没有提及语言方向性是否会导致源语难度的影响因素不同，也没有提及不同因素对于源语难度产生影响的程度是否存在差异。因此，本书在运用该理论时，需要充分考虑英汉交替传译过程中不同语言方向性导致的难度影响因素差异以及不同因素的源语难度影响程度差异。

四 交替传译质量评估量表

本书借鉴了韩国外国语大学 Sang-Bin Lee 教授于 2015 年通过实证方法研发的交替传译质量评估标准量表评估试点研究中译员的交替传译表现。Lee（2015）的交替传译质量评估量表具体包括 3 大维度（内容、形式、表达）和 21 项指标。每一项指标根据完成情况分为 5 个等级，且内容维度的得分权重是形式和表达维度的两倍，由此得出的交替传译质量评估公式为：总分 = 内容分 * 2+形式分+表达分。

本书选择 Lee（2015）评估量表的原因有二：一是该量表针对交替传译设计，相比于其他同声传译质量评估量表对于本书的适切性更强；此外，该量表中评估指标的提出和权重的分配基于实证研究，有大量的数据支撑，客观性和科学性更强。

然而，每一种量表的研发都只适合于特定的群体和研究任务，不能被其他任务直接照搬。在实证研究中，研究者需要对每一个测量工具进行适当调整和信效度验证，以确保测量工具和研究的适切性（Han，2015）。故而，本书根据研究需要对该质量评估量表进行了微调和调整后的信度、效度检验，最终形成的评估量表如下，见表 3-5，该量表未来也可供其他交替传译研究过程中的质量评估所用。

表 3-5　英汉交替传译质量评估量表（本书根据 Lee，2015 修改）

维度	指标	完全符合 5	大部分符合 4	基本符合 3	略微符合 2	极不符合 1
内容	信息准确无篡改					
	信息完整无遗漏					
	信息无随意增补					
	逻辑结构合理					
形式	语句完整无碎片句					
	语域、语体正确					
表达	表达流利、自然					
	无明显修正和回译					
	填充语、停顿等副语言较少					
	时间控制较好，译文时长少于原文					
总分		内容分 * 2+形式分+表达分				

五 社会—认知效度验证框架

Weir（2005）提出的社会—认知效度验证框是近年来整体效度观的代表。他认为严谨的效度验证应该由五个方面的效度证据构成，分别是：

- 构念效度（Theory-based Validity），即需要对构念和被试的心理特征进行明确的界定。
- 情景效度（Context Validity），即所提出的构念需要和社会环境等一致。
- 评分效度（Scoring Validity），即评分结果的稳定性和其他各种信度计算，如再测信度、副本信度、内部一致性、评分员信度和 Rasch 模型等。
- 效标关联效度（Criterion-related Validity），即评分结果和外部基准比较的结果是否相关。
- 后果效度（Consequential Validity），即测试对社会以及学生和教师的影响。

同时，Weir（2005）也指出，效度验证工作量巨大，研究人员不用测量所有面向的效度，可以基于自身研究的需要、条件、经费、时间等选择若干种合适的验证方法，增强研究的有效性。

Weir（2005）的社会—认知效度验证框架对于本书设计具有重要的理论意义，本书关于英汉交替传译源语难度评估体系的效度验证方法和思路即在此框架指导下开展。

具体来说，本书确保被试具有相同的能力开展研究且综合前人的研究对各因素进行表征，可在一定程度上确保本书的构念效度；研究结果为英汉交替传译教学和测试服务可保证本书的情景效度；运用本书构建的源语难度评估体系对不同语料难度值打分，并和学生主观难度感知进行相关分析，可保证本书的评分效度和效标关联效度。

六 最近发展区理论

苏联心理学家 Vygotsky（1978）的最近发展区理论是以学生为中心和学习主体的建构主义学习观的代表理论之一，其认为学生的发展有两种水平：一种是学生的现有水平，另一种是学生可能的发展水平。两者之间的差距就是最近发展区。维果斯基认为教学活动要注重寻找学生的"最近发展区"，为学生提供难度适合其发展的学习内容，以超越其最近发展区，从而达到一个新的发展阶段。

按照维果斯基的最近发展区理论，只有把难度锁定在合适范围内，才能促进学生能力的发展。因此，在教学和教学资源设计中，教师可以通过检测学生的现有水平，推测学生在一定教学资源和教学方式的辅助下可能达到的发展区域，为学生设计适合他们学习水平的学习资源（李通等，2015）；反之，如果教师不能准确了解学生的现有水平，把握学生的学习需求，就难以为学生提供难度合适的学习资源，学生也就难以掌握超过最近发展区域之外的知识和素养。因此，学习材料的难度值应该与学生的最近发展区相适应。该理论为本书的选题视角奠定了理论基础，同时也可对本书的实验和问卷设计提供理论指导。

第三节 理论关系图

上小节阐述了翻译难度测量框架、交替传译教学语料难度评分标准、交替传译认知负荷模型、交替传译质量评估量表、社会—认知效度验证框架、最近发展区理论对本书的适切性。本小节将以理论关系图的形式（图3-2），展示以上各理论与本书中研究问题的关系，以及在上述理论的基础上，本书可以做出的理论贡献。

在图3-2中，箭头、形状有不同的代表意义，黑色虚线方框是前一小节提及的6个直接理论来源（交替传译教学语料难度评分标准、交替传译认知负荷不同模型、交替传译质量评估量表、翻译难度测量框架、最近发展区理论、社会—认知效度验证框架）及社会—认知效度验证框架理论的操作化维度（构念效度、校标关联效度、评分效度）；黑色椭圆形部分（源语特征、主观感知、交传表现）是本书中评估体系难度影响因素的构念来源；以黑色虚线为边框的矩形部分是本书的核心研究内容以及理论演变方式；最底端的黑色长框（英汉交替传译源语难度评估体系）部分是本书的理论贡献，即拟构建的英汉交替传译源语难度评估体系；实线的箭头部分代表着各理论被本书借鉴，为本书所用到贡献新理论产出的具体路径。

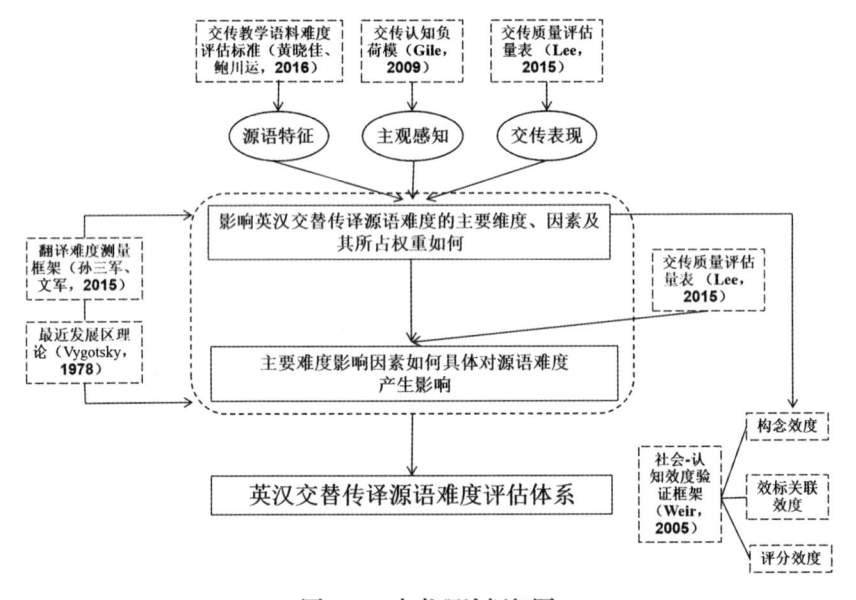

图 3-2 本书理论框架图

具体来说，翻译难度测量框架（孙三军、文军，2015）、最近发展区理论（Vygotsky，1978）贯穿了本书的整个设计过程，对于本书中研究视角的确定、难度影响因素的提炼、主要难度影响方式的测量都提供了直接指导；交替传译教学语料难度评分标准（黄晓佳、鲍川运，2016）、交替传译认知负荷模型（Gile，2009）、交替传译质量评估量表（Lee，2015）为本书中难度评估体系的维度和因素划分提供了来源和参考；社会—认知效度验证框架（Weir，2005）为确保英汉交替传译源语难度评估体系的效度奠定了理论基础，从理论上指导本书如何进行效度验证。

第四节 研究问题

本书旨在运用多阶段混合实证研究思路，构建可服务于英汉交替传译教学和测试的源语难度评估体系，基于这一研究目的，本书主要有三个研究问题。

（1）英汉交替传译源语难度评估体系**假设模型包含哪些维度和因素**？

（2）英汉交替传译源语难度**评估体系包含哪些维度和因素及其所占权重如何**？

（3）英汉交替传译源语难度评估体系中**各因素的难度影响机制及其整体效度如何**？

表 3-6　　本书中研究问题与研究方法及数据处理方式对应图

研究问题	主要研究方法	数据处理方式
英汉交替传译源语难度评估体系假设模型包含了哪些维度和因素？	问卷法	质性编码
	文献法	质性编码
	内容分析法	SPSS 相关性分析
	专家评估法	质性编码
	访谈法	质性编码
	有声思维法	质性编码

续表

研究问题	主要研究方法	数据处理方式
英汉交替传译源语难度评估体系包含哪些维度和因素及其所占权重如何？	专家评估法	质性编码
	问卷法	SPSS 22.0 主成分分析 探索性因子分析 验证性因子分析
	层次分析法	矩阵运算
英汉交替传译源语难度评估体系中各因素的难度影响机制及其整体效度如何？	文献研究法	质性编码
	内容分析法	SPSS 相关性分析
	实验法	SPSS 相关性分析

以上三个研究问题之间具有较强的关联性，三个研究问题环环相扣、层层推进，其研究结论可从横纵面向为英汉交替传译源语难度评估体系提供支撑。具体来说，研究问题（1）提取的源语难度影响因素和维度是研究问题（2）和（3）得以开展的基础。基于研究问题（1）提出的假设模型，研究问题（2）可通过验证性和探索性因子分析对其进行检验，最终确定英汉交替传译源语难度评估体系中的维度和因素，并通过层次分析法确定其对应权重。研究问题（3）是对研究问题（2）中提取的难度影响因素的作用机制进行具体探索，并对通过三个研究问题建构的英汉交替传译源语难度评估体系的整体效度进行验证，检验研究结论的科学性。

为解决以上研究问题，本书将综合采用多种实证研究和数据分析方法，研究者将研究问题与研究方法或数据处理方法对应如表3-6所示。

第五节　研究方法

根据表3-6所示，本书中运用的研究方法按照使用顺序主要包括文献法、内容分析法、访谈法、有声思维法、专家评估法、问卷法、层次分析法和实验法等,有些研究方法将不止一次应用,本小节将对每一种研究方法的定义、优点、在本书中的应用以及通用实施原则和步骤进行简要阐述,**以便一方面论证以上研究方法在本书中的应用,另一方面规范本书的开展。**

一 文献研究法

文献研究法主要是指通过对相关主题文献(图书、档案、资料、文件等)的分析研究,来论证、说明和解决既定问题的方法(刘蔚华、陈远,1991;肖军,2018)。

本书选择文献研究法一方面是受到邹兵(2016)研究思路的启发,另一方面是因为通过阅读前人的研究以及各类国家标准、教材等,研究者的确可提取和英汉交替传译源语难度相关的具有较高信度的维度和因素,为评估体系构建提供参考。

本书参照刘蔚华、陈远(1991)、周德昌等(1992)提出的文献研究法的实施步骤,制定本书中文献研究法通用研究流程,主要包括五个步骤。

- 根据所研究的问题和文献选取原则,确定搜集范围和具体文献。
- 对文献的真伪和价值进行鉴别。
- 查阅文献,并把每份文献中需要的材料以备忘录的形式记录下来。
- 对备忘录中的要点进行编码、归类和抽象。
- 形成对应的研究结论,回应研究问题。

二 访谈法

访谈法指访谈者通过与被访谈者进行口头交谈的方式来收集所需资料的调查方法,是一种研究性交谈,特点是"有目的、有计划"

地交谈（沈美序，2018），具有直接性、灵活性的特点，能够深入挖掘所要研究的主题。

本书使用面对面和网络形式的半结构式单独访谈，以了解口译教师和相关专家对于口译源语难度评估研究和实际操作的看法；使用面对面的半结构式焦点小组访谈，以完成对英汉交替传译源语难度评估理论假设模型的理论饱和度检验。

参照沈美序（2018）提出的访谈法的实施步骤，本书中不同形式访谈法的实施主要可分为以下七个步骤。

- 根据研究目标，缩小研究范围，确定访谈的主题。
- 围绕研究主题，进行访谈设计，包括访谈问题、对象、时间、形式、地点、转写和数据分析方式等操作。
- 选择和联系访谈对象，征求同意，预约访谈。
- 开展正式访谈，以访谈提纲为中心，再根据访谈双方的互动进一步推进，挖掘更多细节信息。
- 访谈转录，将口述材料按规范转写为文字。
- 转写分析，根据研究目的，按照统一性、客观性和可操作性对相关信息进行编码和分类。
- 检验访谈和数据分析的信度及效度。

三 问卷调查法

参照郑震（2016）的定义，问卷法指的是研究者通过发放统一设计的问卷或量表获取特定群体的被试对于特定变量的了解情况或态度意见的研究方法，具有突破时空限制、参与面广、定性和定量数据并存、经济性等优点。

本书中根据不同的研究问题需要，使用的问卷形式主要有三种，一是二元选择和多元选择混合的问卷，二是李克特量表，三是数值分配量表。同时，考虑到问卷回收效率和质量，研究者综合使用网络、邮寄和现场发放方式回收问卷。

其中，二元选择和多元选择混合的问卷主要用于收集 MTI 口译学员对于英汉交替传译源语难度把控现状的看法和提取相关难度影响因素；李克特量表主要用于试点研究和修正英汉交替传译源语难度评估体系的理论假设模型；数值分配量表主要用于 MTI 一年级口译学员根据自身实际感受对英汉交替传译源语难度评估体系中各因素的难度值赋分。

参照蒋逸民（2011）的问卷制作步骤，本书中各问卷和量表制作主要基于八个步骤。

- 根据研究目的，确定考察问题，拟定目标清单以及数据分析计划。
- 界定各题项中术语的内涵和外延，明确相关名词定义，避免歧义。
- 确定各个问题的类型和位置顺序。
- 对问卷的基本结构进行检查，确保问卷基本结构完整。
- 根据研究目标和常见共变量确定受试。
- 对初始问卷进行主客观评估修正和信效度验证。
- 发放正式问卷并回收。
- 使用统计学软件对问卷回收数据开展分析。

四　有声思维法

"有声思维法（Think-aloud Protocols，TAPs）主要指让受试在完成某项任务的过程中，随时随地讲出头脑里的各种信息的研究方法（郭纯洁，2015），具有及时性和诊断性的优点，特别适合于查找译者在翻译过程中遇到的问题和解决问题的方式（李德超，2008）。

考虑到口译现场的生态效度，本书选取有声思维研究方法中的任务后回溯法进行英汉交替传译源语难度评估体系理论假设模型的理论饱和度检验，即要求 MTI 一年级口译学员译后结合录像，回忆和阐述在口译过程中遇到的困难及问题。

参考李德超、王巍巍（2011）、郭纯洁（2015）提出的有声思维法的应用原则和实施步骤，本书中有声思维法的主要研究步骤包括以下四步。

- 译前阶段：在实验开始前向受试解释实验的目的、步骤、及相关注意事项，并对被试进行相关心理培训，如克服设备恐惧心理等。
- 正式实验阶段：在设备辅助下进行正式的英汉交替传译测试。
- 数据收集阶段：根据录音录像，引导被试说出其在正式测验过程中遇到的问题和困难。
- 数据分析阶段：将受试的有声思维报告转成文稿，并编码和提取。

五　内容分析法

内容分析法是兴起于传播学中的一种研究方法，主要指借助相关工具，对文本信息内容进行客观、系统和定量描述研究（Berelson，1952，转引自周翔，2020），如计算并分析传播内容中的字词频率、段落长度、篇章结构、主题信息、语义倾向等数据，增加文本信息内容分析的客观性、深入性和研究的可重复性。

本书将在研究问题（1）和研究问题（3）中运用内容分析法。研究问题（1）的内容分析意在提取出对英汉交替传译难度具有显著预测效果的客观指标，研究问题（3）的内容分析意在检测实验法中语料的多个变量的水平值，同时对待测语料的相关语篇特征标注，分析学生译文信息点传递的正确率。

参照周翔（2020）提出的内容分析法的基本实施步骤，本书中内容分析法实施主要包括六个步骤。

- 根据研究需要解决的问题，抽样选定需要进行分析的文本。
- 对文本进行预处理或转写，方便软件对文本进行读取和切分。
- 确定文本分析单位，选择不同软件，测量待研究文本特征，或使用相关统计模型计算文本特征规律。
- 检查测量过程的信效度。
- 将文本分析或标注结果导出或保存，分析和解释文本分析结果。

六 专家评估法

专家评估法又称专家调查法，主要指以专家为索取信息的对象，围绕某一主题或者问题，征询有关专家或权威人士的意见和看法[①]，具有高效、权威、独立和不受时空限制的优点。

本书使用专家评估法有三个目的，其一是评估英汉交替传译源语难度评估假设模型，其二是评估英汉交替传译源语难度影响因素难度初始感知量表，其三是对若干篇不同的英汉交替传译源语难度进行整体评分和基于本书建构的评估体系评分，作为考量英汉交替传译源语难度评估体系整体效度的证据之一。

参照魏钊（2019）提出的专家评估法的实施步骤，本书中的专家评估法主要分为五个步骤。

- 评估前阶段：确定需要评估的问题，拟定评估专家人选。
- 评估前阶段：通过邮件或电话方式联系评估专家，确定参与专家。
- 评估阶段：将需要评估的量表等原始材料发送给专家开展评估。
- 评估后阶段：回收评估专家数据，并进行汇总和处理。

---

① 摘录自 https://baike.baidu.com/item/专家调查法/10785635。

● 评估后阶段：根据专家评估结果，形成相应的研究结论。

七 层次分析法

层次分析法（Analytic Hierarchy Process，AHP）是将与决策有关的元素分解成目标、准则、方案等层次，在此基础之上进行定性和定量分析的决策方法（张炳江，2014）。该方法是美国运筹学家匹茨堡大学教授萨蒂（Saaty）于20世纪70年代初最先使用，现已经广泛应用于项目评估、决策等过程中。

相较于其他权重分析方法，层次分析法优势显著，能够将定性和定量数据相结合，定性表现在被试需要基于个人实践以及对系统中各要素的理解和真实主观印象，对各要素的相对重要性或对总体的影响程度赋分；定量表现在研究者收集完被试根据主观印象判断打出的分值后，构建分层次的分值矩阵，通过矩阵归一化运算和一致性检验，逐一计算出各个因素相对重要性的权重排序方案。

考虑到本书中难度影响因素以及受试对难度的感知较为主观，某些因素难以用现代技术直接量化测量，故本书选择可将主观感受量化的层次分析法计算评估体系中各因素的权重。参照丁雯（2019）提出的层次分析法通用实施步骤，本书中的运用层次分析法主要分为六个步骤。

● 邀请评估参与者。
● 根据已经构建的层次结构模型和量表问卷，邀请参与者对各因素的影响重要程度打分。
● 根据打分结果，建立各因素重要值判断矩阵。
● 运用根法、和法、特征根法等求解判断矩阵。
● 检验判断矩阵的单层指标单排序和一致性。
● 确定层次模型中各因素的影响权重。

八 实验法

实验法是一种经过精心设计,并在高度控制的条件下,通过操纵某些因素,来研究变量之间因果关系的方法(风笑天,2018)。

本书将在试点研究和研究问题(3)中运用前测与后测相结合的探索性准实验,完成两个研究内容,其一是验证本书中使用的英汉交替传译质量评估量表和工作负荷量表的信效度,其二是探索英汉交替传译源语难度评估体系中难度影响因素对于源语难度的具体影响机制。

实验步骤的实施参照周德昌(1992)提出的实验法流程,主要包括以下五个步骤。

- 实验前阶段:根据研究问题,确定实验目的、方法等,拟定计划。
- 实验前阶段:确定实验对象,征得实验对象同意。
- 实验前阶段:搜集实验语料,联系实验场所,保障实验设备。
- 实验中阶段:对被试表现进行详细记录。
- 试验后阶段:对被试表现评估,进行实验数据处理。

此外,在研究方法部分,本书还有两点注意事项。首先,在访谈法、问卷法、有声思维法等涉及被试参与的研究方法中,被试的选取基于质性研究中被试抽取的类别最大多样性和信息密度最强性原则(风笑天,2006),即被试的来源需相对平均覆盖各地区、各类型或相关各行业,被试自身拥有和访谈主题密切相关的较大信息量。其次,本书中对于访谈、量表或实验过程中信度的检验都遵循风笑天(2018)提出的检验思路,即通过再测信度和复本信度方式进行。

第六节　数据分析方法

本书在整个研究过程中主要运用的数据分析方法包括质性研究中的编码和量化研究中的相关分析、主成分分析、探索性因子分析、验证性因子分析。本小节将就以上数据分析方法的定义、优势、分析原理、分析步骤、评估准则以及在本书中的应用进行简要论述。

一　质性资料编码

质性资料分析主要目的在于发现内在的意义和关系模式（风笑天，2006）。本书在英汉交替传译源语难度评估假设模型建构过程中运用质性资料编码的方式从英汉交替传译教学、实践和研究层面提取了部分影响英汉交替传译源语难度的潜在维度和因素。根据风笑天（2006）、王惟晋（2018）提出的定性资料三级编码分析模式，本书中质性资料的数据分析步骤和指导原则如下。

- 初步浏览阶段：客观分析和浏览转写的文本，做到心中有数。
- 开放式编码阶段：研究者需要排除个人偏见，重新阅读转写文本，提取与研究主题相关的表达，标记为编码过程的初始条目，标记过程中还可以使用备忘录作为辅助。
- 轴心式编码阶段：对开放式编码阶段获得的众多初始条目进行抽象和概念化编码，着重发现和建立不同初始条目间的联系。
- 核心式编码阶段：将轴心式编码阶段已经标记的概念化条目进一步聚合，形成范畴化条目。
- 将轴心式编码和核心式编码的条目汇总，形成理论框架。

二 相关分析

相关分析是指用适当的统计指标衡量变量之间相关程度的强弱的方法（滕冲、汪同庆，2014）。对于不同类型的变量数据，应该采取不同的相关分析方法，其中皮尔森（Pearson）相关系数适用于测度两数值变量的相关性（汪冬华，2018），故本书过程中的相关分析，如客观难度影响因素预测指标的提取采用皮尔森（Pearson）相关系数作为衡量指标，通常来说 Sig 值小于 0.05 则可认定存在相关关系。

三 主成分分析

主成分分析的概念最早由英国生物统计学家 Karl Pearson 在 1901 年提出，其主要是利用降维的思想，在力求保证信息减少最少的原则下，把多数的指标转化为少数几个综合指标的一种对多变量数据进行最佳综合简化的多元统计方法，因而对于本书中的评价指标的精简适切性较强。

本书用主成分分析法主要是对探索性因子分析提取公共因子，主成分分析通常主要包括以下四个步骤（汪冬华，2018）。

- 计算相关系数矩阵，检验待分析的变量是否适合做主成分分析。
- 根据初始变量特征，判断选用由协方差阵求主成分还是由相关阵求主成分。
- 求协方差阵或相关阵的特征根及对应的标准化特征向量。
- 确定主成分个数。

主成分分析旨在用尽可能少的主成分包含尽可能多的原始变量，因此在主成分分析几个步骤中，如何保留主成分个数较为关键。综合汪冬华（2018）、国宴华（2018）提出的标准和方法，本书对于主成分的提取主要遵循以下四条原则和方法。

（1）主成分的累计贡献率。一般来说，达到80%则较为满意。
（2）特征根值。一般来说，保留特征根值大于1的主成分。
（3）碎石图。一般来说，位于碎石图陡坡的主成分建议保留。
（4）综合判断，即综合以上三种方法的数值共同判断。

四　探索性因子分析（EFA）

探索性因子分析是通过探索原始变量的特征、性质即其间内在关系，找出影响原始变量的主要因子，并估计各因子对原始变量影响的一种多元统计方法（国宴华，2018）。本书中使用探索性因子分析主要目的在于提取英汉交替传译源语难度影响潜在客观因素以及评估体系假设模型中的核心因子，从而实现对客观因素和假设模型的简化和重构。参照汪冬华（2018）、国宴华（2018）提出的探索性因子分析步骤，本书中运用探索性因子分析总体可以包括如下六个步骤。

- 相关性检验：运用KMO（Kaiser-Mayer-Olkin）检验和Bartlett球形检验对原始变量进行相关性检验，确保其适合做因子分析。
- 提取公因子：运用主成分分析提供公共因子。
- 确定公因子数量：根据研究需要和一般标准，确定因子个数。
- 因子旋转：将因子进行正交或斜交旋转，得到因子载荷。
- 信度检验：通过各因子载荷、纠正总相关系数等方式删除信度较低的因子，提高各公共因子内部及整体信度。
- 因子命名：根据因子载荷大小对因子命名。

在进行探索性因子分析中，研究者需要首先明确本书采用的相关分析标准，以保证探索性因子分析规范进行，如相关性检验中 KMO 和 Bartlett 球形检验法的评估值、公共因子提取标准、信度检验中因子删除标准。根据腾冲、汪同庆（2014）、汪冬华（2018）、国宴华（2018）等研究提及的标准和准则，本书中探索性因子分析的相关标准和准则规定如下。

就 KMO 值而言，KMO 值越接近 1，则越适合做因子分析，具体判断准则如表 3-7 所示。

表 3-7　　　　　　　　　　KMO 值判断准则表

KMO 值	建议
KMO≥0.9	非常适合
0.80≤KMO＜0.90	很适合
0.70≤KMO＜0.80	适合
0.60≤KMO＜0.70	尚可
0.50≤KMO＜0.60	欠佳
KMO<0.50	不适合

就 Bartlett 球形检验值而言，如果 p 值小于显著性水平（一般取 0.05），一般意味着原始变量之间具有相关性，适合做因子分析。

就公共因子提取标准而言，其和第四章第三节标题三主成分分析提取原则基本一致。

就分项和整体信度检验中因子删除标准而言，参照汪冬华（2018）等的研究，本书主要遵循 5 条标准，分别如下。

（1）如果项目的因子载荷小于 0.5，则可以删除。

（2）如果某项目在多个因子上的载荷均高于 0.5，则要对该题项予以删除，以保证正式量表的单一维度性。

(3) 如果项目纠正项目的总相关系数（Corrected Item-Total Correction，CITC）小于 0.3，则可以删除。

(4) 如果删除某项目有利于提高分析因子的整体信度值，则可以删除。

(5) 删除后各因子的 Cronbach's α 系数值必须大于 0.7。

五 验证性因子分析（CFA）

验证性因子分析充分利用了先验理论或知识，其主要目的是决定事先定义的因子模型拟合实际数据的能力（李学娟、陈希镇，2010）。

本书运用验证性因子分析法的目的在于通过 MTI 一年级口译学员的量表评估数据，验证通过探索性因子分析法提出的英汉交替传译源语难度评估体系假设模型是否科学合理。参照周晓宏、郭文静（2008）、李学娟、陈希镇（2010）、贺冬梅（2012）等提出的验证性因子分析步骤，本书中的验证性因子分析主要分为以下六个步骤。

- 提出有待检验的因子模型。
- 根据研究目的收集观测数据。
- 获得相关系数矩阵。
- 执行结构方程模型分析，拟合模型。
- 根据相关统计参数评价模型。
- 若模型拟合效果不佳，则对模型进行修正。

在进行模型拟合评价过程中，常用的统计参数包括卡方自由度比（χ^2/df）、近似均方根残差（RMSEA）、拟合优度指数（GFI）、调整拟合优度指数（AGFI）、规范拟合指数（NFI）、相对拟合指数（IFI）、比较拟合指数（CFI），各评估参数的标准在相关文献中的论述如表 3-8 所示（Bentler & Bonette，1980；辜应康，2016 等）。

表 3-8　　　　CFA 模型拟合常用参数及评价标准一览表

指标中文名称	指标	评价标准	指标中文名称	指标	评价标准
卡方自由度比	X2/df	< 5	调整拟合优度指数	AGFI	> 0.80
近似均方根残差	RMSEA	< 0.08	规范拟合指数	NFI	> 0.9
拟合优度指数	GFI	> 0.8	相对拟合指标	IFI	> 0.9
比较拟合指数	CFI	> 0.9			

第七节　试点研究

本小节旨在制定研究中需要用到的**英汉交替传译任务负荷和难度自评量表及交替传译质量评分标准，并对其进行信效度检验**，以保障以上工具在后续研究中使用的科学性。基于第五节中量表问卷的编制一般原则和步骤，本小节试点研究中的量表编制主要分为确定构念和条目、初始量表评估、量表调整、量表发放与数据采集、量表信效度检验五个步骤，每个量表对应步骤的具体实施过程详见下文。同时，还将阐述试点研究中的相关发现和结论。

一　英汉交替传译任务负荷和难度自评量表开发

1. 明确构念和量表条目

本书中所使用的英汉交替传译任务负荷和难度自评量表主要根据任务难度评估领域常用的 NASA-TLX 量表改编而成。NASA-TLX 量表将任务负荷定义为脑力需求、体力需求、时间需求、绩效水平、努力程度和受挫程度 6 个维度，前 3 个维度测量的是工作任务施加给操作者的要求，后 3 个维度则测量的是操作者与工作任务之间的交互水平。

在量表编制过程中，研究者考虑到任务难度覆盖的因素较广，而本书中仅考察源语的难度影响因素，故而本书首先剔除了"时间需求"这一维度；其次，考虑到英汉交替传译主要需要脑力付出，基本不涉及译员的体力付出，故又删除了"体力需求"这一维度。保留了原量表的脑力需求、绩效水平、努力程度、受挫程度4个维度。

此外，受到 Liu & Chiu（2009）实验设计中考查学生译前译后难度总体感知的启发，考虑到难度的主客观双重属性，研究者在量表的开头和结尾分别增加了"英汉交替传译任务译前整体难度评估"和"英汉交替传译任务译后整体难度评估"。故量表构念的六个构成选项分别是：英汉交替传译任务译前整体难度评估、脑力需求、绩效水平、受挫程度、努力程度和英汉交替传译任务译后整体难度评估。

2. 初始量表评估

在编制完初始量表后，本书邀请了2名具有丰富教学经验的口译老师和2名口译学员对量表进行了评估判断，同时邀请了5名华南地区某外语类高校MTI一年级口译方向的学员对量表试测，得到了如下反馈。

（1）为了便于统计，建议规定打分的精确程度。

（2）题项中除了几大维度英文提示外，建议加入中文解释，方便学生参考。

（3）建议将"绩效维度"改为"任务表现"，与口译评估的专业术语一致。

（4）建议将量表中的"任务表现"分项调整至中间位置，因为其和整体难度评估有语义的重叠，可能会对另外两项打分带来迷惑。

（5）初始量表调整。

3. 初始量表调整

在得到反馈和试测意见后，本书改进了初始量表，主要体现在以下三方面：一是在初始量表中增加了打分精确度说明；二是在初始量表中加入了和英文表述对应的中文释义；三是将量表中的"绩效维度"调整成"任务表现"，同时将其调整至第 3 个问题的位置。修改后形成的可正式测试的英汉交替传译任务负荷和难度自评量表见附录 1。

4. 量表发放与数据采集

被试和数据来源：本量表发放的被试为华南地区某高校 MTI 口译一年级两个平行班的学生，每班 20 名学生，总计 40 名。他们分别被要求完成三篇难度不同的英汉交替传译，在完成每篇英汉交替传译任务时分别填写调查问卷。研究者共回收问卷 120 份，剔除答题不完整问卷，总计回收有效量表 108 份，量表回收率 90%。

测试语料：测试的三段英汉交替传译语料来自 EU Speech Repository（EUSR），具体内容、时长和在 EUSR 中难度级别见表 3-9，原语料见附录 2。

表 3-9　　　　　　试点研究测试语料特征说明

编号	级别	主题	口音	时长	副语言
A	基础（简单）	通用	标准	3 分钟	基本无副语言
B	入门（中等）	健康	少许偏离	4 分钟	肢体语言丰富
C	娴熟（较难）	经济	亚洲口音	6 分钟	停顿、重复现象较多

5. 量表信效度分析

量表信度分析：根据第六小节问卷量表的信度检验方法和判断准则，本书中正式制定的英汉交替传译任务负荷和难度自评量表的 Cronbach's α 系数为 0.782，大于 0.7，说明正式量表的可信度较好。

量表效度分析：根据前文关于问卷量表的整体效度检验方法和判断准则，在实际调查研究中，问卷和量表 KMO 检测值越接近于 1，越适合进行因子分析，本量表数据的统计检验结果表明，KMO 值为 0.714，说明本量表的效度尚可。

6. 研究发现

首先，为了进一步探索量表中各题目之间的相关性，本书检测了题目之间的皮尔森系数值，具体数值如表3-10所示。

表3-10　　　　　　　　试点研究测试语料特征说明

		相关性					
		译前难度	脑力消耗	任务表现	挫败感	努力程度	译后难度
译前难度	Pearson	1	.722**	.409*	0.256	0.325	.456**
	Sig.		0	0.022	0.165	0.074	0.01
脑力消耗	Pearson	.722**	1	0.245	.633**	.601**	.514**
	Sig.	0		0.183	0	0	0.003
任务表现	Pearson	.409*	0.245	1	−0.273	.385*	−0.078
	Sig.	0.022	0.183		0.137	0.033	0.677
挫败感	Pearson	0.256	.633**	−0.273	1	0.284	.519**
	Sig.	0.165	0	0.137		0.121	0.003
努力程度	Pearson	0.325	.601**	.385*	0.284	1	0.054
	Sig.	0.074	0	0.033	0.121		0.773
译后难度	Pearson	.456**	.514**	−0.078	.519**	0.054	1
	Sig.	0.01	0.003	0.677	0.003	0.773	

注：** 为置信区间高于0.01（双尾检测），* 为置信区间高于0.05（双尾检测）。

表3-10统计结果表明，"译前难度评估"和"学生的脑力消耗""任务表现自评""译后难度评估"之间都呈显著正相关关系，"学生的脑力消耗"和"译前难度评估""挫败感""努力程度"及"译后难度评估"之间的相关性也较为显著。说明学生的译前难度整体评估和学生口译过程中的脑力消耗程度可作为判断英汉交替传译源语难度的重要参考，也可证明从难度感知主体判断语料难度的重要性和科学性，以上研究结论与邹兵（2016）、原蓉洁（2018）、Wu（2019）的结论一致。

二 英汉交替传译质量评估量表制定

1. 明确构念和量表条目

本书中所使用的英汉交替传译质量评估量表主要根据 Lee（2015）研发的交替传译质量评估量表修改而成。本书在此量表基础上，根据研究的具体情况，对该量表做了如下两方面调整：（1）考虑到本书的方向性为英汉交替传译，译文为汉语，所以去掉了评估表中译文"表达是否地道，口音和重音是否自然"等选项；（2）为了减少理解歧义和重复，去掉了意思接近的指标，如"是否有反意表达，是否有意思篡改等"选项，最终形成了评估量表的初稿，包括3大维度（内容、形式、表达）和13个具体指标，内容维度的权重保持不变，具体如表3-11所示。

表3-11　　　　本书中英汉交替传译质量评估量表

维度	指标
内容	信息准确 逻辑合理 信息完整 数字、专有名词无错译 无随意增补信息
形式	无不完整句 语域、语体正确 语法正确
表达	表达流利、自然 无明显修正和回译 填充语、犹豫、停顿等副语言少 表达自信 时间控制较好

2. 初始量表评估

在初始量指标确定后，本书邀请了3名具有丰富教学经验的口译老师对初始的英汉交替传译质量评估量表的维度、指标进行了主观判断，得到了如下反馈意见。

(1)"内容"维度中，"信息准确"指标应该包含了"数字、专有名词"指标，与"数字、专有名词准确"指标重复，可考虑删除。

(2)"形式"维度中"语法正确"选项建议剔除，因为译文为中文，学生的语法基本可以保证正确。

(3) 建议将"表达"维度中的"表达自信"删除，评估时主观性较强。

(4) 建议详细说明"表达"维度中的"时间控制较好"指标。

(5) 建议将原始量表的"0—4"分级"改为"1—5"分级。

3. 初始量表调整

基于初始量表的反馈意见，研究者对初始量表做了如下三方面的修正：其一是删除了"数字、专有名词准确""语法正确"和"表达自信"三个选项；其二是参照杨承淑（2005）提出的评分标准，将"时间控制较好"进一步描述为"译文的总时长小于源语时长"；其三是将量表的分级调整为"1—5"级。调整后的英汉交替传译质量评估打分量表见附录3。

4. 量表发放与数据采集

参与者和数据来源：本书邀请了华南地区某高校的两位具有丰富口译经验的教师对前文试点研究中的A、C语料学生的英汉交替传译测试进行打分，以测量调整后的英汉交替传译质量评估量表的信度和效度。具体操作是：

● 请两名口译教师根据主观经验对译文进行总体评估，得到总体评分值。

- 邀请两名口译教师按照评估量表中的指标对学生译文进行分项评估，并根据分项权重，计算出总体得分值。
- 计算评分量表的评分者间一致性系数和评分者内部一致性系数。
- 对评分表中具体指标得分、维度得分和最终得分进行相关性检验。

量表信度分析：本书通过比较评分员的内部一致性和评分者间一致性来验证量表的信度，若评分者自身内部和评分者间打分的标准差越小，则说明数据越平稳，也就是评分之间差距越小。根据表3-12所示，运用本书设计的英汉交替传译质量评估进行打分后，评分员 A 前后标准差由 7.54563 下降到了 5.52372，评分员 B 前后标准差由 8.52906 下降到了 5.12844，说明本评分表的评分者之间一致性相比于传统的整体评估更好。此外，评分员 A，B 之间前后打分标准差的差异由 1 下降到了 0.4，说明本评分表的评分员间一致性也较好。

表 3-12　英汉交替传译质量评估量表评分信度分析

分数来源	最低分	最高分	平均分	平均分标准差
评分员 A 整体	63	90	76.1026	7.54563
评分员 B 整体	50	88	72.6923	8.52906
评分员 A 分项	35	58	43.2564	5.52372
评分员 B 分项	33	56	41.5897	5.12844

以上关于英汉交替传译质量评估量表的制定与检验数据说明，后续使用该量表具有较高的信效度，可保障后续研究的科学性与规范性。

第八节 研究伦理

实证研究经常以人为研究对象，在搜集数据过程中不可避免地会涉及伦理问题，近年来，伦理失范事件不断出现，暴露了我国受试保护环节的薄弱性（周吉银、刘丹，2020），例如研究过程中研究者和参与者之间的地位不平等，实验参与者没有获得知情权，访谈过程中诱导参与者说出本不想说出的体验，泄露问卷答题者的个人信息等。因此，研究者在实证研究过程中应遵循诚实公开、公正平等、知情同意、隐私保密和自主选择的研究伦理，维护学术共同体的声誉，推动学术研究的良性发展。

为了维护诚实公开、公正平等、知情同意、隐私保密和自主选择的研究伦理，本书主要做了以下努力：（1）研究前告知研究对象本书的研究目的、研究性质以及预期贡献；（2）研究前获得研究参与者的同意，并签署知情同意书，具体见附录 4；（3）研究过程中关注参与者的感受，提醒参与者若有不适感觉可随时退出；（4）研究结束后，对参与者的配合给与口头和物质方面的感谢。

第九节 本章小结

本章主要分为了八个小节，第一小节从已有研究出发，结合本书的研究实际，明确界定了包括"交替传译""源语""难度"等在内的 6 个概念在本书中的工作定义；第二小节详细论述了包括"翻译难度测量框架"等在内的 6 个对本书具有直接指导作用的理论，重点论述了理论对于本书的适应性以及在使用过程中需要着重考量的要点；第三小节绘制了本书的理论关系图，以图的形式直观展现各理论对本书的指导作用、指导方式以及在本书中的演变路径；第四小节介绍了本书的研究问题,论证了研究问题之间的逻辑关系和对应的研究方法以及数据分析方法;第五和第六小节阐述了本书中所要使用的多种研究方法和数据分析方法的定义、优点、与本书的适切性以及通用的实施原则、步骤和准则,指导后续研究开展;第七小节回顾了本书前期的试点研究过程以及研究结论和发现,为后续研究提供工具保障和启示;第八小节交代了本书的研究伦理。总体来看,本章主要阐述了本书得以顺利开展的理论和方法论基础,厘清了研究问题及其对应的解决思路,以保障后续研究的规范性、科学性和有序性。

第四章

英汉交替传译源语难度评估体系假设模型构建

第一节 本章研究目的和与概述

本章主要完成两个研究目的：一是通过调研，从不同视角展现教学和测试中交替传译源语难度把控现状，进一步说明本书的合理性和价值；二是通过质性和量化研究的方式，提炼英汉交替传译源语难度评估假设模型，为第五章模型修正以及权重分配提供参考，以弥补既有研究中难度影响因素零散、缺乏实证研究以及研究视角和工作模式单一的不足。

为完成第一个研究目的，本章将对国内不同地区和类型高校的MTI口译教师、学员及测试专家开展问卷调查及访谈，展示不同群体对于口译源语，尤其是英汉交替传译源语难度影响因素及难度把控的看法。

为完成第二个研究目的，本章将在通用评价指标体系构建原则的基础上，参照邹兵（2016）的研究设计，综合运用质性和量化研究方法及多渠道来源数据，并结合研究目的一，将主观难度感知和客观难度测量数据相结合，尽力做到"穷尽"英汉交替传译源语难度影响因素，并提炼出经过理论饱和度检验的英汉交替传译源语难度评估体系初始模型,具体步骤见图4-1。

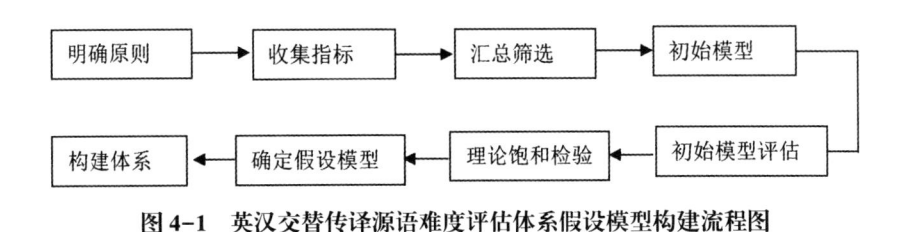

图 4-1 英汉交替传译源语难度评估体系假设模型构建流程图

第二节 英汉交替传译源语难度把控现状调研

为了解在口译教学和测试中源语难度把控是否存在问题、存在何种问题以及哪些因素可能对口译源语难度存在重要影响,本书对来自不同地区高校的 126 名口译教师和 286 名口译学员进行了问卷调查,并对 5 名口译教师和专家开展访谈,下文将详细介绍调研过程和结论。

一 MTI 口译学员调查问卷

（一）学生调查问卷设计

按照本书阐述的问卷法实施步骤,本小节首先明确了学生调查问卷的 8 个考察要点和与之对应的问题,以保证问卷具有较高的构念效度。具体的考察要点为：(1) 对于把控交替传译源语难度现状和重要性的看法；(2) 语料难度问题对学习和心理的影响；(3) 自主练习选择语料的标准和来源；(4) 遇到难度判断问题的解决方式；(5) 不同口译模式的难度影响因素是否存在差异；(6) 不同语言方向性的口译源语难度影响因素是否存在差异；(7) 对英汉交替传译源语难度影响较大的因素有哪些；(8) 是否需要相关参照标准帮助判断口译源语材料的难度。

对应以上考察要点，本书结合问卷调查中所需的人口统计信息一共设计了 27 个问题。经过两名华南地区某外语类高校口译教师审读和 MTI 一年级班级小范围试测后，研究者对问卷中某些模糊和不当的表述进行了修正，如将入学考试各门课程的成绩区间满分更改为 150 分；进一步明确了交替传译测试的内涵和外延；设置相关语料难度影响因素作为参考等，并删除了相对重复的题项，共保留 25 个题目，形成了本小节调研的学生问卷，见附录 5。

（二）学生调查问卷受试来源

遵循对象类别最大多样性的抽样原则，本书共选取了 286 名不同地区、不同类别高校的 MTI 口译方向学员发放问卷，回收有效问卷 266 份，回收率为 93%，有效问卷受试的基本信息如下。

就受试学生院校类型分布而言，外语类高校学生占 42%，综合类高校学生占 19%，师范类高校学生占 16%，理工类学生占 12%，其他类型高校学生占 11%。

就受试学生地域分布而言，华南地区高校学生占 36%，华北地区占 23%，华东地区占 18%，华中地区占 12%，华西地区占 11%。

就受试学生年级分布而言，MTI 一年级学生占 59%，MTI 二年级学生占 41%。

就受试学生的入学考试成绩而言，基础英语科目考试中，37% 的学生成绩高于或等于 81 分，58% 的学生成绩位于 71—80 分之间，仅有 5% 的学生处于 61—70 分之间；在翻译专业科目考试中，5% 的学生成绩高于或等于 141 分，51% 的学生处于 121—140 分之间，40% 的学生成绩处于 101—120 分之间，4% 的学生成绩低于或等于 100 分；汉语知识和百科写作科目中，2% 的学生成绩高于或等于 141 分，58% 的学生处于 121—140 分之间，37% 的学生成绩处于 101—120 分之间，3% 的学生成绩低于或等于 100 分。

以上受试学生基本信息表明，本问卷受试学生的学校类型、地域分布等较为合理，且学生的总体语言能力、翻译知识和百科知识成绩呈正态分布，水平差距不大，能够保证本问卷的信度。

(三) 学生调查问卷结果分析

本书运用了 SPSS 软件 Cronbach 系数测出的学生问卷信度为 0.805（排除多选题），大于 0.7，表明调查量表的内部一致性较好。

关于受试学生参加交替传译实践情况，62% 的口译学员表示在 MTI 入学前没有进行过交替传译实践，87% 的学生于 MTI 在读期间每学期进行的交替传译实践活动少于 5 次，只有 13% 的学生在一学期内参加过 5 次以上交替传译实践，且其中 88% 为 MTI 二年级学生。以上表明，目前 MTI 口译学生的口译实践还需进一步加强，口译教学政产学研需联手搭建平台，为学生创造更多的实践机会。

关于学生对目前交替传译测试和教材中难易度的把控现状和看法，所有学生都参加过各种类型的交替传译测试，但 90% 的学生表示参加的交替传译测试中经常或偶尔存在难度不一致问题，85% 的学生认为目前的交替传译教材存在难度不循序渐进情况，55% 的学生表示课堂上老师选择的语料有点偏难，15% 的学生表示老师课堂选择的语料严重偏难。

关于语料难度对学生学习和心理的影响，71% 的学生表示难度过大的语料可促使他们更加努力学习，以弥补不足。在另一题项中，63% 的学生认为难度过大的语料有时会打击他们的学习信心，甚至产生放弃心理。

关于英汉交替传译练习语料的来源和难度判断情况，82% 的学生通过网络获取语料，72% 的学生把教材里的内容当做练习语料，42% 的学生利用各类教学资源库选择语料，15% 的同学与同伴进行模拟演讲口译练习。在此过程中，55% 的学生表示经常遇到不知如何判断待选语料难度，45% 学生表示偶尔不知道如何判断语料难度。

关于英汉交替传译练习语料的难度判断方法，80% 的学员选择基于主观经验大致判断语料难度，17% 的学生选择和同学商量决定，3% 的学生选择参阅相关口译难度研究成果。

关于英汉交替传译练习语料的难度影响因素，受访学生共列出了 18 个因素，其中，生僻词、长难句、话题、语速和口音是对英汉交替传译源语难度产生最大影响的 5 个因素，提取后的各因素及其被提及频次见表 4-1。

表 4-1　　MTI 学生问卷难度影响因素提取及频次统计表

因素	频次	因素	频次
生僻词	198	逻辑不清晰	70
长难句	176	修辞丰富	61
话题	143	读稿发言	60
语速	131	信息点分散	35
口音罕见	110	源语不清楚	29
背景知识要求高	99	源语错误	19
术语多	87	肢体和面部表情	13
专有名词多	79	PPT	8
话轮时间长	75	图表	5

关于不同口译工作模式和语言方向性对同声传译和交替传译源语难度是否存在影响，64%的学生认为口译工作模式会导致源语难度影响因素存在差异，61%的学生认为语言方向性会导致源语难度影响因素存在差异，因此，学生普遍认为，需要一个英汉交替传译源语难度分级评估体系作为英汉交替传译练习时选择语料的参考。

二　MTI 口译教师调查问卷

（一）教师调查问卷设计

遵照本书学生问卷的设计思路，本小节首先明确了教师调查问卷的 7 个考察要点和与之对应的问题：(1) 对于口译教学资源和测试命题中源语难度把控的看法；(2) 口译教学语料的难度选择标准和来源；(3) 把控和调整教学材料及测试试题难度和方式；(4) 不同口译模式的难度影响因素是否存在差异；(5) 不同语言方向性的口译源语难度影响因素是否存在差异；（6）对英汉交替传译源语难度影响较大的因素有哪些；（7）是否需要相关参照标准以帮助判断口译源语材料的难度。

对应以上考察要点，本书结合问卷调查中所需的人口统计信息一共设计了27个问题。经过相关专家审读与测试，形成了本小节调研的教师问卷，见附录6。

（二）教师调查问卷受试来源

同样遵循受试对象类别最大多样性的抽样原则，本书采用滚雪球的抽样方法，共选取了126名不同地区、不同类别高校的MTI口译教师进行问卷发放，回收有效问卷106份，问卷回收率达84%，有效问卷受试的基本信息统计结果如下。

就受试教师职称分布而言，助教9人，讲师58人，副教授34人，教授5人。

就受试教师学历背景而言，硕士研究生70人，博士研究生36人。

就受试教师的来源院校类型而言，综合类高校的教师29人，外语类高校的教师36人，理工类高校教师18人，师范类高校教师17人，其他类高校6人。

就受试教师的地域分布而言，华南地区教师31人，华北地区教师24人，华东地区教师25人，华中地区教师15人，华西地区11人。

就受试教师教学层次而言，仅承担本科层次的口译教学13人，仅承担研究生层次的口译教学21人，既承担本科层次又承担研究生层次的口译教学工作72人。

就受试教师从事交替传译教学时间而言，从教有1—2年的教师8人，从教3—5年的教师29人，从教6—10年的教师35人，从教11年及以上的教师34人。

就受试教师的交替传译实践而言，从来不进行实践的教师3人，一学期交替传译实践次数小于或等于5次的教师63人，一学期交替传译实践次数多于或等于6次的教师40人。

就教师参加交替传译教材的编写和测试命题工作经验而言，参加过交替传译教材编写工作的教师37人，所有的教师都参与过各类型交替传译测试的命题。

以上表明，本问卷受试教师的学校类型、地域分布、职称、教学时间、实践经验等分布较为合理，适合作为本书的被试群体，保证了本问卷的信度。

（三）口译教师调查问卷结果分析

SPSS 数据分析表明，教师问卷的 Cronbach 系数为 0.831，说明教师问卷信度较高。

关于教师对口译教学资源和测试命题中源语难度把控的看法，89%的教师表示在教材编写和测试命题过程中注重对于交替传译源语的难度把控，100%的教师都认为合理把控交替传译源语难度问题十分重要，90%的教师认为目前已有的交替传译教材经常或偶尔存在难度安排不合理的问题，91%的教师认为交替传译测试中经常或偶尔存在试题难度不一致问题。

关于口译教学语料的难度选择来源和标准，受试教师选择的交替传译教学和测试的语料多来自自身实战、网络材料，但41%的教师表示在选择教学和测试语料时经常面临不知道如何选择难度合适的材料，39%的教师表示偶尔不知道如何判断选择的语料难度是否合适。

关于通过何种方法把控和调整教学材料及测试试题难度的问题，62%的教师选择基于主观经验判断难度，18%的教师选择和其他教师及专家共同协商，13%的教师会参考学生反馈调整难度，7%的教师会参考口译难度研究成果。

关于口译源语难度的影响因素，口译教师共列出了15个主要因素，其中逻辑、话题、信息量、语速、长难句是他们认为最重要的5个难度影响因素，每一指标被提及频次见表4-2。

表 4-2　　MTI 教师问卷难度影响因素提取及频次统计表

因素	频次	因素	频次
逻辑模糊	102	话轮较长	25
话题生僻	83	新概念多	19
信息量大	69	读稿发言	17
语速较快	65	发言主题跳跃	12
长难句多	51	体裁	11
专有名词多	49	肢体语言丰富	6
口音罕见	38	源语噪音大	4
修辞较多	29		

关于口译工作模式和语言方向性导致的源语难度影响因素差异，45%教师认为不同工作模式的源语难度因素存在差异，68%的教师认为语言方向性会导致口译源语难度影响因素存在差异。

关于是否需要相关参照标准以帮助判断口译源语材料的难度问题，85%的教师认为构建一个科学全面的英汉交替传译源语难度评估体系对于口译教学和测试都较为重要。

三　口译教师和测试专家访谈

（一）口译教师和测试专家访谈设计

按照本书明确的访谈法实施步骤，本小节首先拟定了访谈中的主要考察点和对应的访谈问题。具体的考察点为：（1）目前口译教学和测试过程中遇到的各种语料难度设置的合理性；（2）对把握教学和测试语料难度必要性的看法；（3）如何在教学和测试中选择语料；（4）如何在教学和测试中把握语料难度；（5）了解学生对教学或者测试材料难度感知的必要性；（6）不同口译工作模式和语言方向性是否会造成源语难度影响因素的差异；（7）影响英汉交替传译源语难度的因素以及主要因素；（8）是否有必要建立英汉交替传译源语难度评估体系。

对应以上考察要点，本书初步拟定了包含11个问题的访谈提纲。经过与两名华南地区某外语类高校口译教师的预访谈，研究者对访谈提纲中的某些问题进行了修正和合并，如合并了原提纲中存在语义重复的第8题和第9题，共保留了10个题目，形成了本小节调研的口译教师和测试专家访谈提纲，见附录7。

需要指明的是，由于本小节访谈对象存在身份上的重叠，即口译测试专家一般也是口译教师，口译教师一般也都承担过各种类型的口译测试命题工作，所以，本书针对口译教师和测试专家仅设置了一份访谈提纲，但是在访谈过程中的侧重点和追加问题略有不同。

（二）口译教师和测试专家基本信息

本小节访谈对象的选取遵循对象类别最大多样性、信息密度最强性原则。基于以上原则同时考虑到工作量，本书在开始之初联系了7名不同地区和高校的口译教师和3名测试专家，并介绍了研究目的，最终4名口译教师和2名口译测试专家同意参与本访谈，访谈对象的基本信息见表4-3。

表4-3　　　　　口译教师访谈受试基本信息一览表

编号	身份	地区	学校类别	年龄	性别	职称	学历	实践
T1	教师	华南	外语类	30-40	女	讲师	硕士	多
T2	教师	华北	理工类	20-30	女	助教	硕士	少
T3	教师	华东	师范类	30-40	女	教师	博士	多
T4	教师	华西	理工类	40-50	男	副教授	博士	少
T5	专家	华北	外交类	>50	女	教授	博士	少
T6	专家	华南	外语类	>50	男	教授	博士	多

（三）口译教师和测试专家访谈结果分析

就访谈的整体信效度而言，研究者主要通过两种方式检验和保障了本次访谈的信效度。首先，在访谈结束一个月后，研究者再次对编号为 T1 的口译老师进行了重复访谈，前后访谈对比表明，该教师的观点前后一致性约达 95%，说明访谈的内容真实有效。其次，所有的访谈资料均经过研究者和另一名翻译学在读博士生共同提取和编码，说明访谈数据分析过程科学合理，结论可信度较高。

就具体访谈问题而言，通过对以上六名访谈者共计两小时有余的录音转写，共获取了 1.5 万余字的访谈资料。研究者通过本书中介绍的访谈资料数据分析程序，针对每道研究问题获得了如下观点。

关于目前口译教学和测试过程中遇到的各种语料难度设置的合理性问题，所有受访老师和专家都认同目前口译教学和测试资源中源语语料难度合理性不足，如：

> T4：我觉得目前口译的教材很多都不能做到难度循序渐进，都是以专题知识的形式或者技能操练的形式安排，不太方便开展课堂教学。
>
> T5：我们目前也已经认识到在全国翻译资格认证考试中缺失存在试题难度不一致的问题，这也是我们以后要着力改进的方向。
>
> T6：我主要想说说口译测试，觉得现在的口译测试，比如说全国口译大赛，从初赛到复赛再到决赛，整个赛题的难度都偏难，而且难度的递阶科学性不够，有兴趣的话你们可以对此开展研究。

关于把握教学和测试中源语语料难度必要性的看法，受访的教师和专家基本都对此表示赞同，如：

> T2：我觉得语料难度这个问题是应该好好考虑下，刚开始

教学的时候，我会拿我在会议现场的一些语料放给学生做，当时没怎么注意学生的反应。后来有部分学生上课的积极性不是很高，我就询问了下，学生就反映说上课练习的素材太难了，学习信心受到了打击。

T4：这个语料难度问题是要认真把控，我们在做口译教学语料库建设时，难度是我们遇到的重要问题，和语料库的分级合理性密切相关。

关于如何在教学和测试中选择语料，不同的老师给出了不同的答案，但是，通过轴心式编码，语料的来源主要包括教材、实战、网络、教学资源库和模拟演讲，如：

T1：我在备课的时候会利用欧盟口译教学资源科寻找素材，也会把我自己出去做会的材料录下来，再让学生做。

T2：我喜欢在网上选一些最新的能够反映当前世界发展热点的发言素材给学生做，一方面练习口译技能，另一方面也能够扩大学生的知识面。

T3：我有时候会提前给学生布置下节课的话题，让学生提前准备演讲，然后让其他同学进行现场口译。

关于如何在教学和测试中把握语料难度，所有的受访老师都提及了依靠自身的主观判断，另外有1位老师说会参考口译源语难度的研究成果，另一位老师提及会和同事商量一下，共同决定，如：

T3：我已经教了10多年的口译了，我觉得我自己可以判断语料难度是否合理。

T5：其实一般在测试命题时候，我们都没有对语料难度进行多方判断，基本就是命题的专家自己听一遍材料，觉得差不多就可以了。

T2：我一方面会依靠自己的主观判断，另一方面我也会参考一些口译难度研究的成果，比如上海外国语大学有一篇博士论文就探究了不同形式的连贯对源语难度的影响，这个就是我以前没发现的，我觉得在以后教学中，我在选择语料时可以专门关注下这个指标。

关于了解学生对教学或者测试材料难度感知的必要性，受访教师和专家的意见分歧则比较大。一半的受访对象认为，需要了解学生对于教学和测试语料难度的感知；另一半老师则认为，不需要了解，如：

T1：我觉得不必要考虑学生对语料难度的感知，作为老师，我有我的教学目标和计划，每节课我选语料是有我的教学考虑的，不应该被学生牵着鼻子走。

T2：我觉得应该多考虑一下学生的感受，首先需要培养学生的学习兴趣，不能找高难度的材料一下子把学生都吓跑了。

T4：我觉得不必要从学生角度考虑是否难，口译本来就难嘛，口译员的能力之一就是要敢于挑战，如果连课上语料的难度都接受不了，那就不应该来学习口译。

T6：还是十分有必要通过实证的角度去考察下学生视角中不同年级和水平学生的学习口译难点在哪里，然后才能有针对性的教学方法，这样才能有效提升教学效果。

关于不同口译工作模式和语言方向性是否会造成源语难度影响因素的差异，大部分老师都认为，不同口译工作模式和语言方向性是会对源语难度影响造成影响的，有一位老师对此持相反的意见，如：

T2：我觉得是会有影响的，比如做同声传译时候，词汇和句法对难度的影响就比较明显，如果句子很复杂，就要等着句子结束了才能开口，耳口差的时间比较长。但是在做交替传译的时候，这个影响可能就不那么明显，因为我们可以等一段听完了再张口翻译，有相对充裕的时间进行消化。

T1：我觉得无论哪种形式的翻译或者语言方向性，其实难点不在于别的，主要都是背景知识不足，如果背景知识够了，发言说得再快都不怕，因为他要说的话你的知识体系里都有，足够可以预测。

关于影响英汉交替传译源语难度的因素以及主要因素，受访老师给出的答案尽管存在差异，但是都可以归入语言维度、副语言维度和认知维度，主要的难度影响因素提及最多的是话题，然后依次是背景知识、逻辑、信息密度和句法，如：

T2：我给学生选材的时候比较关注话题对于背景知识的要求，同时兼顾整篇语料的信息量是不是特别大，如果信息量非常大，那么对学生的笔记也是一个不小的挑战。再者就是要看一下语速和逻辑，如果语速过快或者逻辑不太清晰，那么即使话题不难，学生也很难跟得上发言人的源语发布节奏。

T5：我们在测试命题的时候，首先会整体判断一下这个话题是否偏难，如果话题难易度适中，大部分学生的背景知识里都有，那么我们再进一步看下发言者口音以及是否有比较多的生僻词等。

T6：我们在做教学语料库分级的时候，也首先会考量一下整个话题的难易度，如果话题比较生僻，那么肯定是难度级别比较高的，大众型话题一般难易度级别比较低。

关于是否有必要建立英汉交替传译源语难度评估体系，除了一位老师坚持认为仍然会以主观判断为主外，其他口译老师和专家对此都表示认同，如：

T6：我觉得开展口语语料源语难度评估工作真的很重要，可能对于口译教师而言操作起来会比较复杂，但是对于大规模的口译比赛、测试以及口译教学语料库的建设而言，口译源语难度把控是不可缺少的环节，但是现在这方面的研究还非常少，有待进一步挖掘。

T5：这样的研究真的很有实用价值，我们测试专家组也打算改变原来人工命题主观性过强的局限性，将众多测试语料进行难度分级，建立题库，争取实现机器自动命题，但是目前还缺少这种难度评估研究来参考。

四 英汉交替传译源语难度把控现状调研结论

以上英汉交替传译源语难度把控现状的问卷调研和访谈显示了目前口译源语难度把控，尤其是英汉交替传译源语难度把控现状，具体情况如下：

首先，数据表明，英汉交替传译教学和测试领域的源语难度不一致问题较为突出，成为教师教学、测试命题和学生自主学习过程中经常面临的障碍，亟须加强研究。

其次，部分教师和学员尚未意识到不同工作模式和语言方向性的口译源语难度影响因素存在差异，这容易影响教师和学员对于英汉交替传译源语难度的判断，以及在教学和测试中无法采取有效的应对策略。

再次是口译教师和学生对于影响交替传译源语难度主要因素的理解存在较大差异（指标差异对比见表4-4，考虑到指标个数较多，此处仅展示10个学生和教师问卷中共同提及的因素的重要程度排序对比），容易导致从教师视角出发选择的语料和学员的能力及感受不符，影响英汉交替传译教学效果和学员自信心的建立。

表 4-4　　英汉交替传译难度影响因素师生感知差异对比示例

影响因素	学生排序	教师排序
长难句多	2	5
话题生僻	3	2
语速快	4	4
口音罕见	5	7
专有名词多	8	6
话轮较长	9	9
逻辑不清	10	1
修辞较多	11	8
读稿发言	12	11
肢体面部表情丰富	16	14

基于以上调查现状分析，本书认为，有必要在后续源语难度研究中加强两方面研究：一是加强口译学习者因素研究，即从学生视角出发，考察他们心中英汉交替传译难度的主要影响因素及各因素的难度影响程度，二是加强特定模式和语言方向性的难度研究，如本书中聚焦英汉交替传译源语难度研究，以为未来教学、测试及语料库建设中的英汉交替传译源语难度评估提供更加适切、更有价值的参考。

第三节　评估体系假设模型维度和因素提取

一　提取原则和方法

各类评估或者评价体系虽然评估对象和适用范围不同，但是，在构建和开发之初，需要明确体系或模型的构建原则，本书亦不例外。综合延军平等（2010）、邹兵（2016）、刘岩、李娜（2019）提出的指标体系构建原则，本书评估体系中因素的选取主要有 6 个指导原则。

（1）**典型性原则**：要确保评估指标的来源和指标本身具有一定的典型代表性，与研究对象的适切性较强。

（2）**全面性原则**：要考虑到评估需要的各方面指标，从多渠道来源提取指标并互相验证，尽力做到不遗漏。

（3）**系统性原则**：评估体系中各维度不但要从不同的侧面反映出评估对象的主要特征，也要避免各维度之间的交叉，但维度内的各要素又要有强的相似性，共同反映各自维度的特征。

（4）**简洁性原则**：尽量确保指标个数合理，不能过多过繁杂，相互重叠。

（5）**定性定量相结合原则**：由于本书开发的评估体系是针对"交替传译源语难度"的，兼具主观和客观双重属性，故在评估时将定量和定性指标相结合会使评估的结果更为可靠。

（6）**易操作性原则**：即评估体系内各指标在选择时应考虑到现实评估中的可操作性，方便实际评估使用。

遵从以上指导原则，本小节将基于质性和量化研究两大方法论，综合运用文献法、内容分析法、焦点小组访谈法、有声思维法对英汉交替传译源语难度评估体系中的各因素进行自下而上，从微观到宏观的提取和聚类，力求提炼出兼具系统性、简洁性和可操作性的英汉交替传译源语难度评估体系。

二 基于质性研究的英汉交替传译源语难度影响因素和维度提取

本节将运用质性研究的编码方法和信效度检验方法，从实践、教学和研究角度对与英汉交替传译源语难度密切相关的文献进行回顾、总结和归纳，为假设模型的提出提供参考。

实践层面的文献主要来源为翻译国家标准和相关行业规范，其原因在于国家标准和翻译规范中包含评估翻译产品的质量要求和译员工作规范，能有效地规范行业发展，调整行业秩序，梳理和总结各类翻译行业标准中的质量评估和工作要点，可从侧面提炼出相关英汉交替传译源语难度潜在影响因素。

教学层面的文献主要来自口译教材和相关著作，其原因在于各类教材和教师的教学以及学生学习密切相关，包含各种翻译技巧与策略以及测试问题和难点，反映了教材编写者经过长期的翻译实践，总结出译者在翻译过程中无法回避的关键点和困难点（邹兵，2016），能够帮助本书获取较为全面的英汉交替传译源语难度潜在影响因素。

研究层面的文献主要来自前人关于笔译难度、口译难度和副语言难度研究，其原因在于既有的笔译难度和口译难度研究文献与本书关系十分密切，既包括了翻译过程中可能会造成难度的定性因素，也包括了一些定量指标，是本书评估体系因素来源的重要参考。而副语言是口头交际中信息传递的重要载体，副语言研究文献中包含会影响口译源语信息传递的有声和无声副语言因素，这些因素在建立英汉交替传译源语难度评估体系时也特别需要考量

本小节对各类文献资料中潜在难度影响因素的提取所用的质性编码方法主要遵照第三章提出的研究步骤，分三级编码，分别是开放式编码，轴心式编码和核心式编码，在编码的过程中可以制作相应的备忘录作为提示。根据第三章所述，开放式编码即在逐行逐段阅读原始资料的基础上，对与英汉交替传译难度影响因素相关的表达做条目标记；轴心式编码是将具体初始条目进行抽象和概念化；核心式编码需要将建立的概念条目聚合成更加抽象的范畴化条目。

对应到本书中，轴心式编码获取的概念化条目即可理解为潜在难度影响因素，核心式编码获取的范畴化条目可理解为难度影响因素维度，详细流程见图4-2所示。

图 4-2　本书中质性研究编码步骤流程图

（一）实践层面文献梳理研究

1. 实践层面文献来源分析

鉴于本书对象的语言方向性为英译汉，故而本小节主要对中国大陆范围内的已经实施的翻译国家标准、翻译协会标准以及翻译行业规范进行分析梳理，以获取各类标准和规范中提及的翻译活动，尤其是口译服务过程中与源语传递及译文质量密切相关的注意事项，作为英汉交替传译源语难度评估体系中影响因素的来源之一。研究者搜集的国家标准和规范具体如表 4-5 所示。

表 4-5　　　　国家标准和行业规范来源表

名称
《翻译服务规范第 2 部分：口译》
《翻译服务译文质量要求》
《口笔译人员基本能力要求》
《翻译服务口译服务要求》
《职业译员道德准则与行为规范》
《口译服务报价规范》

2. 实践层面文献数据检验与分析

研究者在 2019 年 4 月对获取的六份中国大陆翻译行业的标准和

规范进行了阅读、制作备忘录、开放式编码、轴心式编码和核心式编码。此后,于2019年6月再次对备忘录和编码结果进行了核对,两次编码的结果一致性较高。下文详细阐述了每一研究步骤的具体实施过程和数据统计。

(1) 备忘录制作

首先,本小节对每一翻译行业标准和规范都做了备忘录,备忘录中包含标准的名称,备忘录中的初始条目以 An 的顺序进行编码,并将每一初始条目进行了轴心式编码,抽象为概念化条目,以 Cn 的顺序命名。此处仅以《职业译员道德准则与行为规范》为例,展示本书针对每一翻译行业标准和规范制作的编码备忘录,见表4-6。

表4-6　　　　翻译国家标准和行业规范备忘录示例

备忘录编号:01

名称:《职业译员道德准则与行为规范》

口译源语相关的注意事项和要点

初始条目	概念化条目	出现频数
A1 译员应该做好话题等准备	C1 话题	1
A2 源语的信息不清楚	C2 语义清晰度	1
A3 源语存在歧义	C2 语义清晰度	1
A4 源语存在事实性错误	C3 源语错误	2
A5 源语术语多	C4 术语	1
A6 源语有歧视性语言	C5 措辞适切性	1
A7 源语不符合目标语文化习俗	C6 文化负载	1

(2) 开放式编码与轴心式编码

本书对六份标准和规范的备忘录进行开放式编码和轴心式编码统计后,共提取了61条初始条目,29条概念化条目,具体内容详见表4-7。

表 4-7　翻译国家标准和行业规范内容开放式编码表

初始条目	参考文献	概念化条目
A1 译员应该做好话题等准备	《职业译员道德准则与行为规范》	C1 话题
A2 源语的信息不清楚	《职业译员道德准则与行为规范》	C2 语义清晰度
A3 源语存在歧义	《职业译员道德准则与行为规范》	C2 语义清晰度
A4 源语存在事实性错误	《职业译员道德准则与行为规范》	C3 源语错误
A5 源语术语不正确	《职业译员道德准则与行为规范》	C4 术语
A6 源语有歧视性语言	《职业译员道德准则与行为规范》	C5 措辞适切性
A7 源语不符合目标语文化习俗	《职业译员道德准则与行为规范》	C6 文化负载
A8 任务前明确专业领域	《翻译服务规范口译》	C1 话题
A9 顾客提前提供专业术语	《翻译服务规范口译》	C4 术语
A10 了解口译涉及的专业内容	《翻译服务规范口译》	C1 话题
A11 译员要熟悉相关词汇表达	《翻译服务规范口译》	C4 术语
A12 与客户确认翻译所需的背景信息	《口译服务报价规范》	C1 话题
A13 安排译员学习背景材料	《口译服务报价规范》	C1 话题
A14 技术人员调适设备，保障通话质量	《口译服务报价规范》	C7 语音清晰度
A15 注意数字翻译	《翻译服务译文质量要求》	C8 数字
A16 避免逻辑差错	《翻译服务译文质量要求》	C9 逻辑
A17 术语要符合专业和通用标准	《翻译服务译文质量要求》	C4 术语
A18 数字翻译要准确	《翻译服务译文质量要求》	C8 数字
A19 专有名词翻译要精确（人名、地名、团体名、机构名、商标名、职务、头衔、法规、文献名称等）	《翻译服务译文质量要求》	C10 专有名词
A20 计量单位要符合目标语表达习惯或通行惯例	《翻译服务译文质量要求》	C11 计量单位
A21 缩写词应译出原文	《翻译服务译文质量要求》	C12 缩略词
A22 可以删减原文修辞	《翻译服务译文质量要求》	C13 修辞
A23 可以改变原文特殊句型结构	《翻译服务译文质量要求》	C14 特殊句式
A24 可以变通翻译诗词、歌赋、广告等特殊文体	《翻译服务译文质量要求》	C15 文体
A25 原文存在错误可修正	《翻译服务译文质量要求》	C3 源语错误
A26 原文存在含混可变通译出	《翻译服务译文质量要求》	C2 语义清晰度
A27 尊重习俗	《口笔译人员基本能力要求》	C6 文化负载

续表

初始条目	参考文献	概念化条目
A28 掌握文本类型表达惯例	《口笔译人员基本能力要求》	C16 话语类型
A29 掌握文本所需要的专业知识	《口笔译人员基本能力要求》	C1 话题
A30 高效拓展必要的专业知识	《口笔译人员基本能力要求》	C1 话题
A31 使用最新术语	《口笔译人员基本能力要求》	C4 术语
A32 以适当的风格再现原文内容	《口笔译人员基本能力要求》	C18 原文风格
A33 客户需明确口译涉及的领域	《口译服务报价规范》	C1 话题
A34 客户需明确发言人口音	《口译服务报价规范》	C17 口音
A35 专业领域口译不同影响报价	《口译服务报价规范》	C1 话题
A36 译员需有专业领域术语积累	《口译服务报价规范》	C4 术语
A37 译员需了解客户的惯用表达	《口译服务报价规范》	C19 固定表达
A38 译员需了解相关领域内容	《口译服务报价规范》	C1 话题
A39 信息转换时保留原文的风格	《翻译服务口译服务要求》	C18 原文风格
A40 工作前需要与顾客明确术语	《翻译服务口译服务要求》	C4 术语
A41 考虑口译员与发言者的空间距离	《翻译服务口译服务要求》	C20 空间距离
A42 提前提供给译员发言文本	《翻译服务口译服务要求》	C21 发言方式
A43 确保声效	《翻译服务口译服务要求》	C7 语音清晰度
A44 译员需把握话轮转换	《翻译服务口译服务要求》	C22 话轮时长
A45 译员需要理解各种地方口音	《翻译服务口译服务要求》	C17 口音
A46 译员需要熟悉各种方言差异	《翻译服务口译服务要求》	C23 方言变体
A47 译员需要能够识别各种语域	《翻译服务口译服务要求》	C24 语域
A48 译员需要掌握有学科特性的词汇	《翻译服务口译服务要求》	C4 术语
A49 译员需要掌握各种惯用语	《翻译服务口译服务要求》	C19 固定表达
A50 译员需要掌握俚语、俗语	《翻译服务口译服务要求》	C6 文化负载
A51 译员需依照习惯用法将信息从源语言转换到目标语	《翻译服务口译服务要求》	C19 固定表达
A52 译员需依据语体的正式程度,选择合适的词汇和术语	《翻译服务口译服务要求》	C25 语体

续表

初始条目	参考文献	概念化条目
A53 译员需能够体现发言者的社会经济、教育与文化背景	《翻译服务口译服务要求》	C26 语旨
A54 译员需了解如何保留源语中犹豫、口误等副语言特征	《翻译服务口译服务要求》	C27 犹豫、口误
A55 译员需有能力评估交际活动中参与方的语调	《翻译服务口译服务要求》	C28 语调
A56 译员需有能力识别交际中各种手势的含义	《翻译服务口译服务要求》	C29 手势
A57 口译任务所涉及的组织/机构体系	《翻译服务口译服务要求》	C10 专有名词
A58 口译员应确保自身有和任务相关的领域知识	《翻译服务口译服务要求》	C1 话题
A59 译员应掌握相关术语及其功能对等表达	《翻译服务口译服务要求》	C4 术语
A60 客户应向口译员提供术语表	《翻译服务口译服务要求》	C4 术语
A61 客户可提前给译员提供讲稿	《翻译服务口译服务要求》	C21 发言方式

（3）核心式编码

经过对六份文件的初始条目和条目概念化编码后，研究者对上表中出现的概念条目进行了核心式编码，即将意义相似的概念条目进一步浓缩和归类，共提炼出 7 个范畴化条目，并以 Fn 的方式命名，具体范畴化条目和概念化条目如表 4-8 所示。

表 4-8　　翻译国家标准和行业规范内容核心式编码表

范畴化条目	概念化条目
F1 词汇	C4 术语、C8 数字、C10 专有名词、C11 计量单位、C12 缩略词
F2 句法	C14 特殊句式
F3 结构	C9 逻辑
F4 内容	C1 话题、C2 语义清晰度、C3 源语错误、C22 话轮时长

续表

范畴化条目	概念化条目
F5 有声副语言	C7 语音清晰度、C17 口音、C23 方言变体、C27 犹豫、口误、C28 语调
F6 无声副语言	C20 空间距离、C29 手势
F7 语用	C5 措辞适切性、C6 文化负载、C13 修辞、C15 文体、C16 话语类型、C18 原文风格、C19 固定表达、C21 发言方式、C24 语域、C25 语体、C26 语旨

基于以上分析,本小节针对翻译国家标准和行业规范的调研总计提取了7个范畴化条目,29个概念化条目,即7个维度,29个指标。为了探究实践视角的口译源语难点集中程度,本书对每一维度指标出现的频率进行了梳理,结果见表4-9。

表4-9 翻译国家标准和行业规范内容编码条目频次统计表

维度	因素	频次	总计	维度	因素	频次	总计
词汇	术语	10	16	内容	话题	12	18
	数字	2			语义清晰度	3	
	专有名词	2			源语错误	2	
	计量单位	1			话轮时长	1	
	缩略语	1		语用	措辞适切性	1	17
句法	特殊句式	1	1		文化负载	3	
结构	逻辑	1	1		修辞	1	
无声副语言	空间距离	1	2		文体	1	
	手势	1			话语类型	1	
有声副语言	语音清晰度	2	7		原文风格	2	
	口音	2			固定表达	3	
	方言变体	1			发言方式	2	
	犹豫、口误	1			语域	1	
	语调	1			语体	1	
					语旨	1	

从以上维度、因素和频数统计中可以看出，翻译尤其是口译行业和实践者认为内容、语用和相关词汇表达是在实践中尤其需要关注的重点，换言之，也就是容易造成翻译过程中困难的因素。

其中，内容维度的主要难度因素为话题，语用维度的主要难度因素为文化负载表达和固定表达，词汇维度的主要难度因素为专业术语。本书搜集的文献中没有对以上主要难点的形成原因进行剖析，本书认为其原因主要如下。

首先口译中会碰到各类话题，从经济、金融、法律、政治、科学、信息、教育、运动、公共服务到医药等不胜枚举，且源语发言人通常是某个话题领域的研究专家，而大部分口译员尽管具有丰富的知识面，但是，难以成为每个话题的专家，因此，当口译员的背景知识结构不能大于或和发言者所讲的主题领域知识结构匹配时，必然会造成信息传递困难。

其次，文化负载词和固定表达与特定文化的语用密切相关，不同国家和种族在语言进化和融合过程中，逐渐形成的大量的语言文字均标示着不同的文化身份和价值观念等，这些具有文化标示的语言在源语中不需要多加解释，而在译语中却需要详细解释，以帮助听众了解，因此给口译员带来了额外的困难。

另外，指称专业领域内科技概念的特殊词语，是对事物本质特征的抽象与概括，其具有单义性和稳定性的特点（万梅，2019），在口译中不能随意被其他词汇替代，准确度要求高，信息冗余度低，若译员缺乏此方面的译前准备，则非常容易产生译语中断，造成口译困难。

3. 实践层面文献分析小结

本小节主要对中国大陆已经公开发行的六份翻译国家标准和行业规范文件中的翻译难点、注意事项和译文评估重点进行了梳理，通过61条初始编码条目，提取了29个英汉交替传译源语难度潜在影响因素，将其归入7个维度。同时，通过频数统计的方式，提取了标准和规范文件中较为集中关注的主要难点或任务注意事项，并剖析了其产生原因。以上因素和维度可作为本书英汉交替传译源语难度评估体系的重要来源之一,但是,以上文件主要针对所有类型的口译任务和笔译译文质量评估提出,是否完整且全部适用于英汉交替传译源语难度评估还有待后续质性和量化研究的进一步补充和检验。

(二) 教学层面文献分析

1. 教学层面文献来源分析

本小节中口译教材的来源主要是 1980 年以来高等教育出版社、外语教学与研究出版社、上海外语教育出版社出版的口译教材和研究著作,也包括少量其他出版社出版的,但是,在口译教学领域使用率较高且和本书密切相关的文献,总计 35 本。研究者之所以选择这三大出版社的教材主要有两方面原因。首先,20 世纪 70 年代末至 80 年代初是中国口译研究的"萌芽期"(王斌华,2018),口译教学和研究热情开始兴起,口译教材和著作数量较以往增长迅速。其次,以上三大出版社在国内教学界较为权威,出版的口译教材和测试辅导书基本涵盖了国内出版的知名度较高、发行量较大的英汉语口译实践类教材(高彬、徐珺,2012),故而所得结论的代表性和全面性相对较高,能够保证教材调研的内容效度。

2. 教学层面文献数据检验与分析

本小节在 2019 年 4 月对 35 本教材和研究著作中提及的难点、易错点进行三级编码,针对每一本教材和著作都制作了相应的备忘录,备忘录中记录了每本教材的基本信息、难点、难点描述和提及频次,为了方便后续统计,每一级编码都延续上文中的编码方式和序号,若概念化条目和范畴化条目相同,与上文统计编码保持一致,若有新增条目,则按照上文顺序顺延增加新的编号。

为保证教材调研的信度,研究者于 2019 年 6 月将 35 本教材的难点备忘录与原教材和著作进行了二次核对,补充内容较少,说明 35 本教材和著作备忘录的制作信度较高。

(1) 备忘录制作

囿于篇幅限制，本小节仅节选针对仲伟合、王斌华（2009）的《基础口译》备忘录，见表4-10。其中，概念化条目中文字加粗的表示该条目是在上文研究编码的基础上新增的条目。

表4-10　　　　　　　　口译教材编码备忘录示例

编号：B3		
书名：《基础口译》		作者：仲伟合、王斌华
出版社：外语教学与研究出版社		出版时间：2009
书籍类型：理论教材		
难点和易错点梳理		
初始条目	概念化条目	频次
A62 源语语速较快	C30 语速	4
A63 源语逻辑不清	C9 逻辑	2
A64 源语存在背景音干扰	**C31 噪音**	1
A65 发言人连读、弱读、略读、清音浊化、浊音清化、发音模糊、口音怪异	C17 口音	3
A66 源语表示抽象概念的名词多	**C32 抽象名词**	1
A67 句子中的中间掺入成分多	**C33 插入语**	2
A68 篇章中命题比较多，信息密集	**C34 信息密度**	2
A69 篇章中出现数字次数较多	C8 数字	4
A70 使用指示代词频繁	**C35 指示代词**	1
A71 发言方式包括即兴、有稿自由、有稿严格	C21 发言方式	1
A72 发言类型主要有叙述型、描述型、对比论证型、推论论证型、辩论说服型	C16 话语类型	1
A73 发言人讲话持续时间	C22 话轮时长	1
A74 语篇中专有名词较多	C10 专有名词	2
A75 信息的并列呈现	**C36 并列列举**	1
A76 源语修辞使用频繁	C13 修辞	2

（2）开放式与轴心式编码

35本教材备忘录制作完毕后，本书共提取了1124条初始条目，35个概念化条目，其中新增概念化条目20个。本书接着利用词频统计软件对35个概念化条目的词频进行了统计，见表4-11，加粗部分编码同样表示教材和著作过程中出现的新的口译难点，至此，本书通过实践和教学文献的梳理，获取的概念化条目增加至49个，即本书总的难度潜在影响因素增加至49个。

表4-11　　　　　口译教材轴心式编码条目频次统计表

编号	指标	频次	编号	指标	频次
C10	专有名词	120	C40	长句	22
C8	数字	112	C28	语调	22
C4	术语	72	C12	缩略语	20
C43	**可读性**	62	C22	话轮时长	18
C17	口音	62	C25	语体	18
C9	逻辑	58	C33	插入语	18
C30	语速	57	C21	发言方式	16
C34	信息密度	44	C44	**面部表情**	12
C19	固定表达	40	C46	**身体姿态**	12
C13	修辞	36	C48	**发言人感情**	12
C1	话题	34	C31	噪音	12
C41	**连贯**	30	C36	并列列举	10
C38	生僻词	28	C47	**图表信息**	10
C35	指示代词	28	C45	从句嵌套	10
C14	特殊句式	26	C39	时态	10
C16	话语类型	26	C49	**源语流畅度**	10
C42	**体裁**	25	C32	抽象名词	8
C37	一词多义	24			

（3）核心式编码

根据本书设计的既定编码步骤，本小节对教材和著作中提取的35个概念化条目进行了进一步的核心式编码，编码过程中本书认为大部分概念化条目都可以归入已有的7个范畴化条目中，只有C47图表信息和C31噪音无法归入。考虑到以上两个指标和口译信息传递的媒介相关，故在原有 7 个范畴化条目的基础上增加了"媒介"类范畴，新增范畴在下表中同样加粗表示。

至此，本书通过教学文献的梳理，提取的难度影响因素和维度如表 4-12 所示。

表 4-12　　　　口译教材相关文献内容核心式编码统计表

维度	因素	频数	因素	频数	总计
F1 词汇	C10 专有名词	120	C37 一词多义	24	402
	C8 数字	112	C38 生僻词	28	
	C4 术语	62	C12 缩略语	20	
	C35 指示代词	28	C32 抽象名词	8	
F2 句法	C39 时态	10	C36 并列列举	10	96
	C33 插入语	18	C45 从句嵌套	10	
	C40 长句	22	C14 特殊句式	26	
F3 结构	C9 逻辑	58	C41 连贯	30	88
F4 内容	C34 信息密度	44	C22 话轮时长	18	168
	C1 话题	34	C43 可读性	72	
F5 语用	C13 修辞	36	C42 体裁	25	161
	C19 固定表达	40	C21 发言方式	16	
	C16 话语类型	26	C25 语体	18	
F6 有声副语言	C17 口音	62	C48 发言人感情	12	163
	C30 语速	57	C49 源语流畅度	10	
	C28 语调	22			
F7 无声副语言	C44 面部表情	12	C46 身体姿态	12	24
F8 媒介	C47 图表信息	10	C31 噪音	12	22

表 4-12 数据表明，相关教材和著作编写者在编写过程中更多关注 F1 词汇、F4 内容、F5 有声副语言、F7 语用维度的教学难点，对于 F2 句法、F3 结构、F6 无声副语言和 F8 媒介范畴的教学难点提及则相对较少，这或许和词汇、内容、有声副语言和语用的特征鲜明外露且可教授性强有关系，也和其本身易造成口译困难密切相关，

下文结合教材和著作中的阐述，对这些因素造成难点的原因予以剖析。

就词汇范畴而言，教材和著作编写者普遍认为，专有名词、数字、行话、术语、缩略语、指代等会对口译过程造成影响，并在著作中进行了详细阐述。具体来说，基数词、序数词、分数、小数、百分数、倍数、时间、纪年等数字是口译中的一大"拦路虎"，尤其是当它们在纷繁芜杂的信息当中一股脑儿冒出来时会给译员造成极大的压力，一方面，由于数字自身没有意义，仅靠记忆无法准确复述；另一方面，中英文在数字表达方式上存在较大差异，若不熟悉，会忙中出错，无法准确翻译，影响口译的节奏和流畅性（郭岱宗，2006；梅德明，2008；任文，2012；王丹，2011）；工程、医学、金融等专题中的专业术语，在上下文中是唯一的，遗忘率较高（王丹，2011）；头衔、人名、地名等专有名词音位变化难以预测，在口译过程中增加了声学符号的信息压力和大脑负担（鲍刚，1998；仲伟合，2007）；缩略语信息量大、具有多种含义，随时可能增加新内容且渗透力非常强（鲍刚，1998）；一词多义，如"community"一词既可以表示"社区""社会""集体"，又可表示"居民"和"共同体"，增加了译员在口译过程中的选择压力（崔永禄、孙毅兵，2010）；生僻词的使用频率和使用新近程度较低，口译过程中激活速度减慢（王斌华，2006）。

就句法范畴而言，教材和著作编写者总结出时态、插入语、长句、并列句、从句嵌套、特殊句式等因素造成的口译困难主要原因如下：源语讲话中时态变化丰富，需要译员频繁地转换时态，若译员时态用错，可能会给听众带来很大困惑，觉得讲者前后矛盾（李长栓，2013）。长句会超出人脑的短时记忆句法负荷，因为人的记忆系统在听辨到句子末端时候已经遗忘了该句前半部分的信息，没有机会对整个语句进行综合、分析和加工；复杂句的从句嵌套和特殊句式一方面可能会迫使口译员的记忆负担达到"阈值"，另一方面也可能因为措辞不为常人所熟悉而使口译员感到记忆生疏（鲍刚，

1998）。口译源语中插入语多，很容易形成意识流式讲话风格，影响译员抓住全文的逻辑（李长栓，2013）。并列句和列举等也会使篇章信息密度在短时间内密集增长，加重译员的记忆负担（仲伟合、王斌华，2009）。

就结构范畴而言，语篇的逻辑和衔接是教材和著作编写者主要关心的重要问题和难点，需要在教学中加强培训。王丹（2011）将语篇中的逻辑关系主要分为了并列、递进、从属、因果、转折、让步等逻辑关系，强调了把握逻辑关系对于源语翻译的重要性。王斌华（2006）曾指出，抓逻辑衔接是口译中一个最令人头疼的环节，因为有时候一个小的连接词，或者内容衔接上的差别，都会造成口译错误，故而译员在口译过程中要时刻关注讲话者的逻辑，"能动地听"才能弄清讲话人的逻辑（李长栓，2013）。

就内容范畴而言，教材和著作编写者更为关注信息密度、主题、话轮时长和文本易读带来的口译过程中的挑战。具体而言，话轮时间过长，容易导致说话人的信息量过于密集，给译者的记忆造成较大负担，也是影响口译任务高质量完成的一个制约因素（仲伟合，2007）；任文（2012）、冯建忠（2014）则基于自身的实践，认为某些话题对学生知识背景专业程度的要求，特别提及了相对较难的口译源语话题，如经济、外贸、医疗卫生、少数民族和宗教、科技、国防等主题；此外，仲伟合（2007）提出，交替传译相比于同声传译更加注重语篇层面信息的理解，语篇层面信息以意义或主题概念为中心，形成概念网络或主题网络，这个网络既是源语理解的结果，又是译语生成的基础或起点，如果源语语篇的主题突然改变就会缺少语言外信息因素的提示，那么这种"跳跃式言语表达"则会给译员整理源语思维线路的工作造成很大困难，有时会让译员叫苦不迭（王斌华，2012）。

就语用范畴而言，教材和著作编写者将修辞、固定表达、言语类型、体裁和发言方式总结为该范畴在口译过程中的难点，其主要基于以下考量。首先，修辞和固定表达容易出现在包含大量诗歌、对联、典故、比喻、成语的祝酒词或政治类口译中，也容易出现在充满俚俗语、幽默的生活口译中，其包含的丰富内涵意义、特殊语言结构和独有的思维方式有时很难传译（鲍刚，1998）；其次，口译源语按言语类型主要分为叙述性语体、论证性语体、介绍言语体、礼仪言语体、鼓动演说言语体、对话言语体（仲伟合，2007），其对应的体裁又可分为说明文、议论文、记叙文和应用文，不同言语类型和体裁的源语信息密度差别较大，且篇章逻辑结构不同，需要译员在口译过程中着重把握；此外，口译过程中源语讲话者的发言方式也会对译员产生额外的困扰，源语讲话人发言方式可分为即兴讲话和带稿发言，带稿发言又分为完全念稿发言和有稿自由发言（王丹，2011）。在这几种发言方式中，即兴演讲相对非正式，念稿发言较为正式，稿件中的书面语信息密集度高、句子结构复杂、逻辑关系隐晦，给译员在传译过程中造成了极大挑战。鲍刚（1998）对此直言：

> 念稿发言是口译工作中很棘手的问题，译员和源语讲话者处于不平等地位，源语讲话者用了数小时、数天、甚至更长时间准备了自己的发言稿，不用即席构思，且相对来说属于笔语，信息浓缩，结构严谨，包含信息量巨大，且发言人经常会语速飞快，给译员口译造成了极大挑战。

有声副语言范畴仅次于词汇和内容范畴，是教材和著作编写者较为集中关注的易造成口译困难的范畴，主要包括了口音、语速、语气语调、发言人情感和源语清晰度等因素，需要在难度把控时引起重视。具体来说，英语语音变体种类较为多样，其中方音变体是非英语母语讲话者在口译中带有的母语烙印，即教材编写者经常提及的口音，是构成口译过程中，尤其是英汉口译过程中最大的听辨障碍和难点之一，王斌华（2006）曾在教材中如是论述。

英汉口译时，英语作为我们的外语，本来听懂就不容易，再加上地方口音的干扰，例如日本式英语、印度式英语乃至英语国家的，如美国南部某些州的英语、英国北部苏格兰高地英语等，口音五花八门，要完全听得明白，实属不易。

部分教材和著作编写者认为，世界各地英语口音大致可以分为东亚口音、东南亚口音、南亚口音、中东口音、欧洲口音、澳洲口音、拉丁美洲口音、非洲口音等，其中较难的口音主要包括印度、巴基斯坦、尼泊尔、意大利、日本口音，最难对付的可能是包括印度、巴基斯坦、孟加拉国在内的南亚口音（卢信朝，2012；任文，2012；李长栓，2013；冯建中，2014）。另外，较快的语速容易导致信息密度短时间内大量增长，使口译员对源语的听辨和理解效率大打折扣（仲伟合，2007）。同时，语调、语气、情感、语速和一些其他类副语言因素也都是口语交流中有效的信息传达手段之一，需要译员在口译过程中必须额外关注（王斌华，2012；任文，2012），而源语的声音清晰度则直接影响了译员对源语的获取和理解程度。

就无声副语言范畴而言，面部表情、身体姿态指标也获得了教材编写者的关注，如仲伟合（2007）、王斌华（2006，2012）、任文（2012）都指出，译员工作时与讲话者同处一个交际环境，所以，除了依靠讲话人的有声源语外，还有一些眼神、手势、姿势、面部表情等可以伴随着语言表达出绝对不亚于语言的非常复杂的信息，有时这些信息甚至可以与语言公开发布的信息完全相反，起到补充、修改外部语言信息等作用，有时还可以单独起到传达话语者内心真正情感等信息的作用，因此需要译员在口译过程中关注。

值得一提的是，媒介范畴指标，如图表和噪音等，此前在口译难度研究文献中鲜有研究者提及，却引起了教材编写者的关注，体现了教材编写者敏锐的实践洞察能力。如梅德明（2008）、李长栓（2013）等都指明，目前口译源语发言人喜欢使用现代技术工具和直观表现手段如图表和幻灯片等，增加演讲的清晰度和感染力，这需要口译员一方面掌握所用仪器的名称及读图方法和技巧；另一方面付出额外精力，对着幻灯片或图表等专心听，否则很难清楚讲话者的意思，传递出演讲者及图标和数据中蕴含的信息。同时，倘若在源语发布过程中存在背景噪音的干扰，则会降低口译员接受语流和语义的连续性，直接影响译语产出质量，造成口译困难。

3. 教学层面文献研究小结

本小节主要对1980年以来国内具有较高影响力的35本口译教材和著作进行了梳理，从1124个教材和著作中获取的初始编码条目中，提取了35个概念化条目和8个范畴化条目，通过频数统计的方式总结了教材编写者较为关注的难度影响因素和维度，并结合教材和著作对其进行了剖析，作为本书英汉交替传译源语难度评估体系中影响因素的可靠来源之一。但是教材和著作编写者关于以上指标的难易度描述基本处于主观经验的总结，部分指标的难易程度描述也存在分歧，因此，这些难度指标的描述语也需要参考更加科学的实证研究结果，还可在必要时开展实证研究进行深挖，以提高本书所构建的英汉交替传译源语难度评估体系的信效度。

（三）研究层面文献梳理

1. 研究层面文献来源分析

鉴于英汉交替传译隶属于口译，口译又属于广义的翻译活动，相较于笔译多了有声和无声副语言因素的共同干扰，研究交替传译难度影响因素必然需要从笔译难度和口译难度以及副语言研究中寻求借鉴。因此，本小节中研究层面的文献来源主要为国内外前人关于笔译难度、口译难度和副语言难度研究的文献，这些文献在本书的文献综述部分已经做了较为细致的回顾，本小节将忽略其针对每一难度影响因素的研究细节，提取出主要难度影响因素和维度。

2. 研究层面文献数据检验与分析

在保证文献搜集全面性、实效性和权威性的基础上，本书在

2019年1月对笔译难度、口译难度、副语言难度和测试任务难度文献中研究的难点进行了编码,每一级编码仍然延续了上文中的编码方式和序号,若概念化条目和范畴化条目相同,与上文统计编码保持一致,若有新增条目,则按照上文顺序顺延增加新的编号。

为保证研究文献分析数据结论的信度,研究者于2019年7月将三种类型文献进行了第二次阅读和提取,除了增加少量从新文献中提取的条目,其余条目和初次编码及提取结果较为一致,说明研究文献的编码过程信度较高。

(1) 备忘录制作

本小节研究依然遵循前文研究思路,在编码前对每一方面的难度研究文献进行备忘录制作,由于研究者基本具有较高的理论素养,他们在研究文献中基本都对提取的难度影响因素进行了抽象,和文本中概念化编码条目意义一致,故而本小节备忘录和前两小节备忘录有别,仅记录每一文献出处和概念化条目及其描述,以为后文的核心式编码、频数统计和难度影响因素描述语界定提供参考,概念化条目编码仍然沿袭上文中的编码方式和顺序,相同条目则保持编码序号一致,若出现新增条目,则补充新的编码。此处仅以口译难度研究文献的部分备忘录为例,展示本书针对每类研究文献制作的备忘录,见表4-13。

表4-13　　　　　　　　口译研究类文献备忘录示例

文献出处	概念化条目
Gile (1995, 2009)	C50 低冗余名词
	C34 信息密度
Dellinger (1994)	C51 从句密度
	C45 从句镶嵌
Liu & Chiu (2009)	C52 词汇密度
	C53 句长

续表

文献出处	概念化条目
塞莱斯科维奇（2007）	C42 体裁
	C1 话题
	C4 术语
Viaggio（1996）	C54 双关语等非字面意义表达
	C55 幽默词
Kopczynksi（1982）	C56 话语韵律
	C46 身体姿态
Alexieva（1999）	C57 听众参与程度
	C58 语义密度
	C59 隐喻
	C56 话语韵律
	C41 连贯
杨承淑（2005）	C10 专有名词
	C30 语速
	C22 话轮时长
刘先飞（2006）	C60 语音长度
	C30 语速
	C61 意层
	C62 专有名词密度

（2）轴心式编码

通过对备忘录中的概念化条目进行提取，研究者从研究层面文献中共提取了196条概念化条目，包含口译难度、笔译难度、副语言研究和测试难度文献。需要指明的是，四个类别的概念化条目存在部分意义重复或者隶属关系，经过研究者合并和去重，最终从研究层面文献中提取了56条概念化条目，其中新增概念化条目23条，分别是C50—C72，具体概念化条目和其出现频次统计见表4-14。

表 4-14　　口译研究类文献内容轴心式编码条目频次统计表

编号	概念化条目	频次	编号	概念化条目	频次
C1	话题	17	C65	音高	3
C63	复杂句	16	C7	语音清晰度	2
C30	语速	14	C13	修辞	2
C6	文化负载	9	C14	特殊句式	2
C34	信息密度	8	C20	空间距离	2
C46	身体姿态	6	C35	指示代词	2
C28	语调	6	C43	可读性	2
C10	专有名词	6	C48	发言人感情	2
C17	口音	5	C60	语音长度	2
C22	话轮时长	5	C66	不完整句	2
C44	面部表情	5	C45	从句镶嵌	1
C53	句长	5	C47	图表信息	1
C4	术语	4	C51	从句密度	1
C9	逻辑	4	C52	词汇密度	1
C25	语体	4	C54	双关语等非字面意义表达	1
C38	生僻词	4	C55	幽默词	1
C40	长句	4	C56	话语韵律	1
C42	体裁	4	C57	听众参与程度	1
C50	低冗余名词	4	C58	语义密度	1
C16	话语类型	3	C59	隐喻	1
C19	固定表达	3	C61	意层	1
C21	发言方式	3	C62	专有名词密度	1
C24	语域	3	C67	话语填充语	1
C31	噪音	3	C68	情态	1
C32	抽象名词	3	C69	新信息密度	1
C37	一词多义	3	C70	信道	1
C41	连贯	3	C71	词汇依存距离	1
C64	停顿	3	C72	主述信息分布模式	1

(3) 核心式编码

遵照本书的质性研究编码步骤,获得研究层面的 56 个概念化条目后,研究者需要对其进行进一步抽象和归类,即核心式编码,以获得概念化条目所述的范畴维度。本小节前两部分的文献中已经提炼了 8 个维度的范畴,即 F1—F8,经过研究者的初次编码和二次编码校对,认为本节中获取的 56 个概念化编码条目可以全部归入已有的 8 个范畴化编码中,仅有 C57"听众参与程度"因素无法纳入,考虑到无法纳入的指标只有一个,本书将 F8"媒介维度"名称更改为"媒介及环境"维度。至此,本小节最终获得的概念化条目、范畴化条目和各条目出现的频数统计见表 4-15。

表 4-15　　　　　口译研究类文献内容核心式编码统计表

维度	因素	频数	因素	频数	总计
F1 词汇	C10 专有名词	6	C37 一词多义	3	28
	C38 生僻词	4	C35 指示代词	2	
	C4 术语	4	C52 词汇密度	1	
	C50 低冗余名词	4	C62 专有名词密度	1	
	C32 抽象名词	3			
F2 句法	C63 复杂句	16	C45 从句镶嵌	1	34
	C53 句长	5	C51 从句密度	1	
	C40 长句	4	C68 情态	1	
	C14 特殊句型	2	C71 词汇依存距离	1	
	C66 不完整句	2	C72 主述信息分布模式	1	
F3 结构	C9 逻辑	4	C41 连贯	3	7
F4 内容	C1 话题	17	C58 语义密度	1	35
	C34 信息密度	8	C61 意层	1	
	C22 话轮时长	5	C69 新信息密度	1	
	C43 可读性	2			

续表

维度	因素	频数	因素	频数	总计
F5 语用	C6 文化负载	9	C24 语域	3	34
	C25 语体	4	C13 修辞	2	
	C42 体裁	4	C55 幽默词	1	
	C19 固定表达	3	C54 非字面意义表达	1	
	C21 发言方式	3	C59 隐喻	1	
	C16 话语类型	3			
F6 有声副语言	C30 语速	14	C7 语音清晰度	2	36
	C17 口音	5	C60 语音长度	2	
	C28 语调	6	C56 话语韵律	1	
	C65 音高	3	C67 话语填充语	1	
	C48 发言人感情	2			
F7 无声副语言	C46 身体姿态	6	C64 停顿	3	16
	C44 面部表情	5	C20 空间距离	2	
F8 媒介及环境	C31 噪音	3	C57 听众参与程度	1	6
	C47 图表信息	1	C70 信道	1	

以上数据显示了研究层面新增的概念化条目主要集中在词汇、句法、内容和有声副语言维度，同时，研究者提及频次较多的难点范畴分别是有声副语言、内容、语用、句法和词汇，且新增的概念化条目都较为具体和微观。本书认为造成以上布局比例和特点的原因主要有三。首先与本小节选取的文献类型有关，即笔译研究文献的指标全部集中于静态的文本层面，因此词汇、句法、内容维度的指标增长较多，而副语言难度研究的文献则集中关注动态的声音等指标，因此有声副语言维度的指标增长较多；其次相较于实践和教学层面提及的指标，这些新增的具体和微观指标大部分可以使用相关工具或软件量化统计，便于研究者开展具体的实验。此外，相较于大部分实践者和教学者，研究者的理论素养相对更为扎实，能够将主观的感知概念化抽象和操作化定义，同时也善于借鉴其他学科，如文本难度研究中的指标开展研究。因此，本小节从研究层面获取

的概念化条目也是本书指标体系的重要来源之一。

3. 研究层面文献研究小结

本小节通过对口译难度、笔译难度、副语言难度和任务难度研究文献的全面梳理，提炼了 56 个概念化条目，其中新增概念化条目 23 条，并对新增的概念化条目特点及产生的原因进行了剖析，可为后文交替传译源语难度指标体系的构建提供参考。但是，由于以上难度影响因素的适用性较广，且研究者针对部分因素开展实验获得的结论还存在矛盾，如 C30 "语速" 对源语难度的影响等。因此，本书后文还将对以上指标的适用性和结论的科学性开展实证验证。

（四）质性研究小结

本节主要遵循质性研究方法论，从实践、教学和研究层面提取了影响英汉交替传译源语难度的潜在因素，作为本书构建的评估体系中因素的重要来源。其中，从实践层面的翻译国家标准和规范中提取了 29 个概念化条目，7 个范畴化条目；从教学层面的口译教材和专著中提取了 20 个概念化条目，1 个范畴化条目；从研究层面的相关难度研究文献中提取了 23 个概念化条目，总计提取了 72 个概念化条目和 8 个范畴化条目，即 72 个英汉交替传译难度潜在影响因素和 8 个影响因素维度，详见表 4-16。

表 4-16　基于质性研究的源语难度影响因素编码汇总表

维度（范畴化条目）	因素（概念化条目）
F1 词汇	C4 术语、C8 数字、C10 专有名词、C11 计量单位、C12 缩略词、C32 抽象名词、C35 指示代词、C37 一词多义、C38 生僻词、C50 低冗余名词、C52 词汇密度、C62 专有名词密度
F2 句法	C14 特殊句式、C33 插入语、C36 并列列举、C39 时态、C40 长句、C45 从句嵌套、C53 句长、C63 复杂句、C66 不完整句、C68 情态、C71 词汇依存距离、C72 主述分布模式
F3 结构	C9 逻辑、C41 连贯

续表

维度（范畴化条目）	因素（概念化条目）
F4 内容	C1 话题、C2 语义清晰度、C3 源语错误、C22 话轮时长、C34 信息密度、C43 可读性、C58 语义密度、C61 意层、C69 新信息密度
F5 有声副语言	C7 语音清晰度、C17 口音、C23 方言变体、C27 犹豫、口误、C28 语调、C30 语速、C48 发言人情感、C49 源语流畅度、C56 话语韵律、C60 语音长度、C65 音高、C67 话语填充语
F6 无声副语言	C20 空间距离、C29 手势、C44 面部表情、C46 身体姿态、C64 停顿
F7 语用	C5 措辞适切性、C6 文化负载、C13 修辞、C15 文体、C16 话语类型、C18 原文风格、C19 固定表达、C21 发言方式、C24 语域、C25 语体、C26 语旨、C42 体裁、C54 非字面意义表达、C55 幽默词、C59 隐喻
F8 媒介及环境	C31 噪音、C47 图表信息、C57 听众参与程度、C70 信道

为了进一步探究质性研究三个层面文献中对各维度难度影响因素的关注程度的异同，研究者对三个层面提取的条目及其频次进行了比较。比较发现，实践者更为关注口译源语发言人的内容和语用维度指标，教材编写者认为，词汇、内容和有声副语言是口译教学中必须关注的重点，研究者更加注重从有声副语言、内容和句法角度开展口译源语难度研究，其中内容维度的难点和重要性获得了三个层面文献的共同重视。

总体而言，本节从实践、教学和研究层面的质性研究所获取的 72 个指标和 8 个维度可为后续研究打下扎实的理论基础，一定程度上确保研究过程的信效度，但是，也存在主观指标过多，部分指标在实际评估时操作性程度较低的局限，因此，需要本书进一步提取更多量化指标进行丰富和完善，故而本文下一小节将从量化的角度提取难度影响因素和维度。

三 基于量化研究的英汉交替传译源语难度影响因素和维度提取

本小节旨在借助文本分析工具，对不同难度级别的英汉交替传译源语语料进行定量分析，提取出可以预测英汉交替传译源语难度的客观和定量指标，以对上文通过质性文献研究获取的指标进行丰富和扩充，为本书力求构建的难度评估体系提供来源和参考。

具体而言，本小节选取了文本分析工具 Coh-Metrix、L2 Syntactic Complexity Analyzer（L2SCA，二语句法复杂度分析器）、Lexical Complexity Analyzer（LCA，词汇复杂度分析器）等 146 个量化指标对欧盟语料库（EUSR）中 45 篇难度不同的英汉交替传译源语进行了测量，并且运用 SPSS 相关性统计、因子分析的方式，提取了对英汉交替传译源语具有较强预测效果的客观指标及其聚类。选择以上工具和文本，理据主要如下。

首先，在本文质性研究小结中，研究者对实践、教学和研究层面获得的难度影响因素维度进行了梳理，发现内容、词汇、句法和有声副语言维度是三个层面普遍关注的重点，所以，本小节量化研究部分选取的定量指标分析工具主要和内容、词汇、句法、有声副语言相关，即 Coh-Metrix 着重分析源语的内容和衔接指标，LCA 关注源语的词汇指标，L2SCA 聚焦源语的句法指标，同时研究者还计算了每一篇语料的语速，加入量化指标中进行测量。

其次，EUSR 是目前世界上规模最大、语种最丰富且持续时间最长的数字化口译教学语料库，也是世界共建共享型数字化口译教学语料库的典范（邓军涛、古煜奎，2017），其以英语为源语的交替传译的语料共分为 5 个等级，语料难度的分级虽不一定能够做到完全合理，但是也经过了语料库建设者的严格考量，因此具有一定的代表性，可为本书中难度影响因素的客观提取提供较为科学的语料来源。下文将对分析工具、原始量化指标梳理、语料构成、量化指标提取和聚类进行详细阐述。

（一）量化研究分析工具简介

1. Coh-Metrix[①]

Coh-Metrix 是由美国孟菲斯大学的学者研发的一个基于网络的文

---

① 网址：http://www.cohmetrix.com/。

本分析工具，其本身主要用于对口头、书面文本的衔接性进行自动分析，该工具名称的前缀 Coh 就来自单词 Cohesion。随着计算机语言学和语料库语言学等多种技术的发展，Coh-Metrix 后期整合了词性赋码器、模式分析器、句法分析器、浅层语义分析器等，探索了数百个不同层面的变量以实现对文本词汇、语法和语义特征的量化自动分析。Coh-Metrix 工具自开发以来在国内应用广泛，大致的研究包括预测变量验证研究、文本区别研究、文本语言特征及写作质量预测研究和自动评分研究，本小节研究属于使用 Coh-Metrix 进行文本语言特征提取（江进林，2016）。

本书使用的 Coh-Metrix 3.0 版本，涵盖了 11 个模块、106 个变量，具体模块包括描述性统计量、文本易读性主成分得分、指称衔接、浅语义分析、词汇多样性、连词、情景模式、句法复杂度、句法形式密度、词汇信息和可读性，每个模块的具体变量详见量化研究原始指标梳理部分。

2. L2 Syntactic Complexity Analyzer（L2SCA）①

L2SCA 是宾夕法尼亚州立大学陆小飞教授于 2010 年在 Wolfe-Quintero et al.（1998）和 Ortega（2003）（转引自陆小飞、许琪，2016）研究基础上开发的二语句法复杂度分析器，其设计动机是为了解决二语写作句法复杂度研究中的数据分析瓶颈，以帮助二语写作研究者对句法复杂度相关问题展开更有效、更系统的研究。尽管 Coh-Metrix 和其他二语写作句法复杂度分析器具备开展句法复杂度分析的能力，但是，L2SCA 更具有理论依托和大规模数据处理能力的双重优势，因此，日益受到了二语写作句法复杂度研究者的关注，也受到了本书的关注。

本书使用的 L2SCA（Lu，2010，2011；Lu & Ai，2015；Ai & Lu，2013）主要包括五大类指标和 23 个具体变量，五大类指标分别是单位长度、句子复杂度、从属子句使用量、并列结构使用量和特

---

① 网址：https://aihaiyang.com/software/l2sca/。

定短语结构。每个模块的具体指标也详见量化研究原始指标梳理部分。

3. Lexical Complexity Analyzer（LCA）[①]

LCA 的研发者同样也是陆小飞教授，该基于网络计算的词法复杂度分析器主要用于帮助语言教师和研究者分析二语写作学生的词汇使用复杂程度，本书亦选择此分析器获取可以显著预测不同难度等级源语的客观变量。

目前，LCA（Ai & LU, 2010; Lu, 2012）分析器主要涵盖了三个模块，分别是词汇密度、词汇复杂性和词汇变异度，三个模块共包含了 25 个具体指标，本小节的量化研究原始指标梳理部分同样将对其进行详细介绍。

（二）量化研究原始指标梳理

根据上文，本书中使用的研究工具 Coh-Metrix 包含了 106 个难度预测变量，L2SCA 包含了 23 个变量，LCA 包含了 25 个变量，但是本小节在原始量化指标梳理过程中并没有将以上变量全部纳入考量范围，而是做了部分删减和增加。

删减主要表现在两个方面：一是由于 Coh-Metrix 中有五个变量和段落分析相关，即"段落总数""段落长度"（以段落中句子长度平均值计算）"段落长度"（以段落中句子标准差计算）"相邻段落潜在语义重叠平均数"和"相邻段落潜在语义重叠（LSA）标准差"，而本书中的源语及转写尚未被切分成段落，无法统计段落特征值，故研究者在量化指标梳理时，将 Coh-Metrix 中五个和段落统计相关的变量剔除，如此，Coh-Metrix 工具中仅包含了 101 个指标；二是 L2SCA 中"词汇总数""句子总数"和"平均句长"三项变量以及 LCA 中的"类符形符比"变量和 Coh-Metrix 中的变量完全相同，故将其都剔除，如此，L2SCA 中仅剩 20 个变量，LCA 中仅包含了 24 个变量。

[①] 网址：https://aihaiyang.com/software/lca/。

增加主要表现在研究者在上述工具中提取的指标基础上，增加了语速变量（SR），其原因在于语速变量便于量化，且是质性研究中受较高关注度的难度预测指标，但是研究者对其的影响存在分歧，因此本小节采用总字符数/时间（Min）的方式将"语速"量化，以探究语速是否对源语文本难度具有较强的预测作用。

完成原始指标删减和增加工作后，本小节将 Coh-Metrix 工具的 101 个变量命名为 Coh01-Coh101，将 L2SCA 的 20 个变量命名为 L2SCA01-L2SCA20，将 LCA 的 24 个变量命名为 LCA01-LCA24，将"语速"指标命名为"SR"。基于以上筛选和命名的 146 个量化研究原始指标和类别详见下表 4-17。后文将通过每个指标的测量值和源语语篇难度相关性检验的方式对其进行筛选，提取出对源语难度具有显著预测效度的客观指标。

表 4-17　　　　　　　量化研究原始指标和类别汇总表

类别	指标
Coh-Metrix 3.0	
描述性统计量 （Coh 01——Coh 08）	Coh01 句子总数、Coh02 单词总数、Coh03 句长（以每句平均单词数计算）、Coh04 句长（以每句单词数标准差计算）、Coh05 词长（以每词平均音节数计算）、Coh06 词长（以每词音节数标准差计算）、Coh07 词长（以每词平均字母数计算）、Coh08 词长（以每词字母数标准差计算）
文本易读性主成分得分 （Coh09——Coh 24）	Coh09 文本易读性——叙事性（标准分）、Coh10 文本易读性——叙事性（百分位数）、Coh11 文本易读性——句法简洁性（标准分）、Coh12 文本易读性——句法简洁性（百分位数）、Coh13 文本易读性——词汇具体度（标准分）、Coh14 文本易读性——词汇具体度（百分位数）、Coh15 文本易读性——指称衔接（标准分）、Coh16 文本易读性——指称衔接（百分位数）、Coh17 文本易读性——深度衔接（标准分）、Coh18 文本易读性——深度衔接（百分位数）、Coh19 文本易读性——动词衔接（标准分）、Coh20 文本易读性——动词衔接（百分位数）、Coh21 文本易读性——连接度（标准分）、Coh22 文本易读性——连接度（百分位数）、Coh23 文本易读性——时序性（标准分）、Coh24 文本易读性——时序性（百分位数）

续表

类别	指标
指称衔接 (Coh 25——Coh 34)	Coh25 相邻句子名词重叠平均数、Coh26 相邻句子论元重叠平均数、Coh27 相邻句子词干重叠平均数、Coh28 所有句子名词重叠平均数、Coh29 所有句子论元重叠平均数、Coh30 所有句子词干重叠平均数、Coh31 相邻句子实词重叠平均数、Coh32 相邻句子实词重叠标准差、Coh33 所有句子实词重叠平均数、Coh34 所有句子实词重叠标准差
潜语义分析 (Coh 35——Coh40)	Coh35 相邻句子潜在语义重叠（LSA）平均数、Coh36 相邻句子潜在语义重叠（LSA）标准差、Coh37 所有句子潜在语义重叠（LSA）平均数、Coh38 所有句子潜在语义重叠（LSA）标准差、Coh39 句子中已知信息和新信息潜在语义重叠（LSA）平均数、Coh40 句子中已知信息和新信息潜在语义重叠（LSA）标准差
词汇多样性 (Coh 41——Coh 44)	Coh41 词汇多样性——实词类符形符比、Coh42 词汇多样性——所有单词类符形符比、Coh43 词汇多样性——语篇词汇丰富度（MTLD）、Coh44 词汇多样性——词汇丰富度
连词 (Coh 45——Coh 53)	Coh45 连接词频率、Coh46 因果连接词频率、Coh47 逻辑连接词频率、Coh48 比较连接词频率、Coh49 时序连接词频率、Coh50 扩张性时序连接词频率、Coh51 增补连接词频率、Coh52 积极连接词频率、Coh53 消极连接词频率
情景模式 (Coh 54——Coh 61)	Coh54 因果动词频率、Coh55 因果动词和因果小品词搭配频率、Coh56 意愿动词比率、Coh57 因果副词和因果动词的比例、Coh58 意愿副词和意愿动词的比例、Coh59 动词潜在语义重叠值、Coh60 WordNet 数据库中动词重叠值、Coh61 时序衔接（以时态和体的重复平均次数计算）
句法复杂度 (Coh 62——Coh 68)	Coh62 主要动词左根植结构平均数、Coh63 每个名词短语的平均修饰语数、Coh64 话语最短编辑距离、Coh65 词汇最短编辑距离、Coh66 词元最短编辑距离、Coh67 句子间句法相似度平均数、Coh68 全文句法相似度平均数
句法型式密度 (Coh 69——Coh 76)	Coh69 名词短语密度、Coh70 动词短语密度、Coh71 副词短语密度、Coh72 介词短语密度、Coh73 无主体被动语态密度、Coh74 否定式密度、Coh75 动名词密度、Coh76 不定式表达密度

第四章　英汉交替传译源语难度评估体系假设模型构建　　157

续表

类别	指标
词汇信息 （Coh 77——Coh 98）	Coh77 名词频率、Coh78 动词频率、Coh79 形容词频率、Coh80 副词频率、Coh81 代词频率、Coh82 第一人称单数代词频率、Coh83 第一人称复数代词频率、Coh84 第二人称代词频率、Coh85 第三人称单数代词频率、Coh86 第三人称复数代词频率、Coh87CELEX 数据库实词频率平均数、Coh88CELEX 数据库词汇对数频率平均数、Coh89 CELEX 数据库词汇最低对数词频平均数、Coh90 实词习得年龄——平均数、Coh91 实词熟悉度——平均数、Coh92 实词抽象程度——平均数、Coh93 实词概念化程度——平均数、Coh94 实词意义性得分——平均数、Coh95 实词多义值——平均数、Coh96 名词上义词数量——平均数、Coh97 动词上义词数量——平均数、Coh98 名词和动词上义词数量——平均数
可读性 （Coh 99——Coh 101）	Coh99 Flesch Reading Ease 易读性得分、Coh100 Flesch-Kincaid Grade level 易读性得分、Coh101 Coh-Metrix L2 易读性得分
LCA	
词汇密度（LCA 01）	LCA01 词汇密度
词汇复杂性 （LCA 02——LCA 06）	LCA02 词汇复杂性-Ⅰ、LCA03 词汇复杂性-Ⅱ、LCA04 动词复杂性-Ⅰ、LCA05 动词复杂性-Ⅱ、LCA06 词汇复杂性矫正程度
词汇复变异性 （LCA 07——LCA 24）	LCA07 相异词汇数量、LCA08 前 50 词相异词汇数量、LCA09 随机 50 词相异词汇数量、LCA10 随机按序排列 50 词相异词汇数量、LCA11 50 词长度段落平均类符形符比、LCA12 类符形符比矫正程度、LCA13 词根类符形符比矫正程度、LCA14 类符形符比双向对数值、LCA15 Uber 指数、LCA16 动词变异性-Ⅰ、LCA17 动词变异性平方和、LCA18 动词变异性矫正程度、LCA19 实义词变异性、LCA20 动词变异性-Ⅱ、LCA21 名词变异性、LCA22 形容词变异性、LCA23 副词变异性、LCA24 修饰语变异性
L2SCA	
句法结构统计 （L2SCA 01——L2SCA07）	L2SCA01 动词短语总数、L2SCA02 从句总数、L2SCA03 最短语法句子数（T-unit）、L2SCA04 非限定性从句数量、L2SCA05 复杂的最短语法句子数（T-unit）、L2SCA06 并列短语总数、L2SCA07 复杂指代总数
句法复杂性 （L2SCA08——L2SCA20）	L2SCA08 最短语法句平均长度（T-unit）、L2SCA09 从句平均长度、L2SCA10 每个句子中从句比例、L2SCA11 每个 T-unit 中动词短语比例、L2SCA12 每个 T-unit 中从句比例、L2SCA13 每个从句中从属句比例、L2SCA14 每个 T-unit 中从属句比例、L2SCA15 每个句子中 T-unit 比例、L2SCA16 篇章复杂 T-unit 比例、L2SCA17 每个 T-unit 中并列短语比例、L2SCA18 每个从句中并列短语比例、L2SCA19 每个 T-unit 中复杂指代比例、L2SCA20 每个从句中复杂指代比例

续表

类别	指标
SR	
语速（SR01）	SR01 语速

（三）量化研究语料

本小节进行量化研究分析的语料出自 EUSR 语料库①，具体的检索方式为在 EUSR 语料搜索界面，将语种设置为"英语（English）"、模式设置为"交替传译（Consecutive）"，并按照"级别（Level）"进行查找，素材目的设为"教学"共出现了"Basic""Beginner""Intermediate""Advanced"和"Very Advanced"五个级别。其中，"Basic""Beginner""Intermediate""Advanced"四个级别各有 10 篇语料，"Very Advanced"级别有 5 篇文章，五个不同级别总计有 45 篇，构成了本小节潜在量化指标提取研究中的语料来源，研究者将每个难度等级的语料按照从易到难的顺序以 AAn、BBn、CCn、DDn 和 EEn 的方式命名，表 4-18 展示了每篇语料的基本信息。

表 4-18　　　　45 篇待分析 EUSR 交替传译语料简介

编号	主要内容	领域	时长	编号	主要内容	领域	时长
AA01	公众演讲	通用	4:30	CC04	核废料处理	科技	5:12
AA02	休学实践	教育	5:40	CC05	地缘政治	外交	5:12
AA03	气候变化	环境	3:20	CC06	中国酒文化	文化	5:50
AA04	赠礼艺术	文化	3:15	CC07	未来发展	社会	5:54
AA05	吸烟危害	卫生	2:40	CC08	年轻人失业	社会	5:45
AA06	功能饮料	卫生	3:20	CC09	发展援助	社会	6:00
AA07	离婚申请	通用	3:02	CC10	粮食救助	粮食	5:25

---

① 网址：https://webgate.ec.europa.eu/sr/。

续表

编号	主要内容	领域	时长	编号	主要内容	领域	时长
AA08	母亲教育	教育	3：17	DD01	日本地震	自然	5：45
AA09	香槟影响	通用	2：26	DD02	核科技发展	科技	6：00
AA10	石油外溢	环境	3：24	DD03	9·11事件	反恐	6：00
BB01	器官捐赠	卫生	4：17	DD04	海地援助	政治	5：06
BB02	二语学习	教育	3：15	DD05	欧洲政府	政治	8：00
BB03	校服讨论	通用	3：20	DD06	环境咨询	环境	3：24
BB04	城市生活	社会	3：01	DD07	经济萧条	经济	4：50
BB05	机器时代	科技	3：18	DD08	高速铁路	交通	5：18
BB06	潜水冲浪	通用	3：51	DD09	枪支管控	法律	5：59
BB07	副语言交际	通用	3：36	DD10	吸烟禁令	卫生	6：12
BB08	移民工作	社会	4：23	EE01	欧盟预算	经济	4：54
BB09	诺贝尔奖	通用	4：05	EE02	欧加外交	外交	5：34
BB10	城市化发展	卫生	4：26	EE03	加沙宣言	外交	5：42
CC01	志愿者工作	社会	5：50	EE04	金融体制	经济	5：38
CC02	植物奶	食品	4：14	EE05	企业责任	社会	5：14
CC03	人类寿命	卫生	5：34				

研究者将以上45篇文章经过机器转写和人工校对后，总计获取了28015字符的语料，对表4-18语料的初步分析可以看出，随着教学语料级别的增加，语料的主题多样，熟悉度相对较低，且发言人讲话时间也相对变长，其他预测变量的变化下文将通过数据分析的方式予以呈现和分析。此外，囿于本书篇幅限制，本书没有将所有转写语料都附呈在附录中，仅在附录中呈现若干篇在研究过程中使用次数较多的语料作为范例。

（四）量化指标提取过程与结果分析

本书使用相关分析的方法提取对交替传译源语难度具有潜在影响的客观指标。根据本文第三章所述，皮尔森系数在0.05或者0.01

以上都可以被认为显著相关。为了保证数据结果更为严谨，本书仅将皮尔森系数小于 0.01 的量化指标纳入结果讨论范围。

本小节中客观指标提取步骤如下：首先，研究者将上一小节中已经转写好的 45 篇交替传译文本分别输入 Coh-Metrix 3.0、LCA、L2SCA 软件中，通过机器辅助的方式计算了每篇文章对应的 145 个变量值，同时，研究者也通过人工计算的方式获取了每篇文章的语速，因此，每篇文章分别对应 146 个变量值，共计 6570 条数据；接而，研究者将五个不同难度等级的英汉交替传译源语按照由易到难的顺序进行 1—5 的难度值赋分，即 A 级语篇难度值为 1，B 级语篇难度值为 2，C 级语篇难度值为 3，D 级语篇难度值为 4，E 级语篇难度值为 5。最后，将以上 6570 条数据和每篇文章的难度值导入 SPSS 软件，采用皮尔森系数的方式，提取了 43 个显著性较高的指标，详见表 4-19。

表 4-19　　基于相关分析提取的量化难度预测指标通览

指标编号	指标名称	相关性	Sig
Coh 1	句子总数	.696**	.000
Coh 2	单词总数	.819**	.000
Coh 5	词长（以每词平均音节数计算）	.530**	.000
Coh 6	词长（以每词音节数标准差计算）	.524**	.000
Coh 7	词长（以每词平均字母数计算）	.437**	.003
Coh 9	文本易读性——叙事性（标准分）	-.462**	.001
Coh 10	文本易读性——叙事性（百分位数）	-.457**	.002
Coh 40	句子中已知信息和新信息潜在语义重叠标准差	-.433**	.003
Coh 42	词汇多样性——所有单词类符形符比	-.467**	.001
Coh 48	比较连接词频率	-.448**	.002
Coh 63	每个名词短语的平均修饰语数	.458**	.002
Coh 70	动词短语密度	-.393**	.008

续表

指标编号	指标名称	相关性	Sig
Coh 72	介词短语密度	.478**	.001
Coh 83	第一人称复数代词频率	.544**	.000
Coh 84	第二人称代词频率	-.517**	.000
Coh 87	CELEX 数据库实词频率平均数	-.472**	.001
Coh 90	实词习得年龄——平均数	.601**	.000
Coh 91	实词熟悉度——平均数	-.696**	.000
Coh 99	Flesch Reading Ease 易读性得分	-.556**	.000
Coh 100	Flesch-Kincaid Grade level 易读性得分	.521**	.000
Coh 101	Coh-Metrix L2 易读性得分	-.473**	.001
LCA 03	词汇复杂性-II	.390**	.008
LCA 05	动词复杂性-II	.544**	.000
LCA 06	词汇复杂性矫正程度	.531**	.000
LCA 07	相异词汇数量	.845**	.000
LCA 12	类符形符比矫正程度	.705**	.000
LCA 13	词根类符形符比矫正程度	.706**	.000
LCA 16	动词变异性-I	.691**	.000
LCA 17	动词变异性平方和	.681**	.000
LCA 23	副词变异性	-.609**	.000
LCA 24	修饰语变异性	-.454**	.002
L2SCA 01	动词短语总数	.651**	.000
L2SCA 02	从句总数	.618**	.000
L2SCA 03	T 单位总数	.638**	.000
L2SCA 04	非限定性从句数量	.493**	.001
L2SCA 05	复杂 T 单位总数	.521**	.000
L2SCA 06	并列短语总数	.521**	.000
L2SCA 07	复杂指代总数	.835**	.000
L2SCA 08	最短 T 单位长度	.385**	.009

续表

指标编号	指标名称	相关性	Sig
L2SCA 09	从句平均长度	.407**	.006
L2SCA 10	每个句子中从句比例	.575**	.000
L2SCA 20	每个从句中复杂指代比例	.568**	.000
SR	语速	.391**	.008

注：**. 相关性在 0.01 上显著。

表 4-19 中的 43 个指标即为本小节通过源语内容分析提取出的能够预测英汉交替传译源语难度的潜在指标。但是，以上指标来自不同的软件且仅以皮尔森系数的方式呈现，相对零散，缺乏系统聚类，也没法说明以上指标能够在多大程度上解释源语的难易程度抑或是哪些或哪类维度的指标在英汉交替传译源语难度中的占比最大。基于此考虑，研究者对以上数据进行了探索性因子分析，以了解具有较强难度预测效果的客观指标的聚类和权重，为后文指标体系构建提供参考。

本小节的因子分析步骤主要为相关性检验、公共因子提取和个数确定、因子旋转和因子命名。

1. 相关系数检验

本小节采用了 KMO 检验和 Bartlett 球形检验两种方法来对原始变量进行相关系数检验，数据表明，KMO 值为 0.604，按照本书第三章提及的 KMO 检验法的判断准则，尚可做探索性因子分析。Bartlett 球形检验结果的近似卡方为 3898.908，并且 Sig. 值为 0.000，小于 0.01，同样表示以上变量存在公共因子，适合做探索性因子分析。

2. 公共因子提取、旋转和个数确定

本书选取了主成分分析法对量化研究数据中的公共因子进行了提取，分析结果见表 4-20。

表 4-20　　　　　　　量化难度预测指标主成分分析结果

因子分析解释的总方差

成分	初始特征值			提取平方和载入			旋转平方和载入		
	合计	方差的 %	累积 %	合计	方差的 %	累积 %	合计	方差的 %	累积 %
1	16.643	40.593	40.593	16.643	40.593	40.593	8.124	19.814	19.814
2	6.773	16.519	57.112	6.773	16.519	57.112	5.796	14.137	33.951
3	3.771	9.198	66.310	3.771	9.198	66.310	5.725	13.964	47.915
4	2.247	5.480	71.790	2.247	5.480	71.790	4.954	12.082	59.998
5	1.806	4.404	76.194	1.806	4.404	76.194	4.097	9.993	69.990
6	1.489	3.632	79.826	1.489	3.632	79.826	3.152	7.688	77.678
7	1.236	3.013	82.840	1.236	3.013	82.840	1.717	4.188	81.866
8	1.120	2.732	85.572	1.120	2.732	85.572	1.519	3.706	85.572

提取方法：主成分分析法

表 4-20 结果表明，数据中共可以提取出 8 个公共因子。在探索性因子分析中，为了使原始的变量及因子具有更加清晰的解释意义，需要对其进行因子旋转。多数研究表明，采用正交旋转产生的结果会更加稳定（国宴华，2018）。因此，本书采用正交的方式进行因子旋转，旋转后的各因子载荷和聚类见表 4-21。

另外，需要指明的是，在进行公共因子提取过程中，提取过少的公共因子个数会导致数据缺乏解释效力，提取过多的因子个数则会导致建构的结构没有理论价值，因而采用科学标准决定保留多少个因子个数就显得非常重要。

通常来说，保留公共因子个数常见的方法有使用大于 1 的特征值、平行分析法、碎石图检验、保留达到一定方差的因子数等（国宴华，2018）。表 4-20 数据表明，提取的 8 个公共因子的特征值都大于 1，故而本书选取保留公共因子个数到一定方差的方法决定公共因子个数。根据向东进（2005），公共因子数累计方差达到 80%左右则较为理想。本书中公共因子 1—6 的初始累计方差已经接近 80%（79.826%），故仅保留公共因子 1—6，公共因子 7 和 8 及其原始因子不纳入本小节量化指标提取的最后考察范围。

表 4-21　　　　量化难度预测指标六个公共因子及载荷表

成分一			成分二		
L2SCA05	复杂 T 单位数量	.973	Coh05	词长（词平均音节计算）	.767
L2SCA02	从句数量	.953	Coh07	词长（词平均字母数计算）	.740
L2SCA04	非限定性从句数量	.922	LCA23	副词变异性	-.761
Coh02	单词总数	.856	Coh90	实词习得年龄——平均数	.601
L2SCA03	T 单位总数	.819	Coh91	实词熟悉度——平均数	-.603
L2SCA07	复杂指代总数	.780	LCA24	修饰语变异性	-.506
LCA07	相异词汇数量	.700			
成分三			成分四		
Coh42	所有单词类符形符比	.785	Coh 100	FKGL 易读性得分	.933
LCA13	词根类符形符比矫正程度	.785	L2SCA08	最短 T 单位长度	.864
Coh101	Coh-MetrixL2 易读性得分	-.753	L2SCA10	每个句子中从句比例	.800
LCA17	动词变异性平方和	.726	Coh99	FRE 易读性得分	-.716
LCA16	动词变异性-Ⅰ	.701	Coh40	句子中已知信息和新信息潜在语义重叠标准差	.581
Coh84	第二人称代词频率	-.539			
Coh87	CELEX 实词频率平均数	-.524			
成分五			成分六		
Coh01	句子总数	-.816	LCA06	词汇复杂性矫正程度	.856
Coh70	动词短语密度	-.782	LCA05	动词复杂性-Ⅱ	.826
Coh9	文本易读性叙事性标准分	-.676	LCA03	词汇复杂性-Ⅱ	.767
Coh72	介词短语密度	.592	Coh63	名词短语的平均修饰语数	.086

提取方法：主成分分析法

旋转法：具有 Kaiser 标准化的正交旋转法

a. 旋转在 9 次迭代后收敛

表 4-21 数据表明，本小节量化研究中提取的客观量化指标共有 33 个，分为六大类，下文将对六个主要成分即指标类属进行命名和编号。

3. 因子命名

通常在探索性因子分析中，对因子进行正交旋转后，即可对旋转后的因子载荷矩阵保留的主成分命名。在命名过程中，若同一主成分中的因子含义较为分散，不易命名，则可以每一成分中因子载荷总数较大的意义命名（国宴华 2018）。基于以上考量，本书将六个主成分分别命名为：成分一，句法复杂性；成分二，词汇长度和熟悉度；成分三，词汇丰富度；成分四，文本易读性；成分五，词汇密度；成分六，词汇复杂性，每一维度成分用 Gn 序号编码。

根据每个成分的因子载荷数分析发现，成分一、成分二、成分三中的因子，即 G1 句法复杂性、G2 词汇长度和熟悉度以及 G3 词汇丰富度对 45 篇英汉交替传译源语的难度影响较为明显，初始影响方差分别占 40%，16% 和 9%，其他三个主成分，即 G4 文本易读性、G5 词汇密度、G6 词汇复杂性对于总体难度的影响则相对较小。以上客观量化的结果反映出欧盟教学语料库中英汉交替传译口译源语难度的静态文本层面变化主要反映在词句层面，篇章层面的众多指标和副语言层面语速指标难度递进趋势尚不鲜明。

（五）量化研究小结

本节主要遵循量化研究的设计思路，通过使用相关文本和词句复杂度分析软件，对欧盟口译语料库中 45 篇英汉交替传译的源语内容进行了转写和量化分析，提取了对英汉交替传译源语难度具有潜在的较强预测作用的六大类及 33 个客观指标，作为本书构建的难度评估体系的另一部分重要来源。详见表 4-22。

表 4-22 基于量化研究的难度影响因素及其分类

维度（主成分）	指标（因子）
G1 句法复杂性	L2SCA05 复杂 T 单位数量、L2SCA02 从句数量、L2SCA04 非限定性从句数量、Coh02 单词总数、L2SCA03 T 单位总数、L2SCA07 复杂指代总数、LCA07 相异词汇数量

续表

维度（主成分）	指标（因子）
G2 词汇长度和熟悉度	Coh05 词长（词平均音节计算）、Coh07 词长（词平均字母数计算）、LCA23 副词变异性、Coh90 实词习得年龄——平均数、Coh91 实词熟悉度——平均数、LCA24 修饰语变异性
G3 词汇丰富度	Coh42 所有单词类符形符比、LCA13 词根类符形符比矫正程度、Coh101Coh-MetrixL2 易读性得分、LCA17 动词变异性平方和、LCA16 动词变异性-Ⅰ、Coh84 第二人称代词频率、Coh87CELEX 实词频率平均数
G4 文本易读性	Coh100 FKGL 易读性得分、L2SCA08 最短 T 单位长度、L2SCA10 每个句子中从句比例、Coh99 FRE 易读性得分、Coh40 句子中已知信息和新信息潜在语义重叠标准差
G5 词汇密度	Coh01 句子总数、Coh70 动词短语密度、Coh9 文本易读性叙事性标准差、Coh72 介词短语密度
G6 词汇复杂性	LCA06 词汇复杂性矫正程度、LCA05 动词复杂性-Ⅱ、LCA03 词汇复杂性-Ⅱ、Coh63 名词短语的平均修饰语数

通过本小节研究数据和结论不难看出，语料难度建设专家在语料分级时更为关注词汇、句法和主题层面的难点，对于篇章、副语言等其他层面的难度影响因素或预测指标关注较少，该结果与质性研究结论存在差异，也可与质性研究提取的 72 个潜在难度影响指标相互补充和验证，为本研究提供较为坚实的理论和数据支撑。但是由于本小节量化研究中的 45 篇语料来自欧盟口译教学语料库，其学生的语言水平、背景知识、难度感知和本书的研究对象 MTI 一年级学生可能存在差异，因此通过以上文本分析提供的语料难度预测指标只能作为本书难度评估体系的潜在指标，其科学性和影响权重还有待通过实证方式进行验证。

四 本节小结

在本小节研究中，研究者基于质性和量化研究方法论，综合多种渠道数据的相互补充和验证，提取了 14 个维度的 105 个英汉交替传译潜在难度影响因素。为了保持质性和量化研究结论编码的一致性，研究者将量化研究结论中的维度和因子延续质性研究中的维度和因素的命名方式和序号进行编码，如将"G1 句法复杂性"命名为"F9 句法复杂性"，将"L2SCA05 复杂 T 单位数量"命名为"C73 复杂 T 单位数量"，依次类推，所有潜在的英汉交替传译源语难度影响因素维度和具体指标详见表 4-23 所示。

表 4-23　基于质性和量化研究的源语难度影响因素汇总表

维度（范畴化条目）	因素（概念化条目）
F1 词汇	C4 术语、C8 数字、C10 专有名词、C11 计量单位、C12 缩略词、C32 抽象名词、C35 指示代词、C37 一词多义、C38 生僻词、C50 低冗余名词、C52 词汇密度、C62 专有名词密度
F2 句法	C14 特殊句式、C33 插入语、C36 并列列举、C39 时态、C40 长句、C36 并列列举、C45 从句嵌套、C53 句长、C63 复杂句、C66 不完整句、C68 情态、C71 词汇依存距离、C72 主述分布模式
F3 结构	C9 逻辑、C41 连贯
F4 内容	C1 话题、C2 语义清晰度、C3 源语错误、C22 话轮时长、C34 信息密度、C43 可读性、C58 语义密度、C61 意层、C69 新信息密度
F5 有声副语言	C7 语音清晰度、C17 口音、C23 方言变体、C27 犹豫、口误、C28 语调、C30 语速、C48 发言人感情、C49 源语流畅度、C56 话语韵律、C60 语音长度、C65 音高、C67 话语填充语
F6 无声副语言	C20 空间距离、C29 手势、C44 面部表情、C46 身体姿态、C64 停顿
F7 语用	C5 措辞适切性、C6 文化负载、C13 修辞、C15 文体、C16 话语类型、C18 原文风格、C19 固定表达、C21 发言方式、C24 语域、C25 语体、C26 语旨、C42 体裁、C54 非字面意义表达、C55 幽默词、C59 隐喻
F8 媒介及环境	C31 噪音、C47 图表信息、C57 听众参与度、C70 信道
F9 句法复杂性	C73 复杂 T 单位数量、C74 从句数量、C75 非限定性从句数量、C76 单词总数、C77 T 单位总数、C78 复杂指代总数、C79 相异词汇数量
F10 词汇长度和熟悉度	C80 词长（词平均音节计算）、C81 词长（词平均字母数计算）、C82 副词变异性、C83 实词习得年龄——平均数、C84 实词熟悉度——平均数、C85 修饰语变异性

续表

维度（范畴化条目）	因素（概念化条目）
F11 词汇丰富度	C86 所有单词类符形符比、C87 词根类符形符比矫正程度、C88 Coh-MetrixL2 易读性得分、C89 动词变异性平方和、C90 动词变异性-Ⅰ、C91 第二人称代词频率、C92 CELEX 实词频率平均数
F12 文本易读性	C93 FKGL 易读性得分、C94 最短 T 单位长度、C95 每个句子中从句比例、C96 FRE 易读性得分、C97 句子中已知信息和新信息潜在语义重叠标准差
F13 词汇密度	C98 句子总数、C99 动词短语密度、C100 文本易读性叙事性标准分、C101 介词短语密度
F14 词汇复杂性	C102 词汇复杂性矫正程度、C103 动词复杂性-Ⅱ、C104 词汇复杂性-Ⅱ、C105 名词短语的平均修饰语数

需要指明的是，由于质性研究和量化研究并非二元对立的关系，以上本小节通过质性和量化研究方式得出的指标不仅可相互补充，还可相互验证，因此表 4-23 的 14 个维度和 105 个指标难免存在重合和交叉，需要研究者对其进行进一步筛选与合并，方能得到较为科学合理且全面系统的英汉交替传译源语难度评估体系假设模型。

第四节　评估体系假设模型建构

本小节将首先对表 4-23 中的影响因素和维度按照既定的指标体系建构原则进行删减、调整，确定英汉交替传译源语难度影响因素的预建构假设模型。接而对预建构假设模型开展专家评估修正和理论饱和度检验，最终确定影响英汉交替传译源语难度的潜在因素和维度，提炼出本书中的英汉交替传译源语难度影响因素假设模型。

一　假设模型预建构

根据本文既定的指标体系构建六原则，即典型性、全面性、系统性、简洁性、定量定性相结合、易操作性，本小节对表4-23中的14个维度和105个指标进行筛选与合并。

首先，就典型原则而言，本小节即将构建的英汉交替传译源语难度评估假设模型将会邀请MTI口译方向一年级学生参与预建构模型的评估以及理论饱和度检验，以确保难度评估体系的假设模型和研究对象难度感知的适切性。

就全面性原则而言，表4-23中的14个维度105个指标来源渠道广泛，包括实践、教学和研究层面文献及成熟的交替传译教学资源库的文本难度分析，尽力做到不遗漏。

就系统性、简洁性、易操作性和定量定性相结合原则而言，本小节在编码过程中对所有的文献都进行了三层编码，从原始条目中提取概念化条目，并将概念化条目进一步范畴化，保证了范畴和概念的系统性。但是，由于系统性原则同时也要求各维度之间和维度内避免存在交叉性，本书中质性和量化研究结论存在一定程度的重合，维度内部也存在重合，因此需遵循指标体系构建的系统性原则，同时考虑评估体系指标简洁性、易操作性和定量定性相结合原则，对表4-23中的14个维度，105个指标进行科学细致的删减与合并。

具体来说，维度内部重合分析表明，F1词汇维度中，C4术语主要指一个行业专门的用语，属于C10专有名词意义之下，故删除C4，保留C10；且C62专有名词密度意义和C10意义基本相同，仅在计算方式上存在差异，而C10相对更容易计算，故删除C62；C8数字、C11计量单位、C12缩略语都是包含较低冗余信息的词汇，属于C50低冗余名词范畴，故而删除C8、C11、C12，保留C50；C32抽象名词和C38生僻词语义有重叠，一般抽象名词较之普通名词都较为生僻，故删除C32，保留C38。

F2句法维度中，C33插入语、C39时态、C40长句、C36并列列举、C45从句嵌套、C51从句密度、C63复杂句、C53句长、C68情态、C71词汇依存距离、C72主述分布模式都是从不同侧面说明句子的复杂性，存在重合，在难度评估体系中保留一个指标即可。考虑到保留的指标需在评估中具有易操作性和代表性，而C71词汇依存距离已经被广泛认为是可以反映句法复杂度的一项重要指标，主要指具有语法支配关系的两个词之间的距离（蒋跃、蒋新蕾，2019），故而删除C33、C39、C40、C36、C45、C51、C63、C53、C68、C72，保留C71。此外，C66不完整句在发言人讲话中较为罕见，且不易测量，故本书将其删除。

F3结构维度中，C9逻辑关系多样，包含C41连贯，故删除C41。

F4内容维度中，C2语义清晰度、C61意层是C43可读性的不同表现，故而删除C2、C61，保留C43。C34信息密度与C58语义密度意义重合度高，故删除C58，保留C34。

F5有声副语言维度中，C17口音和C23方言变体意义重叠，而C17覆盖面较广，故删除C23，将其合并入C17；C27犹豫、口误和C67话语填充语是C49源语流畅度的不同表现方面，故删除C27、C67，保留C49；C65音高是C28语调的表现之一，故删除C65，保留C28；C60语音长度和C56韵律不易测量和计算，故将其删除。

F6无声副语言维度中，C29手势是C46身体姿态的一部分，故删除C29，保留C46。

F7语用维度中，C5措辞适切性、C19固定表达都与特定的文化和社会背景相关，与C6文化负载意义重叠，故删除C5、C19，保留C6；C15文体与C42体裁意义存在交叉，故删除C15，保留C42；C18原文风格、C24语域、C25语体、C26语旨都可从不同侧面反映出发言者的身份和风格，而C25语体则是交际者为了适应不同的交际需要而形成的具有一定风格特点的语言表达体式，如口语体、正式体等，最能典型地表现出发言者的身份和风格，故而删除C18、C24、C26，保留C25；C54非字面意义表达、C55幽默词、C59隐喻都是C13修辞中的不同方法，故删除C54、C55、

C59，保留 C13。

F8 媒介及环境维度中，C57 听众参与度和 C70 信道不太容易测量，故删除两项指标。考虑到两项指标删除后，F8 维度中仅包含媒介类指标，故 F8 仍称为"媒介"维度。

F9 句法复杂性维度中，C77 T 单位总数包含 C73 复杂 T 单位数量，故删除 C73，保留 C77。C74 从句数量包含 C75 非限定性从句数量，故删除 C75，保留 C74。

F10 词汇长度和熟悉度维度中，C80 词长（词平均音节计算）、C81 词长（词平均字母数计算）存在重叠，故保留一个即可，考虑到口译源语为有声信息，词音节长度比字母数对译员造成的认知负荷更大，故删除 C81，保留 C80；C83 实词习得年龄平均数和 C84 实词熟悉度存在关联，一般习得年龄越早的词汇，其熟悉度通常越高，故删除 C83，保留 C84。

F11 词汇丰富度维度中，C86 所有单词类符形符比和 C87 词根类符形符比矫正程度都是对词汇丰富度的测量，考虑到 C86 所测量的词汇类型更丰富，因此删除 C87，保留 C86。

F12 文本易读性维度中，C93 FKGL 易读性得分与 C96 FRE 易读性得分存在重叠，考虑到 C93 的因子载荷更大，故删除 C96，保留 C93。

除了以上维度内部重合，不同维度之间也存在着一定程度的重合和互补，可以进行合并和剔除重复项。具体来说，F1 词汇维度可包括 F10 词汇长度与熟悉度维度、F11 词汇丰富度维度、F13 词汇密度维度、F14 词汇复杂性维度，故本书将 F1、F10、F11、F13、F14 维度合并，仍命名为 F1 词汇维度；F2 句法维度包括了 F9 句法复杂性维度，故将 F2 与 F9 合并，仍命名为 F2 句法维度。原 F12 文本易读性维度现命名为 F9 文本易读性维度。至此，通过维度内部和维度间合并与删除后，得到的维度和各维度难度影响因素如表 4-24 所示。

表 4-24　初次合并删减后源语难度影响因素汇总及分类表

维度（范畴化条目）	因素（概念化条目）
F1 词汇	C10 专有名词、C35 指示代词、C37 一词多义、C38 生僻词、C52 词汇密度、C50 低冗余名词、C80 词长（词平均音节计算）、C82 副词变异性、C84 实词熟悉度——平均数、C85 修饰语变异性、C86 所有单词类符形符比、C88 Coh-MetrixL2 易读性得分、C89 动词变异性平方和、C90 动词变异性-Ⅰ、C91 第二人称代词频率、C92CELEX 实词频率平均数、C98 句子总数、C99 动词短语密度、C100 文本易读性叙事性标准分、C101 介词短语密度、C102 词汇复杂性矫正程度、C103 动词复杂性-Ⅱ、C104 词汇复杂性-Ⅱ、C105 名词短语的平均修饰语数
F2 句法	C14 特殊句式、C71 词汇依存距离、C74 从句数量、C76 单词总数、C77 T 单位总数、C78 复杂指代总数、C79 相异词汇数量
F3 结构	C9 逻辑
F4 内容结构	C1 话题、C3 源语错误、C22 话轮时长、C34 信息密度、C43 可读性、C69 新信息密度
F5 有声副语言	C7 语音清晰度、C17 口音、C28 语调、C30 语速、C48 发言人感情、C49 源语流畅度
F6 无声副语言	C20 空间距离、C44 面部表情、C46 身体姿态、C64 停顿
F7 语用	C6 文化负载、C13 修辞、C16 话语类型、C21 发言方式、C25 语体、C42 体裁
F8 媒介	C31 噪音、C47 图表信息
F9 文本易读性	C93 FKGL 易读性得分、C94 最短 T 单位长度、C95 每个句子中从句比例、C97 句子中已知信息和新信息潜在语义重叠标准差

表 4-24 显示，尽管研究者尽量对通过质性和量化研究获取的维度和指标进行了合并同类项和删除重复项，但是，由于量化研究因子分析环节中的主成分分析并不能够完全将同一类指标合并，所以表 4-24 中的不同维度以及维度内部的指标仍然存在着交叉，需要进行进一步调整与合并，详细过程如下。

F1 词汇维度中，C35 指示代词是 F7 语用维度中 C13 修辞的一种，故删除 C35，同理删除 C91；C52 词汇密度、C76 单词总数主要体现了源语语篇的信息密度，和 F4 内容维度中的 C34 信息密度存在交叉，故删除 C52、C76；C88 Coh-MetrixL2 易读性得分、C100 文本易读性叙事性标准分应调整至 F9 文本易读性维度中，C98 句子总数应调整至 F2 句法维度中；C82 副词变异性、C85 修饰语变异性、C89 动词变异性平方和、C90 动词变异性-Ⅰ都表示词汇的词性变化程度，存在重合，为了操作简便性，本书仅保留量化研究中因子载荷最大的 C82，删除 C85、C89、C90；C38 生僻词与 C84 实词熟悉度重复，考虑到实词熟悉度更容易计算，故删除 38，保留 C84；C52 词汇密度与 C92 CELEX 实词频率、C99 动词短语密度、C101 介词短语密度存在一定重叠，但词汇密度包含面更广，故删除 C92、C99、C101，保留 C52；C102 词汇复杂性矫正程度、C103 动词复杂性-Ⅱ、C104 词汇复杂性-Ⅱ主要旨在测量篇章中词汇的复杂性，和 F1 维度中的其他指标重复，可以删除；C105 名词短语的平均修饰语数在量化研究因子分析中的载荷较低，考虑到本维度中指标已较为丰富且评估体系中的指标需要尽量简洁，故删除 C105。

F2 句法维度中，C76 词汇总数、C79 相异词汇数量应调整至 F1 词汇维度中；C78 复杂指代总数属于 F1 维度中 C35 指示代词总数范畴之内，故删除 C78；C79 相异词汇数量应调整至 F1 词汇维度中，且其与 C86 类符形符比测量重复，故删除 C79；C98 句子总数也主要体现了源语语篇的信息密度，和 F4 内容维度中的 C34 信息密度重复，故删除 C98。

F4 内容维度中，C22 话轮时长为发言人一次不间断的发言时间，通常话轮时长越长，则发言人所讲的词汇总数和句子总数越多，因此 C22 和 C76、C98 存在重合，而后两个指标易测量，故删除 C22，保留 C76 和 C98；C34 信息密度与 C69 新信息密度都需要测量信息密度，存在重合，考虑到信息密度计算的可操作性更强，故删除 C69 新信息密度，保留 C34 信息密度。

F5 有声副语言维度中，C7 语音清晰度较难测量，不便于在评估中量化操作，故将其删除。

F6 无声副语言维度中，C64 停顿和 F5 维度中 C49 源语流畅度重合，是影响源语流畅度的一个诱因，故将C64删除，保留C49。

F9文本易读性维度中，C94最短T单位长度即最短的主谓语构成的单位长度与F2维度中C71词汇依存距离即具有支配关系的词语之间的距离所测量目标相近，但因具有支配关系的词并不仅局限于主谓搭配中，故C71所测量的对象范围比C94要广，删除C94保留C71；C95每个句子中从句比例属于句法复杂性测量指标，调整至F2句法维度中；C93FKGL易读性得分与C88 Coh-MetrixL2易读性得分、C100文本易读性叙事性标准分存在重复，考虑到C93指标在量化分析中所占的因子载荷较大，故删除C88、C100，保留C93；而鉴于F9在指标删除后只剩下1个指标，难以独立成为一个维度，文本易读性主要和文章的内容整体易读性有关，故将F9维度删除，C93指标并入F4内容结构维度中，原F4维度中C43可读性指标删除。

此外，考虑到F3结构维度只有C9逻辑指标一项，难以构成一个维度，故将C9并入F4内容结构维度，并将F4维度顺序提前，命名为F3内容结构维度。原F5有声副语言维度、F6无声副语言维度、F7语用维度、F8媒介维度序号分别都提前为F4有声副语言维度、F5无声副语言维度、F6语用维度、F7媒介维度。

基于质性和量化研究，以及指标构建原则的两轮筛选，本书中所保留的英汉交替传译源语难度评估体系初始模型中潜在的7个维度和33个具体因素详见表4-25。

表4-25　英汉交替传译源语难度评估体系初始模型潜在因素汇总表

维度（范畴化条目）	因素（概念化条目）
F1 词汇	C10专有名词、C37一词多义、C50低冗余名词、C80词长（词平均音节计算）、C84实词熟悉度、C86所有单词类符形符比
F2 句法	C14特殊句式、C71词汇依存距离、C74从句总数、C77 T单位总数、C95每个句子中从句比例
F3 内容	C1话题、C3源语错误、C9逻辑、C34信息密度、C93 FKGL易读性得分、C97句子中已知信息和新信息潜在语义重叠标准差

续表

维度（范畴化条目）	因素（概念化条目）
F4 有声副语言	C17 口音、C28 语调、C30 语速、C48 发言人感情、C49 源语流畅度
F5 无声副语言	C20 空间距离、C44 面部表情、C46 身体姿态
F6 语用	C6 文化负载、C13 修辞、C16 话语类型、C21 发言方式、C25 语体、C42 体裁
F7 媒介	C31 噪音、C47 图表信息

二 预建构假设模型修正

为了进一步验证表 4-25 假设模型是否合理以及评估指标是否能够较为全面反映 MTI 口译方向一年级学生在做英汉交替传译实战过程中存在的难点，本书采取专家评估和有声思维法对假设模型进行评估和理论饱和度检验。

1 假设模型专家评估

（1）确定评估专家

考虑到假设评估模型中的因素涉及语言学、计量语言学以及口译教学。且专家选择需要与评估领域密切相关，最好具有扎实的理论积淀，本书选择了 1 名语言学领域专家、1 名计量语言学领域专家、2 名口译教学专家评估假设模型中的维度和因素。专家信息详见表 4-26。

表 4-26　英汉交替传译源语难度评估体系假设模型评估专家信息表

专家编号	擅长领域	性别	学历	职称	地区
P1	语言学	男	博士	讲师	华南
P2	计量语言学	男	博士	讲师	华南
P3	口译教学	女	博士	副教授	华南
P4	口译教学	女	博士	助理教授	美国

(2) 专家评估建议

确定参与的评估专家后，研究者将难度评估假设模型通过邮件的方式分别发送给 4 位专家，得到了积极回复和若干建议。

P1 专家建议将 F2 维度中的 C74 从句总数删除，其原因在于 C74 从句总数计算与 C77 T 单位总数计算存在一定重叠，T 单位总数是指篇章中所有的主句和其所有的从属/修饰/联合小句构成的最小语法切分单位的总数，相较于 C74，C77 的计量更为精细。同时，P1 和 P3 专家都建议将 C10 专有名词删除，因为 C10 专有名词本身也是冗余信息很低的词汇，和 C50 有语义重复。

P2 专家建议删除 C37 一词多义、C71 词汇依存距离。删除这两个因素主要是考虑到评估过程中的易操作性原则，该专家指出这两个因素的数值没有办法迅速计算出，需要有语言词典树库资源以及依存语法和编程知识作为支撑。此外，P2 专家还认为，C44 面部表情和 C46 身体姿态都不便直接测量，主要依据感性观察，且面部也属于身体的一部分，建议将 C44 和 C46 合并。

P3 专家建议删除 C3 源语错误，其主要是因为发言人在发言过程中源语错误情况比较少，且难以判断和测量。此外，P4 专家建议删除 C48 发言人感情，或将 C48 发言人感情与 C28 语调合并，主要是因为发言人情感在口译源语中主要是通过语调的变化予以体现。

(3) 假设评估模型修正

根据各位专家建议，本书将假设模型中的冗余指标进行了删减，分别删除了 C3、C10、C37、C71、C74；合并了 C48 和 C28，将 C48 命名为情感语调；合并了 C44 和 C46，将 C46 重新命名为身体语言。经过专家评估和把关后，本书预建构的英汉交替传译源语难度评估体系假设模型中共有 7 个维度，26 个指标，如表 4-27 所示。需要特殊说明的是，基于行文简洁性考虑，后文中 C86 所有单词类符形符比统一简称为"TTR"，C95 每个句子中从句比例简称为"C/S"，C97 句子中已知信息和新信息潜在语义重叠标准差简称为"LSA"。

表 4-27　　　　　　英汉交替传译源语难度评估体系假设模型

维度	因素
F1 词汇	C50 低冗余名词、C80 词长（词平均音节计算）、C84 实词熟悉度、C86 所有单词类符形符比（TTR）
F2 句法	C14 特殊句式、C77 T 单位总数、C95 每个句子中从句比例（C/S）
F3 内容结构	C1 话题、C9 逻辑、C34 信息密度、C93 FKGL 易读性得分、C97 句子中已知信息和新信息潜在语义重叠标准差（LSA）
F4 有声副语言	C17 口音、C48 情感语调、C30 语速、C49 源语流畅度
F5 无声副语言	C20 空间距离、C46 身体语言
F6 语用	C6 文化负载、C13 修辞、C16 话语类型、C21 发言方式、C25 语体、C42 体裁
F7 媒介	C31 噪音、C47 图表信息

三　修正后的预建构假设模型理论饱和度检验

在理论建构中，理论饱和主要指搜集的新数据不再能产生新的概念，也不会跳出已经编码的资料范畴，则说明数据搜集已经达到"理论饱和"（刘锐剑，2018）。为了检验经过专家修正的英汉交替传译源语难度评估假设模型（表 4-27）的理论饱和性，研究者主要从两方面共同入手。其一是将前文针对学生调查问卷提取的英汉交替传译难度影响因素和预建构的假设模型对比；其二是对 8 名 MTI 口译方向一年级学生开展英汉交替传译译后难点和障碍回溯性访谈及焦点访谈，看是否出现了新的难度影响因素。

译后回溯性访谈的具体实施操作如下：首先研究者于 2019 年 6 月底招募了 8 名华南地区某高校的 MTI 应用口译方向一年级的学生作为志愿者，组织学生单独完成已经准备好的三篇不同主题的英汉交替传译（源语篇章从前文列举的量化指标提取的 45 篇文章中随意选取），在口译过程中对学生全程录像和录音，并在口译结束后和被试学生一起回看录像，就学生皱眉、叹气、咬唇、握拳等表示遇到口译困难的动作神情以及译语中停顿和不流畅处进行询问（询问要点见附录 12），通过编码，看是否出现新增英汉交替传译难点。鉴于回溯性访谈资料较多，本文仅举以下几例作为代表。

（1）问：你这一段翻的时候怎么一直皱着眉头呢？
答：刚才这一段数字太多啦，我听完了第一个数字，后边没跟上，心理有点着急。
（2）问：你在翻译到后边，怎么老是把拳头握得紧紧的，是紧张还是……？
答：我觉得那个发言人说的话一点都不集中，一会讲这，一会讲那，虽然主题看着很简单，但是不知道怎么回事，就是很难抓住他的思路。
（3）问：你前面翻译的一直很顺，怎么到了这里突然停住了？
答：我这里停下来主要是因为这个话题我不太熟悉，缺乏判断，上一句翻译完以后，感觉和下一句逻辑不太搭，我心里稍微犹豫了一下，在想怎么表达更合适。
（4）问：这个地方为什么突然卡住了
答：这里有点卡住了，当时是讲者讲到一个幽默，我没有明白这个幽默的含义。

焦点小组访谈在译后回溯性访谈后的第二天进行，研究者组织 8 名参加回溯性访谈的学生进行了一个小时的集体讨论，交流的主题主要围绕英汉交替传译学习实践过程中的难点和障碍展开，获取了大约 7000 字的访谈录音，研究者同样对这些访谈录音进行了编码和提取，具体编码过程同本书其他章节，不再一一赘述。

对比以上步骤的编码结果，所提炼出的概念和范畴都可以被难度评估假设模型覆盖，没有产生新的概念，说明预建构的难度评估假设模型已达到理论饱和，无需扩充和修正，可作为本书中的英汉交替传译源语难度评估的假设模型。

第五节 本章小结

本章首先通过开展针对 MTI 口译方向学员、口译教师调查问卷以及口译教师和测试专家访谈，明确了在教学和测试中口译源语难度把控的现状，即多数口译教师和测试专家对于源语难度把控的意识欠缺，且缺乏较为明确、合理和科学的难度把控标准或参照体系。同时，本书也通过问卷调查提取了教师、学生等不同视角的英汉交替传译源语难度潜在影响因素，为本书的结论提供了参考。此外，本章还基于既定的指标提取及指标体系建构原则，通过多渠道质性文献研究及英汉交替传译源语难度量化数据分析，提取了 7 个维度、33 个英汉交替传译源语难度潜在影响因素，构成了本书的英汉交替传译源语难度评估初始假设模型。在此基础上，通过专家评估和译后访谈等理论饱和度检验方法，最终构建了如表 4-27 所示的包含 7 个维度，26 个具体因素的英汉交替传译源语难度评估假设模型。本书下一章节将阐述假设模型中各维度和因素的表征及测量方法，论证假设模型的整体信效度，探索模型中各维度和因素的难度影响权重。

第五章

评估体系构建与权重分配研究

第一节 本章研究目的和研究概述

本章的研究目的主要可细分为两个,其一,旨在通过实证研究的方式对第五章节从理论层面建构的英汉交替传译源语难度评估假设模型进行修正和信效度检验,进而最终确定本书欲建构的难度评估体系中的指标和维度。其二,考虑到不同维度的难度影响因素共同作用于源语难度,其对于源语难度的影响系数应存在差异,故本章还将通过量化研究的方式,研究和分配各维度间和维度内具体难度影响因素的权重。

以上两个研究目的的完成都需要研究者编制相应的难度影响因素感知和重要性赋分量表辅助。量表的编制和问卷编制过程较为相似,本小节的量表编制主要基于学界广泛认可的 DeVellis(2003)的量表开发步骤,详见图 5-1。

为完成研究目的一,研究者首先对英汉交替传译源语难度评估假设模型中的 26 个因素进行定义,即明确构念。而后根据构念编制英汉交替传译源语难度影响因素初始感知量表,并通过量表评估、修正、发放和因子分析等环节,最终提取出英汉交替传译源语难度评估正式模型中的维度和因素。

为完成研究目的二,研究者首先基于本章研究目的一的结论,

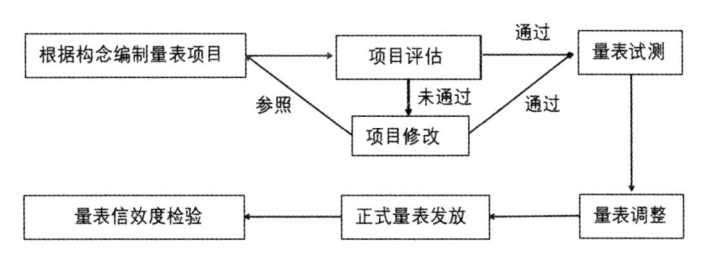

图 5-1　本书量表开发流程图（根据 DeVellis，2003 绘制）

确定英汉交替传译源语难度评估模型中的因素及其定义，编制同一层级间难度影响因素重要性赋分量表，邀请专家和学生评估量表中的表述，并正式发放给 MTI 一年级口译方向学生填写，问卷回收后运用层次分析法构建同一层级间难度影响因素重要性判断矩阵并求解，最终确定模型中不同因素和维度的难度影响权重。

第二节　评估体系假设模型修正与检验

本小节旨在修正和检验第四章中提出的英汉交替传译源语难度评估理论模型，具体来说，研究者首先对 26 个难度影响因素进行描述或操作化定义，在此基础上编制了由 26 个条目构成的英汉交替传译源语难度影响因素初始感知量表，邀请相关专家和学生评估量表表述，修正量表后形成初始量表并第一次小范围发放，剔除量表中信度较低的选项和维度，形成正式调查量表并大范围发放，进而通过探索性和验证性因子分析的方式检验正式量表的效度，最终提炼出英汉交替传译源语难度评估模型中的维度和因素。

一　假设模型难度影响因素定义

在编制英汉交替传译源语难度影响因素初始感知量表前，首先需要明确各难度影响因素的定义和对应的计算方式，如此，才能对量表中的条目进行较为科学合理的描述。本书对于 26 个难度影响因素表征及其计算方式的确定尽量客观，主要基于四个方面来源：其一是大部分研究中共同沿用的表述；其二是权威词典中的释义；其三是专家学者访谈中的观点；其四是量化研究工具开发者对原始指标的定义。以 C50 "低冗余名词"为例，Gile（2009）认为数字、地名、缩略语等承载的冗余信息较少，容易引发口译障碍（Trigger），故而本节基于以上表述，将 C50 "低冗余名词"进一步表征为"源语中出现的缩略语、数字、地名和专有名词等信息冗余度较低的词语"。表 5-1 汇总了假设模型中 26 个难度影响因素的具体表征及表征依据和来源。

表 5-1　英汉交替传译源语难度评估体系假设模型构念汇总表

编号	因素	因素表征或计算方式	来源依据
C50	低冗余名词	源语中出现的缩略语、数字、地名和专有名词等信息冗余度较低的词语	Gile（1995，2009）
C80	词长	每个词平均音节长短	Coh-Metrix
C84	实词熟悉度	成人对实词的平均熟悉度，得分越低越生僻	Coh-Metrix
C86	TTR	不同词汇的数目在总词汇中的比率	Coh-Metrix
C14	特殊句式	在结构或在意义的表达上有别于一般主谓句的单句，如被动句、否定句、倒装等	《新编文史地辞典》（2001）
C77	T 单位总数	主句和其所属/修饰/联合小句构成的最小语法切分单位的总和	专家评估
C95	C/S	从句数量在每个句子中的平均占比	L2SCA
C1	话题	谈话的中心和主题	《现代汉语分类大辞典》（2007）
C9	逻辑	语篇中各个信息点之间语义关系	根据黄晓佳、鲍川运（2016）定义
C34	信息密度	源语每分钟中包含的命题数量平均数	原蓉洁（2018）

续表

编号	因素	因素表征或计算方式	来源依据
C93	FKGL 易读性	文本材料有利于阅读和理解的程度	Coh Metrix
C97	LSA	句子中已知信息和新信息潜在语义重叠标准差	Coh Metrix
C17	口音	带有个人、地方、民族语言特征的话音	《现代汉语分类大辞典》（2007）
C28	情感语调	指说话的高低、轻重等表示语气和情感	《现代汉语大词典》（2010）
C30	语速	发言人每分钟讲话包含的单词数	黄晓佳、鲍川运（2016）
C49	源语流畅度	源语中的突发性言语中断现象	Goffman（1981）
C20	空间距离	口译员和发言人之间的空间距离	《翻译服务 口译服务要求》（2018）
C46	身体语言	人的姿势、脸孔或身体的任何部位显示出来的动作和表情及其所传达出来的信息	《表演辞典》（2005）
C6	文化负载	源语和目标语在社会文化习俗等方面存在差异的词汇或表达	根据《职业译员道德准则与行为规范》自定义
C13	修辞	源语中使用的语言表达和文辞修饰手段	《现代汉语正误词典》（2009）
C16	话语类型	源语发言意图，如传递信息、表达情感等	根据仲伟合（2009）自定义
C21	发言方式	发言人讲话的方式，如即兴或念稿	王丹（2011）
C25	语体	发言人语言表达的正式程度	《翻译服务 口译服务要求》（2018）
C42	体裁	源语作品表现形式，如记叙文、说明文等	《近现代辞源》（2010）
C31	噪音	源语中存在背景音干扰	仲伟合、王斌华（2009）
C47	图表信息	发言人辅助表达信息的图片、PPT 等	学生访谈

二 英汉交替传译源语难度影响因素感知初始量表

本小节主要依据第五章第二节标题一中所列的英汉交替传译源语难度影响因素假设模型中各因素的表征或计算方法，同时考虑到学生的理解能力，编制了由 26 个条目组成的英汉交替传译源语难度影响因素感知初始量表。需要特别说明的是，为了避免出现被试在量表题项打分过程中出现同一维度因素难度感知判断易存在干扰的情况，研究者在编制量表的过程中将理论模型中的各维度因素随机打散，表 5-2 展示了量表的题项和与假设模型中对应的因素。

表 5-2　英汉交替传译源语难度影响因素感知初始量表题项示例

编号	量表题项	对应因素
T1	每个词平均音节较长	C80 词长
T2	成人对实词的平均熟悉度较低	C84 实词熟悉度
T3	源语中主句和其所属/修饰/联合小句构成的最小语法切分单位较多	C77 T 单位总数
T4	源语发言人语言表达的正式程度，如口语体或书面体	C25 语体
T5	源语中缩略语、数字、地名等信息冗余度较低的词语较多	C50 低冗余名词
T6	源语中使用的语言表达和文辞修饰手段较多	C13 修辞
T7	源语发言人的讲话意图，如传递信息、表达表情或劝说等	C16 话语类型
T8	源语语篇中不重复出现的单词数和词语总数的比例高	C86 TTR
T9	源语发言人的说话速度	C30 语速
T10	源语中存在突发性言语中断现象	C49 源语流畅度
T11	源语中被动、否定、倒装句等有别于一般主谓句的单句较多	C14 特殊句型
T12	源语发言人的姿势、眼神、面部表情等较丰富	C46 身体语言
T13	源语发言人声音传播过程存在噪音干扰导致源语清晰度低	C31 噪音

续表

编号	量表题项	对应因素
T14	源语句子中已知信息和新信息语义重叠程度较低	C97 LSA
T15	源语发言人带有的个人、地方、民族语言特征的话音较重	C17 口音
T16	从句数量在每个句子中的平均占比较高	C95 C/S
T17	源语发言人的讲话方式，如即兴或读稿发言	C21 发言方式
T18	源语的表现形式，如说明、议论、记叙文等	C42 体裁
T19	源语发言人通过说话的高低、轻重等表示语气和情感	C28 情感语调
T20	源语和目标语在社会文化习俗等方面存在差异的表达较多	C6 文化负载
T21	语篇中各个信息点之间的关系多样或模糊	C9 逻辑
T22	源语转写成文本后容易阅读和理解的程度	C93FKGL 易读性
T23	语篇中命题的数量和总词汇数之比较高	C34 信息密度
T24	源语发言人的讲话中心和主题较为生僻	C1 话题
T25	发言人使用的辅助图表，如流程图、PPT、表格等较多	C47 图表信息
T26	源语发言人和口译员之间的位置距离较远	C20 空间距离

三 初始量表评估和发放

完成初始量表编制后，为了保证量表的内容效度，研究者邀请了华南地区某高校一位语言学方向博士生、一位口译研究方向博士生和两位 MTI 应用口译方向研究生就量表中每一个选项的语言表述、格式规范等问题进行讨论和评估，并对相关项目提出修改意见，主要意见汇总如下。

（1）有些条目中的概念仍较为抽象，建议在一些较为抽象的概念条目中举例说明，更方便学生在答题时理解，如 T6 "源语中的语言表达和文辞修饰手段"、T8 "源语语篇中不重复出现的单词数和词语总数的比例"、T20"源语和目标语在社会文化习俗等方面存在差异的表达"、T21"语篇中各个信息点之间的关系"、T24"话题"等。

（2）量表中题目表述的肯定与否定或积极与消极倾向需明确，避免题意不清，如T9"源语发言人的说话速度对源语难度的影响"需明确到底是讲话速度快，还是讲话速度慢。T22"源语转写成文本后容易阅读和理解的程度"需明确到底是程度高还是程度低。

综合以上评估建议，研究者对初始量表题项进行了修改和完善，具体体现在三方面：其一是对T6、T8、T20、T21等较为抽象的条目如增加了例子作为辅助说明，如T8条目的举例说明为"Rose is a rose is a rose is a rose 表达中，不一样的单词为 rose、is、a 3个，而词语总数为10个，故词汇类符型符比为0.3"；其二是尽量明确每一个量表选项的积极或消极意义，方便被试判断题意，如将T9项目修改为"源语发言人的讲话速度快对源语难度的影响"。

表5-2中的26条量表条目经过以上几个方面修改，形成了本书中英汉交替传译源语难度影响因素感知初始量表（见附录8）。初始量表共有三部分构成，其一是导语，主要是向被试展示问卷的基本信息、阐明调查目的等；其二是人口学信息统计模块，主要调查被试的院校类型、地区分布等描述性信息；其三是量表的具体题项。

之后，为了进一步验证量表的可信度和可靠度，研究者给295名MTI口译方向一年级的学生发放量表（预测试学生院校类型和区域分布见表5-3），开展量表预测试与修订。

具体的操作如下：为了确保学生对于问卷的填写质量，研究者首先联系了华南、华北地区15所高校的MTI口译教师，将初始量表分别寄送给这些教师，并请教师指导MTI口译方向一年级学生在课堂上填写。量表填写完毕后，再寄回给研究者，研究者将问卷数据导入 SPSS 软件中开展探索性因子分析（EFA）。

表 5-3　英汉交替传译源语难度影响因素感知初始量表被试信息统计表

类别	类别细分	人数	占比
院校类型	外语类	116	39%
	综合类	88	30%
	师范类	42	14%
	理工类	30	10%
	其他类	19	7%
地域分布	华南地区	162	55%
	华北地区	133	45%

四　初始量表检验（EFA）

初始量表回收后，研究者剔除了部分无效量表答卷，剔除标准为所有题项都选同一个答案或有漏选，最终有效量表答卷共 282 份。而后，借助 SPSS 22.0 软件对这 282 份预调查样本数据进行了探索性因子分析（EFA），以检验初始量表内容和结构的信效度，为正式量表研发提供参考。按照本书第三章阐述的探索性因子分析步骤，本小节主要分为以下四步开展。

（一）相关系数检验

数据表明，本次相关性检验的 KMO 值为 0.867，按照本书第三章提及的 KMO 检验法的判断准则，适合探索性因子分析。Bartlett 球形检验结果的近似卡方为 3898.908，并且 Sig 值为 0.000，小于 0.01，同样表明该量表存在公共因子，可以进行因子分析。

（二）提取公因子和确定公因子数量

接而研究者采用主成分分析方法提取了初始量表中的公因子，建立公因子解释方差汇总表，见表 5-4。

表 5-4　　　　探索性因子分析公因子及解释方差汇总表

因子分析解释的总方差

成分	初始特征值			提取平方和载入			旋转平方和载入		
	合计	方差%	累计 %	合计	方差%	累计 %	合计	方差%	累计 %
1	8.072	31.048	31.048	8.072	31.048	31.048	3.204	12.324	12.324
2	2.054	7.898	38.946	2.054	7.898	38.946	3.012	11.585	23.909
3	1.601	6.158	45.104	1.601	6.158	45.104	2.711	10.425	34.334
4	1.394	5.362	50.467	1.394	5.362	50.467	2.509	9.649	43.983
5	1.196	4.598	55.065	1.196	4.598	55.065	2.214	8.516	52.499
6	1.129	4.344	59.409	1.129	4.344	59.409	1.797	6.910	59.409
7	0.958			下省略					

提取方法：主成分分析法

根据第三章主成分分析中公共因子提取原则，即通常提取初始特征值大于 1 的公共因子，而表 5-4 中成分 7 的初始特征值小于 1，需要删除，故初始量表共包含成分 1-6，共计 6 个公共因子。

(三) 因子旋转和信度检验

为了进一步提高量表中各因子的内部一致性和可信度，研究者还需要基于第三章确定的探索性因子分析信度检验方式和因子删除标准对各因子内部作进一步检验，剔除信度较低的量表条目。其中，信度检验方式是为探求公因子的因子载荷以及纠正总相关系数。鉴于第三章确定的五个删除标准为：(1) 如果项目的因子载荷小于 0.5，则可以删除；(2) 如果某项目在多个因子上的载荷均高于 0.5，则要对该题项予以删除，以保证正式量表的单一维度性；(3) 如果项目 CITC 小于 0.3，则可以删除；(4) 如果删除某项目有利于提高因子的整体信度值，则可以删除；(5) 删除后各因子的 Cronbach's α 系数必须大于 0.7。

就标准 (1) 而言，研究者进而使用最大方差正交旋转方式提取了 26 个量表条目在六个维度对应的因子载荷如表 5-5 所示：T1、

T4、T10、T12、T19 的因子载荷系数均小于 0.5，分别为 0.310、0.456、0.435、0.452、0.487，故删除 T1、T4、T10、T12、T19 选项。

表 5-5 源语难度影响因素感知初始量表各条目因子载荷表

因子	1	2	3	4	5	6
T1						0.310
T2						0.783
T3						0.712
T4					0.456	
T5		0.737				
T6				0.889		
T7					0.557	
T8		0.599				
T9			0.779			
T10	0.435					
T11		0.647				
T12				0.452		
T13			0.740			
T14	0.558					
T15			0.726			
T16		0.773				
T17					0.664	
T18					0.671	
T19			0.487			
T20				0.876		
T21	0.730					

续表

因子	1	2	3	4	5	6
T22	0.674					
T23	0.623					
T24	0.511					
T25			0.679			
T26					0.531	

就标准（2）而言，表5-5中数据显示没有任何条目在多个因子上的载荷都高于0.5，故忽略不计。

就标准（3）、（4）、（5）而言，研究者利用SPSS22.0对各个因子CITC、删除项目后的信度值以及整体信度值进行了检验，具体如表5-6所示。

表5-6　源语难度影响因素感知初始量表各条目信度值统计表

因子1			
条目	纠正项目总相关系数（CITC）	删除该项后信度（Cronbach'α）	整体信度（Cronbach'α）
T10	0.410	0.788	0.791
T14	0.468	0.777	
T21	0.627	0.737	
T22	0.572	0.752	
T23	0.627	0.737	
T24	0.550	0.757	

因子2			
条目	纠正项目总相关系数（CITC）	删除该项后信度（Cronbach'α）	整体信度（Cronbach'α）
T5	0.639	0.727	0.795
T8	0.582	0.755	
T11	0.555	0.771	
T16	0.651	0.722	

续表

因子3

条目	纠正项目总相关系数（CITC）	删除该项后信度（Cronbach'α）	整体信度（Cronbach'α）
T9	0.638	0.771	
T13	0.592	0.785	
T15	0.689	0.755	0.816
T19	0.487	0.796	
T25	0.567	0.793	

因子4

条目	纠正项目总相关系数（CITC）	删除该项后信度（Cronbach'α）	整体信度（Cronbach'α）
T6	0.833	0.584	
T12	0.416	0.990	0.823
T20	0.844	0.587	

因子5

条目	纠正项目总相关系数（CITC）	删除该项后信度（Cronbach'α）	整体信度（Cronbach'α）
T4	0.368	0.606	
T7	0.421	0.581	
T17	0.404	0.588	0.644
T18	0.519	0.530	
T26	0.368	0.606	

因子6

条目	纠正项目总相关系数（CITC）	删除该项后信度（Cronbach'α）	整体信度（Cronbach'α）
T1	0.359	0.616	
T2	0.474	0.467	0.619
T3	0.464	0.468	

数据显示，删除 T12 后因子 4 整体 Cronbach'α 可提升为 0.990，大于原来的 0.823，有利于提升整体 Cronbach'α 系数，因此，删除 T12。此外，因子 5 和因子 6 的整体信度分别为 0.644、0.619，均小于 0.7，故删除。

综合以上数据分析，本书需要删除英汉交替传译源语难度影响因素初始感知量表中的 T1、T2、T3、T4、T7、T10、T12、T17、T18、T19、T26 条目和公共因子 5 和 6，分别对应指标 C80 词长、C84 实词熟悉度、C77 T 单位总数、C25 语体、C16 话语类型、C49 源语流畅度、C46 身体语言、C21 发言方式、C42 体裁、C28 情感语调、C20 空间距离。

（四）因子命名

因子命名是探索性因子分析中的最后环节。综合本节（1）、（2）、（3）的分析结果，初始量表最终保留了四个主因子，其具体构成及其命名如下。

第 1 个因子包括 T14、T21、T22、T23、T24 五个条目，分别对应 C97 LSA、C9 逻辑、C93 FKGL 易读性、C34 信息密度、C1 话题，主要和源语语篇宏观层面的信息内容和结构难点相关，故将其命名为"内容结构"维度。

第 2 个因子包括 T5、T8、T11、T16 四个条目，分别对应 C50 低冗余名词、C86 TTR、C14 特殊句型、C95 C/S，主要和源语语篇微观层面的词汇句法类难点相关，故将其命名为"词汇句法"维度。

第 3 个因子包括 T9、T13、T15、T25 四个条目，分别对应 C30 语速、C31 噪音、C17 口音、C47 图表信息，主要和源语的副语言和媒介类难点相关，故将其命名为"副语言媒介"维度。

第 4 个因子包括 T6、T20 两个条目，分别对应 C13 修辞、C6 文化负载，和源语语篇的语用难点相关，故将其命名为"语用"维度。

五 英汉交替传译源语难度影响因素感知量表编制与发放

本书中正式的英汉交替传译源语难度影响因素感知量表和初始量表一样包括了导语、人口学信息统计及量表的具体题项三个模块。具体题项模块根据初始量表预测试后保留的 15 个因子编写而成，题项和对应指标详见表 5-7，完整的正式量表见附录 9。

表 5-7　　　　　　　源语难度影响因素感知量表条目汇总

编号（原）	量表项目	对应指标
X1（T5）	源语中缩略语、数字、地名等信息冗余度较低的词语较多	C50 低冗余名词
X2（T6）	源语中使用的语言表达和文辞修饰手段较多	C13 修辞
X3（T8）	源语语篇中不重复出现的单词数和词语总数的比例较高	C86 TTR
X4（T9）	源语发言人的说话速度较快	C30 语速
X5（T11）	源语中被动、否定、倒装句等有别于一般主谓句的单句较多	C14 特殊句型
X6（T13）	源语发言人声音传播过程存在噪音干扰导致源语清晰度低	C31 噪音
X7（T14）	源语中新的命题和总命题的比例较高	C97 LSA
X8（T15）	源语发言人带有的个人、地方、民族语言特征的话音较重	C17 口音
X9（T16）	从句数量在每个句子中的平均占比较大	C95 C/S
X10（T20）	源语和目标语在社会文化习俗等方面存在差异的表达较多	C6 文化负载
X11（T21）	语篇中各个信息点之间的关系多样	C9 逻辑
X12（T22）	源语转换成文本后容易阅读和理解的程度	C93 FKGL 易读性
X13（T23）	语篇中命题的数量，即信息点数量与总词汇数之比较高	C34 信息密度
X14（T24）	源语的中心和主题较为生僻	C1 话题
X15（T25）	发言人使用的辅助图表，如流程图、PPT、表格等较多	C47 图表信息

随后，研究者将量表大规模发放给研究对象——MTI 口译方向一年级学生填写，以验证正式量表的稳定性、合理性和有效性。根据本书第四章第三节标题六提及的调查问卷及量表被试最大类别多样性原则，本次正式量表的被试抽取需尽可能覆盖全国范围内不同地区和不同类型的高校。经过与不同高校口译教师的直接联系以及相关口译教师的滚雪球式推荐，研究者共获得了全国范围内不同地区 22 所 MTI 口译教学院校教师的支持，确定被试 409 人，被试的地

区来源和院校分布如表 5-8 所示。

表 5-8　　　　源语难度影响因素感知量表被试学生来源

类别	类别细分	人数	占比
院校类型	外语类	136	33%
	综合类	115	28%
	师范类	65	16%
	理工类	35	9%
	其他类	58	14%
地域分布	华南地区	108	27%
	华北地区	95	23%
	华东地区	79	19%
	华中地区	71	17%
	华西地区	56	14%

被试确定完毕后，研究者使用线上问卷和线下问卷相结合的方式发放，即 1/3 左右的量表通过问卷星系统在线发放，另有 2/3 的量表通过快递寄送给口译教师，邀请口译教师在课堂上请学生集中填写并邮寄给研究者。研究者汇总线上线下的数据并将其导入 SPSS 软件中运用验证性因子分析（EFA）开展正式量表检验。

六　正式量表检验（CFA）

前一小节中计划发放的 409 份量表最终回收 398 份，剔除无效问卷，最终得到有效量表 373 份。接下来，本小节将利用回收的量表数据对正式评估量表进行验证性因子分析，同时，考察不同变量对于评估模型稳定性的影响，保障本书构建的英汉交替传译源语难度评估体系整体合理和可靠。根据本书第三章提出的验证性因子分析的实施步骤，本小节针对正式量表的检验主要分为四个步骤。

(一) 待检验量表结构模型构建

在进行验证性因子分析（CFA）前，研究者首先需要提出有待检验的结构模型。根据本章第四小节确定的正式量表中的四个公共因子和 15 个因子，研究者首先运用 AMOS 22.0 软件构建了结构方程模型并对其验证和测量，模型如图 5-2 所示。

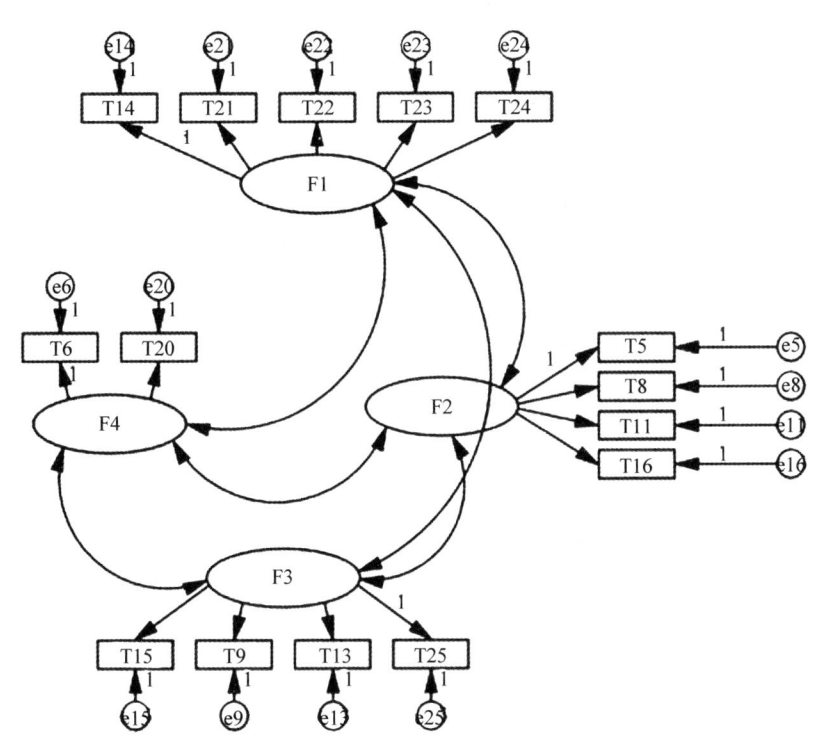

图 5-2 英汉交替传译源语难度影响因素感知量表因子结构模型

(二) 模型数据拟合

本小节采用最大似然估计对 373 份回收后的正式量表数据进行评价指标体系结构方程模型的验证性因子分析。按照第四章第三节标题五中设定的模型拟合评价参数，本小节中使用 $X2/df$、RMSEA、GFI、AGFI、NFI、IFI、CFI 作为参数进行拟合观测。同样按照本书第三章提出的各参数评估标准，本小节模型拟合中参数 $X2/df =$

3.543，达到小于 5 的标准；RMSEA = 0.073，达到小于 0.08 的标准；GFI = 0.905，达到大于 0.8 的标准；AGFI = 0.864，达到大于 0.8 的标准；NFI = 0.913，达到大于 0.9 的标准；IFI = 0.936，达到大于 0.9 的标准；CFI = 0.935，也达到大于 0.9 的标准，因此，373 份全国不同地区和不同类型高校 MTI 学生的量表回收数据对本小节中构建的待检验模型的验证性因子分析拟合情况整体良好。

(三) 拟合模型信效度检验

模型拟合检验通过后，研究者需要检验拟合模型的信度和效度。其中，信度可通过公共因子内部信度和组合信度值判断，效度可通过聚合效度和区别效度判断。

就模型信度检验而言，373 份全国不同地区和不同类型高校 MTI 学生的量表回收数据对本小节中构建的待检验模型的验证性因子分析检验结果表明，该评估体系模型具有良好的内部一致性和组合信度（AVE），表现在各公共因子的内部信度都大于 0.7，组合信度都大于 0.5，且平均变异抽取量（C.R.）都大于 0.7，详见表 5-9。

表 5-9　　　　源语难度影响因素感知量表信度检验统计值

题项	评价指标	载荷	均值	AVE	C.R.	信度
T14	LSA	0.549	4.003	0.532	0.716	0.793
T21	逻辑	0.777	4.155			
T22	FKGL 易读性	0.770	4.477			
T23	信息密度	0.870	4.408			
T24	话题	0.637	4.268			
T5	低冗余名词	0.808	5.051	0.703	0.791	0.786
T8	TTR	0.651	4.997			
T11	特殊句型	0.646	5.080			
T16	C/S	0.775	5.362			

续表

题项	评价指标	载荷	均值	AVE	C.R.	信度
T25	图表信息	0.572	5.335	0.674	0.787	0.810
T13	噪音	0.728	5.815			
T9	语速	0.679	5.314			
T15	口音	0.804	5.614			
T6	修辞	0.969	5.429	0.988	0.988	0.992
T20	文化负载	1.018	5.464			

就量表的聚合效度和区别效度检验而言，本书按照辜应康（2016）和 Fornell & Larcker（1981，转引自辜应康，2016）给定的检验方法和标准进行检测，即借助表 5-9 中的组合信度（AVE）和平均变异抽取量（C.R.），计算平均变异抽取量（AVE）的算术平方根。而后，如果 C.R. 值大于 0.7，AVE 值大于 0.5，则说明因子具有良好的聚合效度；如果因子的 AVE 值的算术平方根比该因子与其他所有因子的相关系数都大，则说明该因子具有良好的区别效度，统计值详见表 5-10。

表 5-10　　　源语难度影响因素感知量表效度检验统计值

	F1	F2	F3	F4
F1 内容结构	(0.729)			
F2 词汇句法	0.536**	(0.838)		
F3 副语言媒介	0.476**	0.427**	(0.821)	
F4 语用	0.386**	0.453**	0.399**	(0.994)
因子均值	4.262	5.123	5.519	5.446
标准差	1.007	0.969	0.891	1.240
C.R.	0.716	0.791	0.787	0.988
AVE	0.532	0.703	0.674	0.988

注：** $p<0.01$，括号中的数字为 AVE 的算术平方根，表格中其他的数字为相关系数。

表 5-10 数据表明，4 个公共因子的 C.R. 值分别是 0.716、0.791、0.787 和 0.998. 都大于 0.7，说明模型中 4 个公共因子都具有良好的聚合效度，而且这 4 个公共因子之间的相关系数都小于括号内的 AVE 值的算术平方根，说明四个公共因子同样具有较好的区别效度。

（四）组间差异分析和检验

本小节调查问卷中考察的基本变量为人口统计学信息，即不同的学校类型和不同的学校区域。为了检验这两个变量是否会造成受试学生对英汉交替传译源语难度影响因素感知产生影响，研究者利用 SPSS 对两个变量进行单因素方差分析，即考察各因素不同分组的均值差异是否显著。

首先，以受试院校类型的五个分组（外语类、综合类、师范类、理工类以及其他）为自变量，以整体及各维度得分为因变量，进行单因素方差分析，获得如表 5-11 所示的统计结果。

表 5-11　　　源语难度影响因素感知量表院校类型差异检验

维度	外语类	综合类	师范类	理工类	其他类	F	Sig.
整体	5.1662±0.7002	5.085±0.7663	4.941±0.7917	5.1091±0.865	5.138±0.7957	0.9314	0.4457
维度一	4.4613±0.9334	4.12±1.0465	4.144±0.9424	4.2135±1.0769	4.373±1.0108	1.6443	0.1625
维度二	5.2167±0.8506	5.1633±0.9537	4.9733±1.0329	5.0676±1.116	5.1926±0.8735	0.8088	0.5201
维度三	5.5067±0.8757	5.55±0.8796	5.4±0.9218	5.5743±0.9324	5.5676±0.8564	0.4842	0.7474
维度四	5.48±1.07	5.5067±1.1897	5.2467±1.3264	5.5811±1.2415	5.4189±1.3625	0.7694	0.5457

随后，再以受试地域分布的五个分组（华南地区、华北地区、华东地区、华中地区、华西地区）为自变量，以整体及各维度得分

为因变量,进行单因素方差分析,获得如表5-12所示的统计结果。

表5-12　　　源语难度影响因素感知量表受试地域差异检验

维度	华南地区	华北地区	华东地区	华中地区	华西地区	F	Sig.
整体	5.2616±0.7133	5.1079±0.7488	5.0002±0.7958	5.006±0.8596	5.044±0.7972	1.457	0.215
维度一	4.4734±1.0169	4.2342±1.0252	4.2912±0.9358	4.0274±1.0046	4.2701±1.0171	1.91	0.108
维度二	5.307±0.8613	5.0954±0.9823	5.1324±0.9329	4.9349±1.1165	5.1299±0.9307	1.423	0.226
维度三	5.5823±0.8786	5.5296±0.8822	5.4081±0.9839	5.5137±0.8838	5.5487±0.8469	0.385	0.819
维度四	5.6835±1.0924	5.5724±1.2402	5.1691±1.2802	5.5479±1.2505	5.2273±1.289	2.531	0.04

以上两个变量的单因素方差分析结果中,只有不同区域的学生在维度四中的P值统计结果为0.04,非常接近0.05,其他组的P值均大于0.05,表明学校类型和学校区域基本没有造成学生对于英汉交替传译源语难度影响因素的感知差异,也可表明本小节研究构建的难度影响因素评估模型的稳定性和有效性。

七　本节小结

本小节以第四章中提取的英汉交替源语难度评估理论假设模型为构念来源,编制了英汉交替传译源语难度影响因素感知量表,并以MTI口译方向一年级学生为被试,开展量表调研,同时进一步运用探索性和验证性因子分析等方式,排除了被试所属高校类别和区域来源变量的干扰,完成了对理论假设模型的修正,形成了正式的评估体系模型。初始模型和正式模型的对比如图5-3和图5-4所示。

图5-4中,初始理论模型和修正检验后的正式模型在维度间和各维度内部都有所调整。具体来说,初始理论模型中共有F1词汇、

200　英汉交替传译源语难度评估体系构建研究

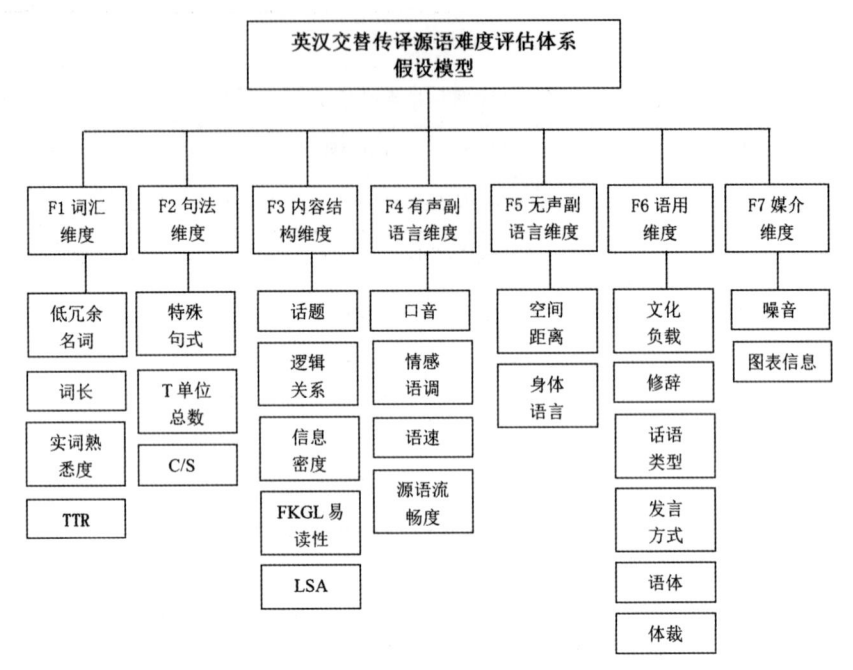

图 5-3　英汉交替传译源语难度评估体系假设模型

F2 句法、F3 内容结构、F4 有声副语言、F5 无声副语言、F6 语用、F7 媒介，共计 7 个维度和 26 个指标。对初始理论模型的探索性因子结果表明，初始理论模型中有两个公因子整体信度不高，另有 5 个具体因子的载荷较低，说明初始理论模型中仍有高度相关的因子存在。探索性因子分析结果提示研究者删除 C80 词长、C84 实词熟悉度、C77 T 单位总数、C25 语体、C16 话语类型、C21 发言方式、C49 源语流畅度、C46 身体语言、C42 体裁、C28 情感语调、C20 空间距离，共计 11 个指标。

删除以上指标后，F5 无声副语言维度不复存在，F1 词汇维度、F2 句法维度、F4 有声副语言维度、F6 语用维度、F7 媒介维度仅剩 2 个指标，F3 内容结构维度 5 个指标未变。通常来说，在因子分析环节，研究者可以考虑将含义相近的只有两个因子的公共因子进行合并。因此在正式模型中，考虑到 F1 词汇维度和 F2 句法维度都和

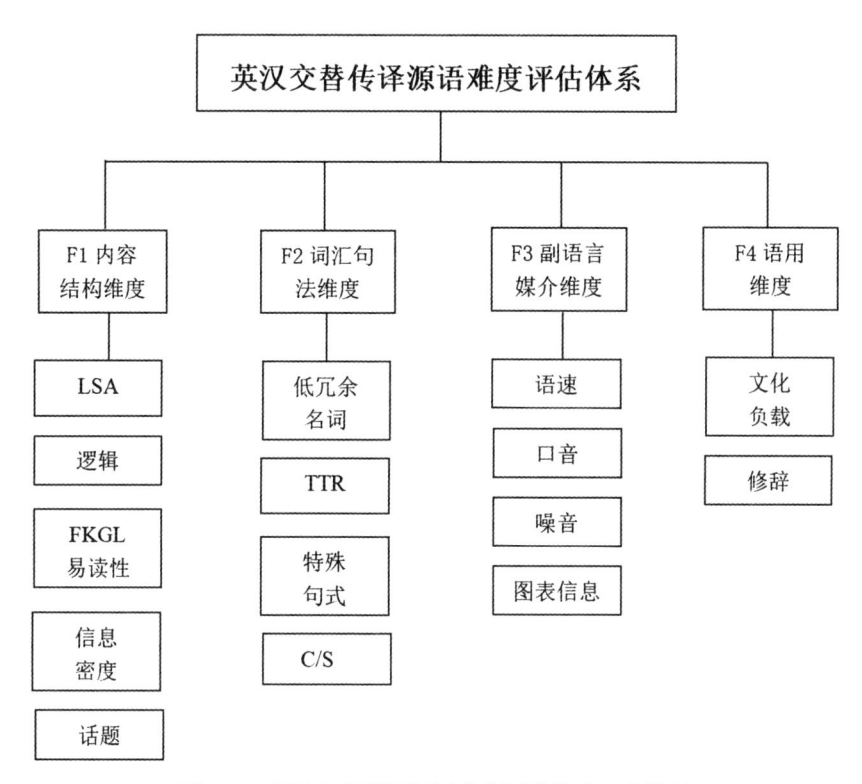

```
                英汉交替传译源语难度评估体系
                           │
        ┌──────────┬───────┴────────┬──────────┐
   F1 内容      F2 词汇句          F3 副语言    F4 语用
   结构维度      法维度            媒介维度     维度
      │            │                │          │
    ┌─┴─┐      ┌──┴──┐          ┌──┴──┐    ┌──┴──┐
    LSA        低冗余              语速      文化
               名词                          负载
    逻辑        TTR                口音      修辞
    FKGL       特殊                噪音
    易读性      句式
    信息        C/S               图表信息
    密度
    话题
```

图 5-4 英汉交替传译源语难度评估体系正式模型

语篇中微观层面的词句复杂性相关，研究者将其进行了合并。另外，考虑到 F4 有声副语言和 F7 媒介维度的指标都和声音或信息传播的载体相关，研究者同样将其进行了合并。其余的两个维度即 F3 内容结构维度和 F6 语用维度，由于这两个维度基本无意义重合，所以不合并，予以保留。此后，正式模型的验证性因子分析结果都较为理想，证明了正式模型的合理性和可靠性。

第三节 评估体系权重分配

本小节旨在运用层次分析法对前文构建的经过检验的英汉交替

传译源语难度评估体系正式模型（见图 5-4）中的维度和因素开展权重分配研究。按照本书第三章关于层次分析法实施步骤的介绍，本小节研究基本可分为五个步骤进行，即研究者首先根据正式模型制作了英汉交替传译源语难度影响因素重要性感知赋分量表并发放，邀请被试对量表中各因素的难度影响程度进行客观的"9 标度"打分，再根据分值构建判断矩阵，求解矩阵，通过一致性检验后，最终确定模型中各维度和因素的影响权重。

一 评估体系因素重要性感知量表制作与发放

本小节中评估体系调查量表的制作过程和发放与本章前文部分的量表研究步骤基本相似，包括量表题项编制、评估修正、发放与回收三个环节。

（一）初始量表制作

在运用层次分析法过程中，研究者一般需要将建构的模型分为三层，即目标层、准则层和指标层，上一层要素支配着下一层要素，上下层要素需存在隶属关系，研究者主要是通过同一层要素内部的重要性两两对比判断，来计算每一个要素相对于其上一层要素所占的影响权重（丁雯，2019）。

研究者首先将图 5-4 中的英汉交替传译源语难度评估体系正式模型分为了目标层、准则层和指标层三个层次。为了减少每一维度内意义略有相近的指标在层次分析打分过程中对被试可能造成的干扰，本小节将图 5-4 中每一维度内部指标排序随机打乱，制作层次分析打分问卷。具体层次对应内容和隶属关系如图 5-5 所示。为了方便本小节研究开展和矩阵运算，研究者将各层次都重新命名，目标层为 A，准则层为 B（包括 B1、B2、B3、B4），指标层为 C（包括 C1、C2、C3…C15）。

根据图 5-5 的层次结构关系，研究者遵循同一层要素内部的两两对比判断来计算每一个要素相对于其上一层要素所占的影响权重的思路，编制了英汉交替传译源语难度影响因素重要性赋分初始量

第五章　评估体系构建与权重分配研究　　203

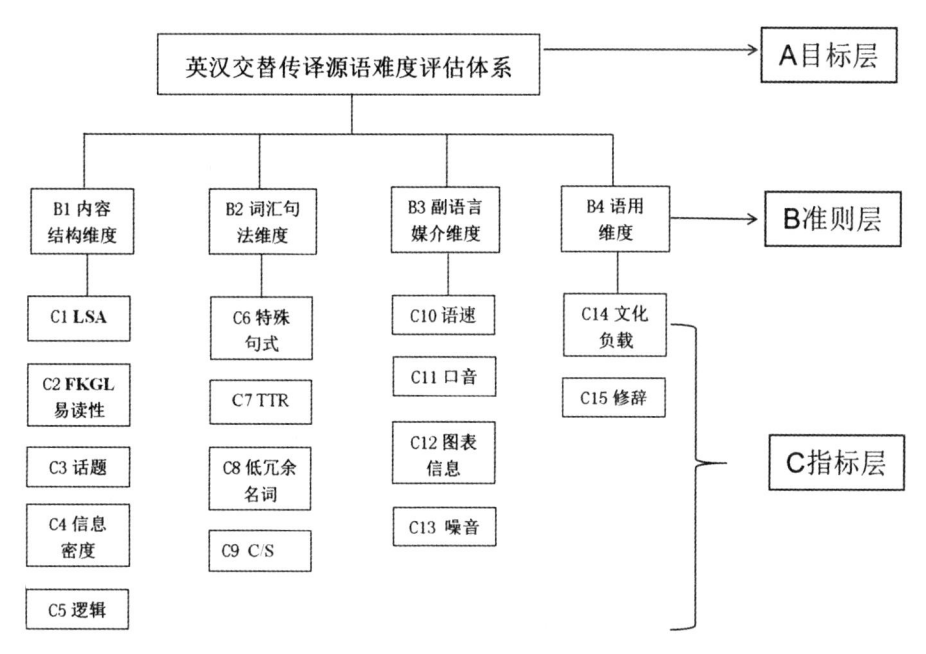

图5-5　基于层次分析法的源语难度评估体系层次图

表题项。

　　以上各层次内部要素按照两两对比的方式循环，共形成了29个量表题项。关于量表的刻度值形式，本小节遵循层次分析法常规使用的9标度法，即每个题项设置1—9，共9个等级分值，对1、3、5、7、9这五个奇数等级具体描述，2、4、6、8这四个偶数等级不具体描述，介于奇数等级之间。奇数分值表述分别为：1分表示两个因素相比同等重要，3分表示一个因素比另一个因素稍微重要，5分表示一个因素比另一个因素明显重要，7分表示一个因素比另一个因素强烈重要，9分表示一个因素相比于另一个因素极端重要（丁雯，2019）。由于本书主要研究各层次因素对于英汉交替传译源语难度的不同影响程度，研究者在本量表描述中修改了以上分值的描述语，具体分值设置和描述见表5-13。

表 5-13　源语难度影响因素重要性赋分初始量表分值说明

分值	含义	说明
1	难度相同	两个因素相比较，对英汉交替传译造成的难度相同
3	难度稍大	两个因素相比较，前一因素对英汉交替传译造成的难度稍大
5	难度明显大	两个因素相比较，前一因素对英汉交替传译造成的难度明显大于另一因素
7	难度强烈大	两个因素相比较，前一因素对英汉交替传译造成的难度强烈大于另一因素
9	难度极端大	两个因素相比较，前一因素对英汉交替传译造成的难度极端大于另一因素
2、4、6、8		处于上述两个相邻尺度的中间值

基于以上题项和评分等级设计原则和思路，研究者编制了可为本小节研究使用的英汉交替传译源语难度影响因素重要性感知赋分量表，囿于篇幅限制，本小节以图 5-5 的准则层指标重要性相互对比为例，展示本书中层次分析法初始量表，详见表 5-14。

层析分析量表打分过程如下，以表 5-14 第一行为例，若打分专家认为第一行中左右两边的"内容结构维度"和"词汇句法维度"对英汉交替传译造成的难度相同，即在英汉交替传译源语难度评估中的重要性相同，则勾选表格中间的数字"1"。若认为左侧的"内容结构维度"相对于右侧的"词汇句法维度"对英汉交替传译造成的难度更大，即在英汉交替传译源语难度评估中相对更重要，则在靠近"内容结构维度"一侧的区域赋分，并根据判断和"9 标度"赋分说明，勾选对应数字。若专家认为右侧的"词汇句法维度"相对于左侧的"内容结构维度"对英汉交替传译造成的难度更大，即在英汉交替传译源语难度评估中相对更重要，则在靠近"词汇句法维度"一侧的区域内对其与左端能力的重要性对比赋分。其他题项打分过程以此类推。

表 5-14　　　源语难度影响因素重要性赋分初始量表示例

下列各行指标两两比较，在"英汉交替传译源语难度评估体系"中的相对重要性如何？即哪个维度指标可能会对英汉交替传译造成更大难度？

内容结构维度（如 LSA、逻辑、FKGL 易读性、信息密度、话题等）	9	8	7	6	5	4	3	2	1	2	3	4	5	6	7	8	9	词汇句法维度（低冗余名词、TTR、特殊句式、C/S）
内容结构维度（如 LSA、逻辑、FKGL 易读性、信息密度、话题等）	9	8	7	6	5	4	3	2	1	2	3	4	5	6	7	8	9	副语言媒介维度（语速、口音、噪音、图表信息）
内容结构维度（如 LSA、逻辑、FKGL 易读性、信息密度、话题等）	9	8	7	6	5	4	3	2	1	2	3	4	5	6	7	8	9	语用维度（文化负载、修辞）
词汇句法维度（低冗余名词、TTR、特殊句式、C/S）	9	8	7	6	5	4	3	2	1	2	3	4	5	6	7	8	9	副语言媒介维度（语速、口音、噪音、图表信息）
词汇句法维度（低冗余名词、TTR、特殊句式、C/S）	9	8	7	6	5	4	3	2	1	2	3	4	5	6	7	8	9	语用维度（文化负载、修辞）
副语言媒介维度（语速、口音、噪音、图表信息）	9	8	7	6	5	4	3	2	1	2	3	4	5	6	7	8	9	语用维度（文化负载、修辞）

（二）评估修正

英汉交替传译源语难度影响因素重要性感知赋分量表制作完毕后，研究者将初始调查量表分发给华南地区某高校 2 名口译教师和 1 名口译研究博士生进行评估，获得了如下修改建议。

●部分题项中每个指标的大小或正负描述建议清晰说明，如"信息密度"到底是"信息密度高"还是"信息密度低"，避免判断时的歧义。

●问卷的总体题项较多，完成问卷耗时较长，建议将导语中的答卷时间 10 分钟改为 15 分钟。

●有些题项的因素表达比较抽象，如 LSA、TTR、C/S、FKGL 易读性，建议增加解释说明或附录名词解释。

根据以上评估建议，研究者对初始量表进行了修正，具体表现在三个方面：一是对部分指标正负值进行了说明；二是将导语的完成时间修改为 15 分钟；三是问卷后附加了相关名词解释。

（三）量表发放与回收

研究者将修订后的英汉交替传译源语难度评估体系权重分配调查量表（见附录 10）以邮件的方式发送给了前文参与调查的 22 所不同区域和类型院校的 88 名同学。

研究者之所以选择这 88 名同学，主要有三方面的原因，其一是这些同学已经做完了前文的调查量表，对本书中的难度及其影响因素并不太陌生，可最大程度排除理解偏差造成的障碍；其二是层次分析的矩阵运算工作量较大，不适宜被试数量众多的研究；其三是以上 88 名同学都是在完成前文量表后选择仍然愿意参与后续调查的同学，说明他们的参与积极性较强，态度较为认真，也有利于确保研究打分结果的信效度。88 份量表问卷最终回收了 82 份，回收率达 93%，且经检验全部为有效答卷，可进一步进行层次分析法的矩阵运算。

二 评估体系重要性判断矩阵构建、求解和检验

（一）评估体系重要性判断矩阵构建

建立要素或者指标重要性判断矩阵是运用层次分析法分析系统内各要素相对于上一层或目标层重要程度影响权重的关键一步。建

立判断矩阵主要需遵循以下步骤或规则（丁雯，2019）。

- 将同一层次所有要素的子集用 C 表示，子集内要素标记为 C1，C2，…，Cn。
- 运用标数 a_{ij} 表示 ci 和 cj 对目标问题的影响程度之比，并根据 9 标度法进行量化赋分，如 $a_{12}=3$，则表示 c1 比 c2 稍微重要。
- 在矩阵数字填写中，考虑到任何指标和自身重要性相比永远是一样的，故每一行的 $a_{ii}=1$，整个判断矩阵的对角线数字则都为 1。
- 判断矩阵中，如果比较的数值在 1 的左边，则直接填写该数值，反之，则填写其倒数，使得对角线两侧的数值乘积为 1。
- 按照以上步骤或规则建立的判断矩阵示例如表 5-15 所示。

表 5-15　　　　　　层次分析法判断矩阵示例

	C1	C2	C3	…	Cn
C1	1	a_{12}	a_{13}	…	a_{1n}
C2	$\frac{1}{a_{12}}$	1	a_{23}	…	a_{2n}
C3	$\frac{1}{a_{13}}$	$\frac{1}{a_{23}}$	1	…	a_{3n}
…	…	…	…	1	…
Cn	$\frac{1}{a_{1n}}$	$\frac{1}{a_{2n}}$	$\frac{1}{a_{3n}}$	…	1

根据 82 份有效问卷的打分均值，研究者分别构建了四个指标层相对于准则层（B1、B2、B3、B4）和一个准则层相对于目标层（A）的难度影响因素重要性判断矩阵。其中，表 5-16 为准则层 B1 内部指标重要性判断计算矩阵，表 5-17 为准则层 B2 内部指标重要性判断计算矩阵，表 5-18 为准则层 B3 内部指标重要性判断计算矩

阵，表 5-19 为准则层 B4 内部指标重要性判断计算矩阵，表 5-20 为目标层 A 内部指标重要性判断计算矩阵。

表 5-16　　　　准则层 B1 内部指标重要性判断计算矩阵

B1	C1	C2	C3	C4	C5
C1	1	1/2	1/5	1/3	1/3
C2	2	1	1/3	1/3	1/2
C3	5	3	1	2	3
C4	3	3	1/2	1	1/2
C5	3	2	1/3	2	1

表 5-17　　　　准则层 B2 内部指标重要性判断计算矩阵

B2	C6	C7	C8	C9
C6	1	1	1/3	1/2
C7	1	1	1/2	1/2
C8	3	2	1	2
C9	2	2	1/2	1

表 5-18　　　　准则层 B3 内部指标重要性判断计算矩阵

B3	C10	C11	C12	C13
C10	1	1/3	1	1/2
C11	3	1	4	1
C12	1	1/4	1	1/2
C13	2	1	2	1

表 5-19　　　　准则层 B4 内部指标重要性判断计算矩阵

B4	C14	C15
C14	1	1/2
C15	2	1

表 5-20　　　　　　目标层 A 内部指标重要性判断计算矩阵

B	B1	B2	B3	B4
B1	1	1	1	2
B2	1	1	2	3
B3	1	1/2	1	1
B4	1/2	1/3	1	1

（二）评估体系重要性判断矩阵求解

本书选用层次分析法中常用的和法求解判断矩阵，常用步骤如下。

- 将矩阵 B 按列归一化，得 $\overline{B} = [\overline{B_{ij}}]$，$\overline{B_{ij}} = \dfrac{b_{ij}}{\sum\limits_{i=1}^{n} b_{ij}}$，$i, j = 1, 2, \cdots, n$；

- 将 $\overline{B}$ 行相加，得 $\overline{K} = [\overline{k_1}, \overline{k_2}, \cdots, \overline{k_n}]^T$，$\overline{k_i} = \sum\limits_{j=1}^{n} \overline{b_{ij}}$；

- 将 $\overline{K_i}$ 归一化，得 $K = [k_1, k_2, \cdots, k_n]^T$，$k_i = \dfrac{\overline{k_i}}{\sum\limits_{i=1}^{n} \overline{k_i}}$。

根据以上通用步骤，判断矩阵 B1 的计算过程和结果如下。

①根据表 5-16 得出准则层 B1 的判断对矩阵

$$B_1 = \begin{bmatrix} 1 & \dfrac{1}{2} & \dfrac{1}{5} & \dfrac{1}{3} & \dfrac{1}{3} \\ 2 & 1 & \dfrac{1}{3} & \dfrac{1}{3} & \dfrac{1}{2} \\ 5 & 3 & 1 & 2 & 3 \\ 3 & 3 & \dfrac{1}{2} & 1 & \dfrac{1}{2} \\ 3 & 2 & \dfrac{1}{3} & 2 & 1 \end{bmatrix}$$

②将判断矩阵按列归一化，可得

$$\overline{B_1} = \begin{bmatrix} 0.0714 & 0.0526 & 0.0845 & 0.0588 & 0.0625 \\ 0.1429 & 0.1053 & 0.1408 & 0.0588 & 0.0938 \\ 0.3571 & 0.3158 & 0.4225 & 0.3529 & 0.5625 \\ 0.2143 & 0.3158 & 0.2113 & 0.1765 & 0.0938 \\ 0.2143 & 0.2105 & 0.1408 & 0.3529 & 0.1875 \end{bmatrix}$$

③将 $\overline{B_1}$ 按行相加，可得 B1 初始权重系数为：

$$\overline{K} = \begin{bmatrix} 0.3299 \\ 0.5415 \\ 2.0109 \\ 1.0116 \\ 1.1061 \end{bmatrix}$$

④对 $\overline{K}$ 归一化，可得 B1 归一化权重系数为：

$$K = \begin{bmatrix} 0.0660 \\ 0.1083 \\ 0.4022 \\ 0.2023 \\ 0.2212 \end{bmatrix}$$

同理，判断矩阵 B2 的计算过程和结果如下。

①根据表 5-17 得出准则层 B2 的判断对矩阵

$$B_2 = \begin{bmatrix} 1 & 1 & \frac{1}{3} & \frac{1}{2} \\ 1 & 1 & \frac{1}{2} & \frac{1}{2} \\ 3 & 2 & 1 & 2 \\ 2 & 2 & \frac{1}{2} & 1 \end{bmatrix}$$

②将判断矩阵按列归一化，可得

$$\overline{B_2} = \begin{bmatrix} 0.1429 & 0.1667 & 0.1429 & 0.1250 \\ 0.1429 & 0.1667 & 0.2143 & 0.1250 \\ 0.4286 & 0.3333 & 0.4286 & 0.5000 \\ 0.2857 & 0.3333 & 0.2143 & 0.2500 \end{bmatrix}$$

③将 $\overline{B_2}$ 按行相加，可得 B2 初始权重系数为：

$$\overline{K} = \begin{bmatrix} 0.5774 \\ 0.6488 \\ 1.6905 \\ 1.0833 \end{bmatrix}$$

④对 $\overline{K}$ 归一化，可得 B2 归一化权重系数为：

$$K = \begin{bmatrix} 0.1443 \\ 0.1622 \\ 0.4226 \\ 0.2708 \end{bmatrix}$$

同理，判断矩阵 B3 的计算过程和结果如下。

①根据表 5-18 得出准则层 B3 的判断对矩阵

$$B_3 = \begin{bmatrix} 1 & \frac{1}{3} & 1 & \frac{1}{2} \\ 3 & 1 & 4 & 1 \\ 1 & \frac{1}{4} & 1 & \frac{1}{2} \\ 2 & 1 & 2 & 1 \end{bmatrix}$$

②将判断矩阵按列归一化，可得

$$\overline{B_3} = \begin{bmatrix} 0.1429 & 0.1290 & 0.1250 & 0.1667 \\ 0.4286 & 0.3871 & 0.5000 & 0.3333 \\ 0.1429 & 0.0968 & 0.1250 & 0.1667 \\ 0.2857 & 0.3871 & 0.2500 & 0.3333 \end{bmatrix}$$

③将 $\overline{B_3}$ 按行相加，可得 B3 初始权重系数为：

$$\bar{K} = \begin{bmatrix} 0.5636 \\ 1.6490 \\ 0.5313 \\ 1.2561 \end{bmatrix}$$

④对 $\bar{K}$ 归一化，可得 B3 归一化权重系数为：

$$K = \begin{bmatrix} 0.1409 \\ 0.4123 \\ 0.1328 \\ 0.3140 \end{bmatrix}$$

同理，判断矩阵 B4 的计算过程和结果如下。
①根据表 5-19 得出准则层 B4 的判断对矩阵

$$B_4 = \begin{bmatrix} 1 & \dfrac{1}{2} \\ 2 & 1 \end{bmatrix}$$

②将判断矩阵按列归一化，可得

$$\overline{B_4} = \begin{bmatrix} \dfrac{1}{3} & \dfrac{1}{3} \\ \dfrac{2}{3} & \dfrac{2}{3} \end{bmatrix}$$

③将 $\overline{B_4}$ 按行相加，可得 B4 初始权重系数为：

$$\bar{K} = \begin{bmatrix} \dfrac{2}{3} \\ \dfrac{4}{3} \end{bmatrix}$$

④对 $\bar{K}$ 归一化，可得 B4 归一化权重系数为：

$$K = \begin{bmatrix} 0.3333 \\ 0.6667 \end{bmatrix}$$

同理，由准则层 B1、B2、B3、B4 构成的目标层判断矩阵计算过程和结果如下。

⑤根据表 5-20 得出目标层 A 的判断对矩阵

$$B = \begin{bmatrix} 1 & 1 & 1 & 2 \\ 1 & 1 & 2 & 3 \\ 1 & \frac{1}{2} & 1 & 1 \\ \frac{1}{2} & \frac{1}{3} & 1 & 1 \end{bmatrix}$$

⑥将判断矩阵按列归一化，可得

$$\bar{B} = \begin{bmatrix} 0.2857 & 0.3529 & 0.2000 & 0.2857 \\ 0.2857 & 0.3529 & 0.4000 & 0.4286 \\ 0.2857 & 0.1765 & 0.2000 & 0.1429 \\ 0.1429 & 0.1765 & 0.2000 & 0.1429 \end{bmatrix}$$

⑦将 $\bar{B}$ 按行相加，可得 B 初始权重系数为：

$$\bar{K} = \begin{bmatrix} 1.1244 \\ 1.4672 \\ 0.8050 \\ 0.6034 \end{bmatrix}$$

⑧对 $\bar{K}$ 归一化，可得 B 归一化权重系数为：

$$K = \begin{bmatrix} 0.2811 \\ 0.3668 \\ 0.2013 \\ 0.1508 \end{bmatrix}$$

(三) 评估体系重要性判断矩阵一致性检验

在层次分析法实施过程中，研究者需要利用矩阵向量最大值 λ_{max}、一致性指标值 C.I、既定一致性指标值 R.I，一致性比率 C.R，检验矩阵的最大特征向量值，若一致性比率检验通过，则先前求解的归一化权重系数就是最优的权重系数，若一致性比率检验不通过，则需要重新构建矩阵。一致性检验的方法和步骤如下。

- 根据成对矩阵归一化权重系数，计算矩阵特征向量的最大值，记为 λ_{max}

$$\lambda_{max} = \frac{1}{n}\sum_{i=1}^{n}\left(\frac{\sum_{j=1}^{n}a_{ij}k_j}{k_j}\right)$$

- 计算矩阵一致性的指标，记为 C.I

$$C.I = \frac{\lambda_{max} - n}{n - 1}$$

- 查找既定的判断元素个数对应的理论一致性指标值 R.I，如表 5-21 所示。

表 5-21　　　　层次分析法一致性指标 R.I 值参照表

n	1	2	3	4	5	6	7	8	9	10
R.I	0.00	0.00	0.58	0.90	1.12	1.24	1.32	1.41	1.45	1.49

- 根据 C.I、R.I 值，计算对应的 C.R 值，$C.R = \frac{C.I}{R.I}$，若 C.R≤0.1，则表示通过一致性检验，先前求解的归一化权重系数合理；若 C.R＞0.1，则表示一致性检验不通过，先前求解的归一化权重系数不合理，需要重新构建判断矩阵。

根据以上指标一致性检验方法，研究者分别对已经求解的 5 个矩阵向量特征值即矩阵归一化系数的一致性系数进行计算和检验，具体过程如下。

准则层 B1 判断矩阵中，n 个数为 5，四舍五入后，λ_{max} = 5.2，C.I = 0.05，根据表 5-21，当 n=5 时，R.I = 1.12，故 C.R = 0.045 ＜ 0.1，B1 矩阵一致性检验合格，由此可判断 B1 矩阵的权重集权重分配合理，可科学地反映各个因素的重要程度。

准则层 B2 判断矩阵中，n 个数为 4，四舍五入后，λ_{max} = 4.046，$C.I$ = 0.015，根据表 5-21，当 n = 4 时，$R.I$ = 0.90，故 $C.R$ = 0.017 < 0.1，B2 矩阵一致性检验合格，由此可判断 B2 矩阵的权重集权重分配合理，可科学地反映各个因素的重要程度。

准则层 B3 判断矩阵中，n 个数为 4，四舍五入后，λ_{max} = 4.046，$C.I$ = 0.015，根据表 5-21，当 n = 4 时，$R.I$ = 0.90，同样计算得出 $C.R$ = 0.017 < 0.1，B3 矩阵一致性检验合格，由此可判断，B3 矩阵的权重集权重分配合理，可科学地反映各个因素的重要程度。

准则层 B4 判断矩阵中，n 个数为 2，λ_{max} = 2，$C.I$ = 0，根据表 5-21，当 n = 2 时，$R.I$ = 0.00，故 $C.R$ = 0 < 0.1，B4 矩阵一致性检验合格，由此可判断 B4 矩阵的权重集权重分配合理，可科学地反映各个因素的重要程度。

目标层 A 判断矩阵中，n 个数为 4，λ_{max} = 4.081，$C.I$ = 0.027，根据表 5-21 可知，当 n = 4 时，$R.I$ = 0.90，故 $C.R$ = 0.03 < 0.1，目标层 A 矩阵一致性检验合格，由此可判断 A 矩阵的权重集权重分配合理，可科学地反映各维度因素的重要程度。

三 维度间权重分配结果展示和分析

表 5-20 展示了目标层 A 内部指标的重要性判断矩阵，即本书构建的评估体系中各维度之间的重要性判断矩阵，经过前文对矩阵的求解和一致性检验可知，B1、B2、B3、B4 所占的权重分别为 28.11%、36.68%、20.13% 和 15.08%。对应到本评估体系的权重分配中，内容结构维度所占的难度影响权重为 28.11%，词汇句法维度所占的难度影响权重为 36.68%，副语言媒介维度所占的难度影响权重为 20.13%，语用维度所占的难度影响权重为 15.08%。

以上结果一方面说明了 MTI 口译方向一年级学生在口译能力的语言技能方面还存在不足，容易受复杂词句困扰，另一方面也说明学生的策略能力，如简单化、概括化、略译、综述等（仲伟合，2001）存在欠缺，在平时练习过程中有待进一步提高。以上情况也启示口译教师在 MTI 一年级学生的教学和选材过程中，要加强对学生的"脱壳"训练，帮助学生在口译过程中脱形抓意，不拘泥文章中的细枝末节，跳出词对词、句对句的口译桎梏，同时也要注重控制源语的词汇和句法难度，在必要时候简化源语句型结构或减少专有名词和替换生僻词等，提高 MTI 口译方向一年级学生的口译学习信心和积极性。

四　维度内部权重分配结果展示和分析

就维度内部权重而言，表 5-16 至表 5-19 展示了准则层内部指标的重要性判断矩阵，即本书构建的评估体系中各维度之间的重要性判断矩阵，经过前文对矩阵的求解和一致性检验可知，B1 维度即内容结构维度中，话题因素的难度影响权重最大，为 40.22%，其后依次为逻辑 22.12%、信息密度 20.23%、FKGL 易读性 10.83%、LSA 6.6%；B2 维度即词汇句法维度中，低冗余名词所占的难度影响权重最大，为 42.26%，其后依次为 C/S 27.08%、TTR 16.22%、特殊句式 14.43%；B3 维度即副语言媒介维度中，口音所占的难度影响权重最大，为 41.23%，其后依次为语速 31.4%、噪音 14.09%、图表信息 13.28%；B4 维度即语用维度中，文化负载所占的难度影响权重较大，为 66.67%，修辞所占的权重为 33.33%。

具体分析来说，在词汇句法结构维度中，低冗余名词（难度影响占比 42.26%），如源语中的专有名词、数字、术语、缩略语和单位等这类信息冗余较低的词汇成为 MTI 口译一年级学员在做英汉交替传译中的一大拦路虎，维度中的难度影响权重显著高于 C/S（27.08%）、TTR（16.22%）和特殊句式（14.43%）造成的困难。以上难点并非交替传译过程中的独有难点，本书前期访谈过程中许多学生都表示在大部分类型的口译中，词句层面的困难会增加短期记忆压力，使口译质量大打折扣。造成以上困难的原因，上文中已经予以阐述。研究者认为，应对以上困难，学生除了需要如上文所述，加强语言能力和策略训练，还需认真进行数字翻译专项训练、固定句型转换训练和加强译前准备，尽量提前扫清可能出现的专有名词、术语和数字符号等障碍，提高固定句型转换的熟练程度，降低交替传译过程中的认知负荷。

在内容结构维度中，话题因素（难度影响占比40.22%），即源语讨论的主题对于 MTI 口译一年级学生英汉交替传译实践造成的困难最大，显著高于逻辑（22.12%）、信息密度（20.23%）、FKGL易读性（10.83%）和 LSA（6.6%）造成的困难。以上原因在于不同话题对于学生的背景知识和知识结构要求不尽相同，如若学生的知识结构和发言人的知识结构吻合程度较高或部分吻合，就更为容易传译，反之，则较难传译。此外，源语中存在多种逻辑关系或逻辑关系不清以及文本易读性不高都容易造成源语的信息流呈跳跃式产出，影响译员理解的连续性，影响译语质量。以上启示口译教师和学员在交替传译教学和练习中要一方面强化专题知识训练，不断扩充学员的知识面，完善知识结构，同时利用译前准备时间补充和口译主题相关的知识；另一方面也要总结口译过程中出现的逻辑难点，提高学生把握文章主干和中心思想的能力，做到听、理解、记忆、笔记和产出等多任务协调时忙而不乱。

在副语言媒介维度中，口音（难度影响占比41.23%）和语速（难度影响占比31.4%）对 MTI 口译一年级学生的英汉交替传译实践造成的困难相对较大，远高于噪音（14.09%）和图表信息（13.28%）造成的困难。以上难点出现的原因不难理解，根据 Gile 提出交替传译任务模式的第一个过程，即 Interpreting＝L（Listening+Analysis）+N（NoteTaking）+M（Short-term Memory Operation）+C（Coordination）（Gile，2009），听辨理解是交替传译过程最初也是最重要的一个环节。如若发言人的语速较快、英语口音较重，如清辅音和浊辅音不分，或带入本族语中特有的发音，或重音位置错误等，都会降低部分意群的信息损耗。此外，相比于其他难点，语速、噪音和口音会贯穿整个译语发布过程，长时间接受语速过快或口音过重的源语容易使译员产生烦躁和抵触情绪，导致交替传译过程崩盘

(赵倩，2014)。这启示口译教师和学员在教学和练习过程中既要学习和积累口音知识，提升对各类口音的判断和预测能力，同时加强不同地区口音分类练习，如专门练习东南亚英语、中东英语等，增加学生对于各类口音的敏感性和熟悉度。此外，MTI 口译一年级学员还应学会控制自身在交替传译实践过程中的情绪变化，遇到语速过快或陌生的口音要积极适应，通过语境和情景知识补充，提高听辨理解的准确性。

在语用维度中，相较于修辞（难度影响占比 33.33%），文化负载对于 MTI 口译方向一年级学生造成的困难更大（66.67%）。本书中的文化负载主要指源语文化中独有的词、词组、习语或者俗语等，如"三个臭皮匠，顶过一个诸葛亮""三个代表"等，这些表达之所以造成困难主要是因为其承载着源语民族特有的历史、文化、社会制度、生态环境、宗教信仰和民族风情等，在译出语中没有对应的表达。而包括交替传译在内的口译源语瞬间即逝，译员需要在数秒之内从长短期记忆中提取并生成对应译语，不能像笔译活动一样借助参考文献等资料查询和斟酌，因此会消耗大量额外精力，给译员认知负荷增加较大压力。面对这一难点，MTI 口译教师需要一方面提醒学员利用源语的语境和情景知识，对文化负载的意思进行判断和猜测，并迅速在目标语中寻求对应表达，提高传译的灵活性与准确性；另一方面还需引导学生养成对文化负载积累的意识，对遇到的文化负载的内涵进行深入研究并寻找对应表达，力求在交替传译过程中准确地把握文化负载要表达的文化背景和内涵意义并恰当地传译出来，完成信息传递和文化传播的双重使命。

除了考察维度权重占比和维度内因素占比排序，在运用层次分析法考察源语难度影响因素权重时，还可考察各因素对于源语难度的直接影响。本书表 5-22 中数据表明，低冗余名词、话题、文化负载、C/S 和口音是英汉交替传译源语难度评估影响权重较大的五个因素，分别占 15.5%、11.31%、10.05%、9.93% 和 8.30%，其造成交替传译过程中困难较多的原因研究者在前几小节中已进行了详细分析，此处不再赘言。其他十个难度影响因素的权重占比较少，分别是语速（6.32%）、逻辑（6.22%）、TTR（5.95%）、信息密度（5.69%）、特殊句式（5.29%）、修辞（5.03%）、FKGL 易读性（3.04%）、噪音（2.84%）、图表信息（2.67%）和 LSA（1.86%）。总体来说，以上难度影响因素对于源语难度的影响权重排序和所属的维度间及维度内排序基本吻合，只有副语言维度因素在源语难度影响因素单独排序中略有下降，这也说明了英汉交替传译源语难度评估是一个动态复杂的过程，需要研究者和评估者既关注个别因素对于难度的预测作用，也要考虑众多难度影响因素的组合预测作用，实现对源语难度的多维度综合评估。

第四节　本章小结

本章主要分为两部分，第一部分基于第四章提出的英汉交替传译源语难度评估理论假设模型，通过开展 MTI 口译方向一年级学生对于英汉交替传译源语难度影响因素感知的调查，并运用探索性、验证性因子分析，完成了对理论模型的修正，提取了英汉交替传译难度评估正式模型中的 4 个维度和 15 个因素。四个维度包括内容结构维度、词汇句法维度、副语言媒介维度和语用维度。15 个因素包括内容结构维度中的 LSA、逻辑、FKGL 易读性、信息密度和话题，词汇句法维度中的低冗余名词、TTR、特殊句式和 C/S，副语言媒介维度中的语速、口音、噪音和图表信息，语用维度中的文化负载和修辞。以上研究结论回答了本书中的第一个研究内容，即影响英汉交替传译源语难度的维度和因素分别有哪些。

第二部分则是基于英汉交替传译源语难度正式评估模型，通过开展 MTI 口译一年级学生对于评估模型中各维度和维度内因素的重要性感知赋分调查，运用层次分析法中的判断矩阵和一致性检验，计算了模型中的维度和因素所占的权重，确定了维度间、维度内部和各因素对于英汉交替传译整体难度的影响权重,如表5-22所示。

总体来说,本章完成了英汉交替传译源语难度评估体系中的各维度和要素的提取以及权重分配,回答了本书的前两个研究问题,为第六章评估模型中各因素的难度作用机制探索奠定了重要基础。

表5-22　　　　　　　　评估体系权重分配表

维度 指标	内容结构 0.2811	词汇句法 0.3668	副语言媒介 0.2013	语用 0.1508	源语整体 难度占比	排序
LSA	0.0660	0.0000	0.0000	0.0000	1.86%	15
FKGL 易读性	0.1083	0.0000	0.0000	0.0000	3.04%	12
话题	0.4022	0.0000	0.0000	0.0000	11.31%	2
信息密度	0.2023	0.0000	0.0000	0.0000	5.69%	9
逻辑	0.2212	0.0000	0.0000	0.0000	6.22%	7
特殊句式	0.0000	0.1443	0.0000	0.0000	5.29%	10
TTR	0.0000	0.1622	0.0000	0.0000	5.95%	8
低冗余名词	0.0000	0.4226	0.0000	0.0000	15.50%	1
C/S	0.0000	0.2708	0.0000	0.0000	9.93%	4
噪音	0.0000	0.0000	0.1409	0.0000	2.84%	13
口音	0.0000	0.0000	0.4123	0.0000	8.30%	5
图表信息	0.0000	0.0000	0.1328	0.0000	2.67%	14
语速	0.0000	0.0000	0.3140	0.0000	6.32%	6
文化负载	0.0000	0.0000	0.0000	0.6667	10.05%	3
修辞	0.0000	0.0000	0.0000	0.3333	5.03%	11

第六章

英汉交替传译源语难度评估体系中难度影响因素作用机制探索和效度验证研究

第一节 研究目的和概述

本章研究目的主要细分为二，其一是通过混合与点面结合的研究方式深入探索英汉交替传译源语难度评估体系中 15 个因素的不同水平或分类对于源语难度的具体影响，一方面为评估体系中难度标签值的确定和实际打分过程提供准确的描述语参考，另一方面使评估体系内容更加完整；其二是对评估体系进行评分效度和校标关联效度检验，确保本书构建的评估体系合理有效。

为完成本章第一个研究目的，研究者首先需要查阅其他评估体系开发研究或评价量表研究的文献，并结合本书的实际需要，明确本书中评估体系的结构，包括各因素难度评估的标签值、描述语对应位置等；而后，需要通过质性和量化研究相结合的方式确定英汉交替传译源语难度评估模型中 15 个因素对于源语难度的具体影响机制，如针对话题因素，研究者需要明确哪些话题对于 MTI 口译一年级学生更容易，哪些话题更难，使得评估体系和过程有据可依。

为完成本章第二个研究目的，研究者将选取三篇英汉交替传译语料，根据本书构建的评估体系，确定三篇语料的难度值。而后，组织 MTI 口译方向一年级学生开展实验，考察本难度评估体系测量的语料难度和学生的译后感知是否一致，验证本难度评估体系的校标关联和评分效度。若以上两种效度检验结果理想，则可在较大程度上说明本书构建的英汉交替传译源语难度评估体系具有良好的效度。

第二节　评估体系结构确定

在探索各因素的难度影响机制之前，研究者首先需要确定评估体系的结构，如各因素的评估标签值以及描述语位置等，为各因素的难度分级描述语个数和内容提供依据。

本书中的英汉交替传译源语难度评估体系的结构为李克特量表，主要原因有三。

首先，李克特量表是在总加量表基础上改进而成的，比较成熟，相较于其他量表，如语义差异量表等，其在社会研究中应用最为广泛。其次，李克特量表重在考察人们对于某件事物的态度和观点，与本书中评估源语难度的目的一致，且其选项设置并非简单的二元对立，而是将选项根据被试的态度或倾向按照方向设为了五个等级，如"非常同意、同意、无所谓、不同意、非常不同意"，更能将人们在态度或看法上的区别清楚地反映出来。最后，该量表的选项赋分形式可以方便研究者计算每一个选项的信度，帮助删除信度较低的题项，保留信度较高的题项，以形成正式量表（风笑天，2018）。

根据李克特量表的题项通用设置规则，本书构建的英汉交替传译源语评估体系中 15 个因素的难易度评估赋分也采用 1—5 分的形式，1 分表示简单，2 分表示比较简单，3 分表示难度适中，4 分表示较难，5 分表示困难。同时，为了使各因素的难易度赋分有据可依，避免主观性较强的局限，本书参照层次分析法中"9 标度"法的描述语制定原则（对奇数分值进行描述，偶数分值重要或困难程度处于奇数分值之间，由评估者把握），仅提供评估体系中奇数分值的描述语。

为了使各因素奇数分值的描述语更为客观和准确，研究者需在本章下文中对评估体系15个因素的源语难度作用机制逐个探讨，即确定同一因素的不同水平或分类对于源语难度产生的影响差异。

第三节　评估体系中难度影响因素作用机制探索

本小节旨在探索英汉交替传译源语难度评估模型中15个具体因素的不同水平和表现对源语难度的影响机制，即将15个难度影响因素按照由易到难的顺序分三个级别描述，以对应评估体系中各因素的难度评估标签值（1分/3分/5分），为源语难度评估体系中各因素的不同难度值评估提供描述语参考，指导评估者开展源语难度评估。

先前研究结论表明，影响英汉交替传译源语难度的15个因素分别为低冗余名词、C/S、TTR、特殊句式、话题、逻辑、信息密度、FKGL易读性、LSA、口音、语速、噪音、图表信息、文化负载和修辞。

根据第五章表5-2中关于以上15个因素的定义和测算方法，可通过评估者人工定量计量或机器辅助计量的难度影响因素有低冗余名词、特殊句式、语速、修辞、文化负载、逻辑和信息密度；可通过评估者感受评估的难度影响因素有话题、口音、噪音、图表信息；可通过软件定量测量的难度影响因素有C/S、TTR、LSA、FKGL易读性。

囿于研究精力、时间以及本书篇幅限制，研究者难以对每个因素的难度作用机制开展实证研究，主要遵循混合研究的思路，即对于难以准确量化分级或前人研究十分成熟且结论较为一致的难度影响因素，研究者将采用质性研究方法，通过借鉴前人的研究成果、前期访谈数据和 Gile（2009）的交替传译认知负荷模型，探讨其难度作用机制，确定难度评估值描述语；对于可以直接量化的难度影响因素，则可基于内容分析法和相关软件，测量其在不同难度水平的数值，作为难度评估值描述语。如若某些难度影响因素在源语难度评估中权重占比较大，且前人研究较少，或存在不足，或与本书不适切，不能为本书中难度评估描述借鉴，则本小节将对其开展实证研究，探索其对于源语难度的实际影响，提高该类难度评估值描述语的准确性。基于以上分析，15 个因素难度作用机制的研究方法汇总如表 6-1 所示，方法选择理据研究者将在每一小节中详细说明。

表 6-1　　15 个因素难度作用机制探索方式汇总表

待探索因素	探索方式	探索理据
低冗余名词	内容分析为主	可量化，需要人工辅助
C/S	内容分析	可直接量化
TTR	内容分析	可直接量化
特殊句式	参照已有文献研究	可量化，需要人工辅助
话题	参照已有文献研究	不便直接量化
逻辑	实验为主	可量化，需要人工辅助，但前人研究较少且有不足
信息密度	文本分析为主	可量化，需要人工辅助
FKGL 易读性	内容分析	可直接量化
LSA	内容分析为主	可直接量化
口音	参照已有文献研究	不便直接量化
语速	内容分析为主	可量化，需要人工辅助
噪音	参照已有文献研究	不便直接量化
图表信息	参照已有文献研究	不便直接量化
文化负载	参照已有文献研究	可量化，需要人工辅助
修辞	参照已有文献研究	可量化，需要人工辅助

本书希望通过以上研究方式的综合运用，最大程度提高评估体系中各因素难度评估描述语的科学性和准确性，从而提高评估体系的信效度。

一 基于质性方法的难度影响因素作用机制

根据表6-1所列出的待探索的源语难度影响因素的探索方式，话题、口音、噪音、图表信息、特殊句式、文化负载和修辞因素因其难以或不便使用工具定量测量，而既有研究对以上因素的探索较多，且研究结论也比较一致，故研究者在本小节中将参考已有研究或访谈数据并结合交替传译认知负荷模型（Gile，2009）对其分别开展研究。

（一）话题因素

目前，关于交替传译中可能出现的话题难易程度，《中国英语能力等级量表——口译能力等级量表》中的描述语，欧盟口译交替传译教学资源库的分级标注，黄晓佳、鲍川运（2016）关于交替传译教学材料的分级探析，以及任文（2012）、冯建忠（2014）的口译教材中都对此有论述。

如在《中国英语能力等级量表——口译能力等级量表》中，难度级别较高的交替传译话题包括政治外交发言、文学艺术介绍、基础医学研究介绍、高新技术推介、技术工程介绍、专门领域话题专家论证等；难度级别适中的话题包括医疗问诊、会展介绍、文化交流、新闻时政发布、通识类学术讲座、法律或政策宣传、经济商务合作等；难度级别较低的话题包括旅游景点介绍、科普知识介绍、教育培训发言、迎来送往等常见辞令、个人经历回顾等。

在欧盟口译交替传译教学资源库的难度分级标注中，难度级别最高的话题包括自然、农业、法律、国际事务和医疗卫生；难度级别适中的话题包括环保、健康、政治、金融；难度级别较低的话题包括教育、社会、交通、文化和旅游等通识性话题。

在交替传译难度研究文献和教材中，黄晓佳、鲍川运（2016）

认为对学生的专业知识和百科知识要求较高的话题相对较难，反之则较为简单，但是未明确描述或说明哪些话题对于学生的背景知识要求较高或较低，难以为评估提供具体参考。

任文（2012）、冯建中（2014）基于话题对学生知识背景专业程度的要求，认为相对较难的口译源语话题包括经济、外贸、医疗卫生、少数民族和宗教、科技、国防等。通常来说，研究者在编纂教材过程中都会在主观上遵循由易到难的顺序。因此，考察交替传译教材话题的难易也可从现存交替传译教材话题排序中窥见一斑。

目前，就市面上的交替传译教材的话题排序而言（如任文，2012；汪涛，2013 等），较难传译的话题为外交、国际关系、医学医疗、民族宗教政策、国际事务或形势、国情报告等；难度适中的话题因素为环保、经济贸易、招商引资、信息科技、体育；较为简单的话题包括礼仪祝辞、教育培训、旅游观光等。

综上分析可以得出前人研究中对于交替传译话题的难易排序观点基本一致，也与本书中 MTI 口译方向一年级学生在访谈和问卷中表达的观点基本一致。故而，以上关于话题因素的难易排列顺序可为本书做参考。

在以上研究成果基础上，为了使本书中话题因素的难易描述更加具有理论依据，本书还借鉴聂丹（2011）和（2012b）提出的口语话题难度框架。该框架是我国目前口语测试中少有的专门针对话题因素开展的系统实证研究。在该框架中，研究者将话题的难易评估因素分成话题熟悉度、感染力、抽象度、相关度、认知度和话题类型，其中话题熟悉度越高，话题越简单；话题感染力越强，话题越简单；话题抽象度越低，话题越简单；话题与接收者相关度越高，话题越简单；话题的认知需求量越少，话题越简单；个体化与社会化话题相较于专业化话题显得更简单。

综合以上研究成果，研究者将本源语难度评估体系中话题难易程度的描述语界定如下。

- **1分（简单）**：话题具体、熟悉和个体化，对译员有强烈感染力且认知需求量低，包括但不限于旅游观光、科普、文化教育、礼仪祝辞、个人经历回溯、风土人情等。
- **3分（难度适中）**：话题具体程度、熟悉程度及感染力一般，多与社会现象相关，认知需求量适中，包括但不限于环境保护、经济贸易、文学艺术、卫生健康、体育休闲、公共事务等。
- **5分（困难）**：话题抽象、陌生和专业，与译员自身很不相关且认知需求量很高，包括但不限于政治外交、自然农业、法律、医学、信息技术、工程、民族宗教、国情报告、国防、国际事务和形势分析等。

（二）口音因素

关于交替传译中口音因素造成的难度主要和不同语言及社会环境导致的标准英语语音变异相关，是口译听辨过程中最大挑战之一（卢信朝，2012），获得了前人研究的较多关注。前人关于发言人口音的理论探索和实证研究也较多且结论趋于一致，可为本书口音难易程度描述语做参考。

就口音因素的理论探索而言，较为明确和典型的研究如下，黄晓佳、鲍川运（2016）在交替传译教学材料的分级标准中提出，对于中国学生而言，较为简单的语音变体为英美标准口音或接近英美标准口音；难度适中的语音变体为香港和新加坡口音等；较难和较为严重的语音变体为印度、阿拉伯和非洲口音。卢信朝（2012）提出对于译员来说，较为简单的口音为英美等国家的"标准英语"或"准标准英语"，而中东、非洲、东南亚、欧洲等地区的方音变体较为困难；李长栓（2013）认为在口译过程中，译员比较容易接受东南亚和非洲口音，而南亚（印度、巴基斯坦、孟加拉国）等口音较难对付。其原因在于东南亚人说英语的语速较慢，虽有口音，但比较容易接受。南亚人则以英语为主要教育媒介语言和第二外语，所以英语流畅，表达力很强，但是口音很重，不易接受。

　　就口音因素的实证研究而言，叶芍宏（2016）、姜晨辉（2016）和邓蕴珂（2019）都通过实验的方法，证实了印度口音对学生译员口译过程中造成的挑战较大。洪小丽（2017）、朱世杰（2017）和白佳芳等（2018）也通过实验得出东南亚地区的方言变体容易影响学生的口译质量。

　　尽管上述研究的结果较为一致，但是也存在不足，即缺乏对于英语口音的梳理和系统分类，研究结论难以概括化。赵倩（2014）和金繁繁（2018）的研究在一定程度上弥补了不足。两位研究者借鉴 Kachru（1997，转引自金繁繁，2018）提出的世界英语"三个同心圆"理论模型，系统地探讨了三个同心圆中的英语口音对于口译难度的影响。世界英语模型理论根据英语在使用国的地位不同，即扮演母语、第二语言或外语的角色，将世界范围内国家使用的英语分为三个同心圆，见图6-1。

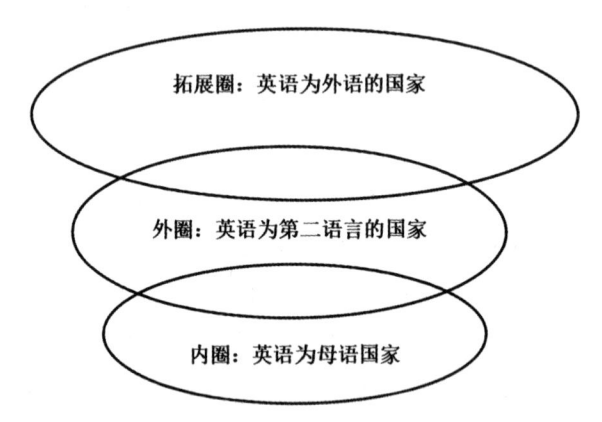

图6-1　世界英语理论模型 Kachru（1997，转引自金繁繁，2018）

　　三个同心圆的内圈（Inner Circle）为英语本族语，包括美国英语、英国英语、加拿大英语、澳大利亚英语和新西兰英语等；外圈和拓展圈与内圈相对，为非本族语，其中外圈（Outer Circle），是将英语作为第二外语或教育培训语言的国家，包括印度英语、新加坡英语、马来西亚英语等；扩展圈（Expanding Circle）则是以英语为外语的国家，包括中国英语、日本英语、韩国英语、俄罗斯英语和欧洲国家英语等，该分类可为本书评估体系中口音难易描述提供较一定参考。

鉴于前期学生访谈中，许多 MTI 一年级学生提及除了本组标准英语，中国英语听辨起来也较为简单，其原因在于受环境影响，译员对中国英语的熟悉度较高。此外，学生也提及相对拓展圈，外圈的英文听起来更为困难，其主要原因在于外圈以英语为第二外语，表达非常流畅，语速更快，听辨的认知负荷通常大于拓展圈讲者的英文。因而，综合以上分析，研究者将本源语难度评估体系中话题难易程度的描述语界定如下。

- 1分（简单）：译员熟悉度较高或内圈中以英语为本族语，发音标准及接近标准英语的国家使用的英语，包括但不限于中国英语、美国英语、英国英语、加拿大英语、澳大利亚英语和新西兰英语等。
- 3分（难度适中）：译员熟悉度一般或以英语为外语的国家使用的英语，包括但不限于东北亚英语、东南亚英语、欧洲英语等。
- 5分（困难）：译员熟悉度很低或以英语为第二语言国家使用的英语，包括但不限于中东英语、非洲英语、南亚英语等。

（三）噪音因素

目前，口译研究界倾向于从传播学和交际学的视角入手对口译中的噪音进行分类，陈巧玲（2011）将其分为物理噪音、生理噪音、心理噪音和文化噪音，刘建珠（2017）将口译噪音分为物理噪音、语义噪音和差别噪音。根据本书中关于噪音的描述和定义，本书中的噪音主要指狭义的物理噪音，即由现场环境、信号和设备带来的噪音干扰。

口译现场中存在着各种各样的物理噪音，比如机器的轰鸣声、手机的铃声、话筒的杂音和观众的反馈等，这些噪音对口译过程的影响已经得到了一些国内外学者的关注。前人的研究表明（Nadal et al., 2012；刘建珠，2017；鲍琼轩，2019 等），以上物理噪音对口译员造成了难度和不利影响，主要表现在三方面。

首先，对于源语发言人而言，若口译现场存在噪音，发言人的注意力容易被吸引，导致他们脱离原来准备发言的内容，发言逻辑混乱，给译员增加理解负担。其次，对于译员情绪而言，持续的口译源语的噪音干扰容易对译员情绪产生不良影响，导致口译质量降低。最后，对于译员精力分配而言，源语中的噪音干扰迫使译员必须分出一部分额外精力来应对噪音干扰，译员原本用于短时记忆的精力削弱，译员的听力理解、源语回述水平下降，源语语料的难度也就随之提升了。

以上口译研究的研究结论与声学中关于噪音危害的研究结论相一致，声学研究者也认为噪音会对语音接收者的身体和心理造成双重影响。综合以上分析，研究者将本源语难度评估体系中噪音因素的描述语界定如下。

- 1分（简单）：口译发言人源语非常清晰，源语发布过程中无任何额外的设备和现场环境噪音干扰。
- 3分（难度适中）：口译发言人源语清晰度尚可，源语发布过程中有额外的设备和现场环境噪音干扰，但不严重影响听辨。
- 5分（困难）：口译发言人源语清晰度较差，源语发布过程中有较多的设备和现场环境噪音干扰，严重影响听辨。

（四）图表信息因素

随着信息技术的发展，各种大型的研讨会和推介会的发言人倾向在会议中使用图表类技术辅助演讲，如表格、图片、幻灯片等，这样可一方面达到提示讲者发言信息的目的，另一方面起到增加演讲的逻辑性、条理性和说服力的效果。但是，这些图表有的简单明了，有的则非常复杂，在口译过程中解读这些图表可能会占用译员额外的精力，除听、理解、笔记和表达等多任务同时处理的任务模式之外，译员又增加了视觉方面的压力，引起了国内外口译研究者的关注。

最早提及图表类因素对于口译任务难度的影响出现在万宏瑜（2004）的研究中，此后梅德明（2008）、罗玉婧（2010）、刁洪（2012）、姬雅箐（2015）、杨芷（2017）、彭悦（2018）、汪雅君（2019）都对这一问题开展了研究。总体来说，以上研究者一致认为图表类因素确实会成为口译活动中难点的一大诱因，部分研究者还就不同的图表类型、内容对口译活动产生的难度影响进行了深入的实证研究，可为本书中图表因素难度评估描述语提供有效参考。

就图表类型对口译造成的难度而言，万宏瑜（2004）、梅德明（2008）将大型会议中常用的图表类型归为坐标类图、圆形类图、统计类图、流程类图、报摘类图和多媒体幻灯片，并认为坐标类和圆形类图相对容易翻译，统计类和流程图类略难，报摘类和多媒体幻灯片翻译起来最困难。

以上分类的原因主要在于口译员在传译坐标类和圆形图类图表时只需熟记一些描述数据变化或比例的词语，而在传译统计类和流程图类图表时需要丰富的背景知识以应对图表中可能出现的单位、专有名词和事件流程的发展顺序或逻辑。在传译报摘类和多媒体幻灯片时，由于其承载的信息密度通常较大，口译员经常需要调动所有感官来做视译、听译或者缩译。

就图表的内容对口译造成的难度而言，前人的实证研究表明若图表内容与源语内容及逻辑相关度高，则有利于减轻短时记忆压力，发挥辅助作用，反之则会造成译员视觉障碍，增加口译难度（杨芷，2017）。此外，若图表中的信息内容过于简略或详尽也会导致口译产出的完整度和流畅度降低，详略程度适中且与发言人内容相关的图表对口译过程的辅助作用最大（汪雅君，2019）。

以上前人研究与本书中学生访谈形成的结论基本一致。在本书前期的学生访谈中，MTI 口译一年级学员也认为发言人在交替传译过程中过多使用信息密度较高且包含专业词汇、符号和单位的图表会占用大量额外精力，使交替传译难度陡增。综合以上结论，研究者将本源语难度评估体系中图表信息因素的描述语界定如下。

- 1分（简单）：源语发言人几乎没有使用图表，或仅仅使用了简单的条形图或圆形图表等，图表的信息量适中，与源语内容及逻辑一致，基本无专业表达。
- 3分（难度适中）：源语发言人使用的图表量适中，图表类型主要为统计图、流程图等，图表的信息量略小或略大，与源语内容及逻辑偶有偏离，有一些专业表达。
- 5分（困难）：源语发言人使用的图表较多，图表类型主要为报摘类图表和带有音视频的幻灯片等，图表的信息量过小或过大，与源语内容及逻辑非常不一致，存在许多专业表达。

（五）特殊句式因素

英语句法和汉语句法存在较大的差异，这种句法差异会对英汉语对翻译过程中语言的转换产生较大难度，其中英语中的各类特殊句式因其结构非常规，需要口译员在口译活动中分配额外精力进行听辨和理解，造成的源语难度升高获得了口译研究者的认同（如 Tommmola & Heleva，1998；赖则中，2010 等），但是口译界对于特殊句式的不同类型产生的难度影响差异研究较少。本小节将首先对英语句式中的特殊句式进行梳理，并结合交替传译认知负荷模型（Gile，2009），探讨各类特殊句式对于英汉交替传译源语难度的可能影响，并形成结论。

目前，英语中存在的特殊句式总结起来主要有五种，分别是 There be 句型、倒装句、强调句、省略句和插入语。

There be 句型又叫存在句型，是英语中用来描述事物客观与否的常用句型，出现频率最高；倒装句型指颠倒主语和谓语的正常语序，把谓语放到主语之前，以达到强调、平衡、衔接等表达效果。其中，若将整个谓语放到主语之前，则成为完全倒装，若只是把助动词、情态动词或系动词等放到主语之前，则为部分倒装，还有一些特殊形式的倒装，如句型 "the+比较级…，the+比较级…" 以及 as/though 引导的让步状语从句等；强调句主要是为了突出句子的某一部分，以增加对比效果与感情色彩；省略句是为了使语言简洁或避免重复，省略句中的一个或几个句子成分，如省略主语、谓语、宾语、表语或同时省略几个成分；插入语主要指插在句子中间，对句子起附加说明作用或解释作用的成分，一般来说，插入语与句子的其他部分没有语法上的联系，通常由一个词、短语或句子构成（耿小辉，2016）。

　　结合交替传译认知负荷模型（Gile，2009）分析，出现频率较高或对源语信息具有补充说明的特殊句式几乎不会占用译员的额外精力，传译起来较为简单，如 There be 句型和插入语等。强调句型、倒装句型的目的在于对源语中的重要信息进行强调，虽然句式结构需要口译员耗费一定精力进行辨别，但在信息上有明显的提示效果，故对源语整体造成的难度一般。但部分特殊倒装的句型结构需要译员付出较多的精力方能抓住句意，理解难度较大。而源语中的省略句不仅需要译员在传译过程中耗费精力听辨源语的句子结构，还需要回忆省略的内容并补足，增加了短时记忆压力，因此给源语造成的难度最大。

　　综合以上分析，研究者将本源语难度评估体系中特殊句式因素的难度评估描述语界定如下。

- 1分（简单）：源语发言人几乎没有使用特殊句式，或仅仅使用了少量的 There be 和插入语等特殊句式，几乎不需耗费额外精力。

● 3分（难度适中）：源语发言人使用的特殊句式数量适中，且以 There be、插入语、强调句和简单倒装句为主，耗费的额外精力适度。

● 5分（困难）：源语发言人使用的特殊句式很多，且以省略句和特殊类型的倒装句为主，耗费的额外精力很大。

（六）文化负载因素

本书中的文化负载主要指源语和目标语在社会文化习俗等方面存在差异的表达，包括词语、词组、俚语、俗语、诗歌、典故等。这些表达往往信息密度较高，蕴含着深刻的意义，是一个民族、国家在政治、文化、宗教、地理、生态等多方面打下的独特烙印，在口译源语中经常出现，但是译员却难以在短时间内准确解释其内涵意义或找到对等表达，导致源语信息在传译过程中受损，是口译过程中的一大难点（鲍刚，1998），引发了口译研究者和学习者的关注。

目前，尽管前人对口译中文化负载造成的口译困难结论一致，但是关于文化负载与口译的研究主题较为单一，主要集中在其对口译质量的影响和文化负载表达应对策略（如钟君，2017）等，缺乏针对文化负载表达分类及其难度影响程度差异的研究。故而，本小节在探索文化负载表达的难度评估描述语前，需要参考其他学科中关于文化负载表达分类的研究以及交替传译认知负荷模型和学生访谈数据，形成最终结论。

关于文化负载词汇的分类研究，陈晓丹（2010）、伍凤（2015）的分类对于本书具有较强的参考价值。陈晓丹（2010）承认文化负载词和文化空缺密切相关，并从文化空缺角度将文化负载词分为绝对空缺词（如中医名词）和相对空缺词，相对空缺词又可分为所指范围空缺词（如称谓表达）、涵义空缺词（如颜色词表达）和语用规范空缺词（如寒暄语等）。同时，该研究者也指出绝对空缺词由于在翻译过程中完全找不到对等表达，因而难度更大。伍凤（2015）根据 Nida（1993）提出的文化五大分类，将文化负载词分为了生态类文化词（如动物、植物、地貌等）、物质类文化词（如生活用具等）、社会类文化词（如民俗、节日等）、语言类文化词（如语言中的固定结构表达等）以及宗教类文化词（如宗教仪式、用具等）。

根据交替传译认知负荷模型（Gile，2009）可得出，若交替传译源语中文化负载表达的内涵意义和结构与目的语的空缺很大，则译员就需要耗费更多的精力去找寻对等表达或调整翻译策略，口译源语的难度也就随之上升了。照此分析，在以上五类文化负载表达中，生态类文化负载表达由于比较容易引发相似联想且不存在特殊的语言结构，传译过程中需要耗费的精力应该很小。而随着人类文化交流和贸易往来的密切推进，人们对于不同地区和民族间的文化习俗和物质用品等也不再很陌生，因此，这类词在传译过程中需要的精力和认知判断也相对来说不是很大。语言类文化词和宗教类文化词由于结构和内涵相对独特，需要译员付出很大的精力寻找对应表达，因此传译起来难度最大。

在本书前期的学生访谈中，大部分学生都提及颜色词、民俗节日词汇传译的难度不大，而形式结构固定的成语、谚语等很难在短时间内准确传达出其内涵意义，与本小节探索的结论较为一致。综合以上分析，研究者将本源语难度评估体系中文化负载因素的难度评估描述语界定如下。

- **1分（简单）**：源语发言人几乎没有使用文化负载表达词，或仅仅使用了源语和目标语几乎对等且目标语接收者非常熟悉的表达，如生态类词汇表达，几乎不需耗费额外精力。
- **3分（难度适中）**：源语发言人使用的文化负载表达数量适中，且以源语和目标语相对对等或目标语接收者稍微陌生的表达为主，如物质类、文化类词汇表达，耗费的额外精力适度。

- **5分（困难）**：源语发言人使用的文化负载表达数量很多，且以源语和目标语完全不对等或目标语接收者非常陌生的表达为主，如语言类、宗教类词汇表达，耗费的额外精力很大。

（七）修辞因素

修辞是一种运用语言的学问，是写作人或者发言人为了追求生动形象或嘲讽幽默等特殊语言效果而设计的格式固定的非常规表达方法。总体来说，修辞既遵循语法规则，又不受语法规则制约。且不同民族由于语言结构和文化存在较大差异，书面语和口语中存在的修辞较难从语法和习惯的角度理解（陈淑英，1990）。

此外，相较于书面语，口语发言人讲话往往更加自由和松散且注重现场的渲染效果，因此发言中难免经常使用各类修辞方法，导致口译员在短时间内难以理解其义，造成口译员传译困难，引起了口译研究者的关注。如鲍刚（1998）、高山（2017）、薛昇（2019）、于畅（2019）等分别探讨了幽默、排比、隐喻等修辞手法对于包括交替传译在内的口译活动造成的难度。但是以上研究仅聚焦零星的修辞手法，没有将众多修辞手法及其分类作为整体，考察不同修辞手法对于交替传译源语的难度影响差异。

因此，研究者将首先结合英语修辞研究成果，将英语口语中，即本书源语中，可能出现的常用的修辞方法进行分类和定义，并结合交替传译认知过程（Gile，2009）和学生访谈结果，界定本书评估体系中修辞因素难度评估描述语。

就英语源语的修辞方法及其分类而言，陈淑英（1990）将其主要分为音韵格修辞（如头韵、元韵、拟声等）、意象格修辞（如明喻、隐喻、拟人等）、讽刺与幽默类修辞（如反语、双关等）、句式修辞格（如反问、倒装等）。此后，孙元旭（2010）将其分为音韵修辞格（同上音韵格修辞）、词义修辞格（同上意象与讽刺类修辞）和句法修辞格（同上句式修辞格），于虹、周文静（2016）又将其分为意象类修辞（同上）、语义类修辞（同上）、词句结构类修辞

(同上)。

综合前人对修辞方法的分类、描述和定义,考虑到本评估体系中特殊句式因素包含了重复、倒装等结构,与词句结构类修辞格重复程度较高。故本小节对于修辞手法难易度研究中剔除词句结构类修辞格,仅包含音韵类修辞格、意象类修辞格和词义类修辞格。各类修辞格包含的具体修辞方法和其定义如下。

音韵类修辞格主要是利用词语的语音特点创造出来的增强表达乐感或情感的修辞手法,主要包括拟声、头韵、脚韵等。其中,拟声指模仿事物发出的声音;头韵指一个句子中连续出现两个或两个以上开头发音相同的单词;脚韵与头韵相反,指一个句子中连续出现两个或两个以上结尾发音相同的单词。

意象类修辞格主要指利用词语之间的意向联想创造出来的修辞方法,包括明喻、隐喻、提喻、转喻、讽喻、拟人、夸张、类比等。其中,明喻是所有比喻类修辞手法的基础,指利用 as 或 like 等明显的连接词将具有某种共同特征的两种不同事物连接在一起;隐喻更加灵活,指利用两个事物之间的共同点,直接用一个事物描述另一个事物;提喻指用一个单词指代该词所属的同类整体;转喻指当两个物体有密切关系时,用其中一物指代另外一物;讽喻指用讲故事的方式来说明道理;拟人指将不具有情感的事物人格化;夸张指对客观事物的形象或数量等有意夸大和缩小;类比是对不同事物之间的相似点进行联想。

词义类修辞格主要指利用词语之间的语义或语言搭配联想创造出来的修辞方法,包括幽默、讽刺、反语、双关、委婉语、矛盾修饰、轭式搭配等。其中,幽默指通过诙谐的语言,制造出使人忍俊不禁或意味深长的效果;讽刺指用比喻或夸张等对某些事物进行披露和嘲讽;反语指用本意相反的词来表示本意;双关指利用词的多义和多音,使词语具有双重意义;委婉语指用含蓄礼貌的表达指代粗俗、忌讳的事情;矛盾修饰指将两个互相矛盾的词放在同一个短语中,产生特殊的含义;轭式搭配是指用一个词同时修饰两个或更多的词，使语言活泼，富有幽默感。

前文已经论述，在交替传译过程中译员需要同时处理听、理解、笔记、产出等多种任务，其精力分配已经接近饱和（Gile，2009），增加的额外认知负荷越多，则源语对于译员的难度就会随之增高。按照本小节以上部分的修辞类型划分和任务负荷分配模型，研究者认为音韵类修辞需要的认知负荷最小，意象类修辞次之，而词义类修辞的认知负荷需求最高。其原因在于发言人使用音韵类修辞的目的一般在于润色语言，无需译员付出额外的图像联想和语义判断精力。在意象类修辞中，译员可以通过脑海中生成的意象图式判断发言人的意图。而在词义类修辞中，译员既缺乏音韵和图像的支持，又要仔细揣摩发言者的言下之意，有时还会对反语或矛盾修饰感到一头雾水，难度较大。

对比本书前期学生访谈的结果，大部分学生不能全面准确地说出各类修辞方法和名称，但是表达的观点也与本小节研究的结论一致，比如大部分学生都提及双关或幽默等更难翻译。综合以上分析，研究者将本源语难度评估体系中修辞因素的难度评估描述语界定如下。

- 1分（简单）：源语发言人几乎没有使用修辞，或仅仅使用了简单的音韵类修辞，如头韵、脚韵、拟声等，不需耗费额外精力。
- 3分（难度适中）：源语发言人使用的修辞数量适中，修辞以音韵类或意象类为主，如明喻、隐喻、提喻、转喻、讽喻、拟人、夸张、类比等，需要耗费一定的额外联想精力。
- 5分（困难）：源语发言人使用的修辞数量很多，且以语义类修辞为主，如幽默、讽刺、反语、双关、委婉语、矛盾修饰、轭式搭配等，需要损耗很大的分析精力。

二 基于内容分析法的难度影响因素作用机制

根据表 6-1 所列出的待探索的源语难度影响因素的探索方式，源语中低冗余名词、C/S、TTR、信息密度、FKGL 易读性、LSA、语速可通过基于内容分析的方式开展量化研究。其中，C/S、TTR、LSA、FKGL 易读性可用文本复杂度、句法复杂度等软件直接测量得出，而低冗余名词、信息密度、语速则需要人工辅助计量的方式量化。

就内容分析而言，本小节研究将随机从欧盟口译教学资源库交替传译教学材料中（即本书所述的 45 篇语料），抽取 5 篇 A 级别、5 篇 C 级别和 5 篇 E 级别语料转写文本作为量化研究分析来源。研究者之所以选择以上 15 篇文章主要基于两方面考虑：其一本书评估体系结构中需要描述三个奇数标签值，偶数标签值不用描述。所以对应欧盟口译教学语料库的 A、B、C、D、E 五个难度分级，研究者仅以 A、C、E 等级的源语转写为文本来源，对本小节中待考察的 7 个因素值开展量化研究和相关性分析。其二，由于欧盟口译教学资源库中，A、C 级都包含 10 篇文章，而 E 级别仅有 5 篇文章（E1-E5），为了使三个级别的文章数量保持一致，研究者分别从 A 级和 C 级语料中随机选择了 5 篇语料。

确定待分析文本后，研究者接而通过借助相关软件和人工计量的方式求得各级别语篇对应难度影响因素的计算平均值，以描述当以上因素处于怎样的阈值时，对源语传译造成的难度更小或更大，为各因素难度值评估描述提供参考，具体研究过程和结论如下。

（一）C/S

根据本文第五章对量化指标的测量工具及指标介绍，C/S 为二语句法复杂度分析器（L2SCA）的测量指标之一，故而本小节将利用 L2SCA 软件计算三个级别共计 15 篇语料的从句比例及各级别的比例平均值，结果如表 6-2 所示。

表 6-2　　　　　　　　15 篇语料从句比例测量值

文本难度级别	从句比例	级别平均值
A1（简单）	1.6786	
A2	2.0303	
A3	1.3548	1.7060
A4	1.6	
A5	1.8667	
C1（中等）	2.1515	
C2	1.6098	
C3	2.1333	1.9398
C4	2.0294	
C5	1.775	
E1（较难）	2	
E2	2.2128	
E3	2.1944	2.1076
E4	1.9365	
E5	2.1944	

表 6-2 数据表明，A 级别即难度最低的交替传译源语中，每个句子中从句的平均值大约为 1.8 个，C 级别即难度水平一般的交替传译源语中，每个句子中从句的平均值大约为 1.94 个，E 级别即难度水平最高的交替传译源语中，每个句子中从句的平均值大约为 2.1 个。以上结果表明，源语中从句数量越多，则源语的难度越大。

根据以上量化研究结果，研究者将本评估体系中从句比例因素的难度评估描述语界定如下。

　　●1 分（简单）：源语中从句很少，从句数量和句子数量之比约 1.7 或以下。

　　●3 分（难度适中）：源语中从句适中，从句数量和句子数量之比在 1.94 左右。

- **5 分（困难）**：源语中从句很多，从句数量和句子数量之比约 2.1 或以上。

（二）TTR

同样，根据本书第五章对量化指标的测量工具及指标介绍，TTR 为文本复杂度分析器 Coh-Metrix 的测量指标之一，故而本小节将利用 Coh-Metrix 软件计算三个级别共计 15 篇语料的 TTR 及各级别 TTR 的平均值，结果如表 6-3 所示。

表 6-3　　　　　　　　15 篇语料 TTR 测量值

文本难度级别	词汇类符形符比	级别平均值
A1（简单）	0.461	
A2	0.407	
A3	0.541	0.4728
A4	0.482	
A5	0.473	
C1（中等）	0.422	
C2	0.455	
C3	0.428	0.426
C4	0.425	
C5	0.4	
E1（较难）	0.374	
E2	0.402	
E3	0.411	0.3938
E4	0.379	
E5	0.403	

表 6-3 数据表明，A 级别交替传译源语中，语篇所有词汇的类

符形符比均值约为 0.47，C 级别交替传译源语中，语篇所有词汇的类符形符比均值约为 0.43，E 级别交替传译源语中，语篇所有词汇的类符形符比均值约为 0.39。以上结果说明 TTR 与交替传译源语难度呈负相关，当口译源语中出现的不同词汇数量越多，则理解起来越简单，出现的不同词汇越少，则理解起来越困难。

根据以上量化研究结果，研究者将本评估体系中词汇类符形符比因素的难度评估描述语界定如下。

● 1 分（简单）：源语中词汇丰富，不同词汇与总词数之比约 0.47 或以上。

● 3 分（难度适中）：源语中词汇丰富度一般，不同词汇与总词数之比约 0.43。

● 5 分（困难）：源语中词汇不丰富，不同词汇与总词数之比约 0.39 或以下。

(三) LSA

同样，根据本书第五章对量化指标的测量工具及指标介绍，LSA 为文本复杂度分析器 Coh-Metrix 的测量指标之一，故而本小节将利用 Coh-Metrix 软件计算三个级别共计 15 篇语料的 LSA 平均值，结果如表 6-4 所示。

表 6-4　　　　　　　　15 篇语料 LSA 测量值

文本难度级别	LSA 标准差	级别平均值
A1（简单）	0.146	
A2	0.139	
A3	0.178	0.1552
A4	0.141	
A5	0.172	

续表

文本难度级别	LSA 标准差	级别平均值
C1（中等）	0.132	
C2	0.131	
C3	0.133	0.1308
C4	0.121	
C5	0.137	
E1（较难）	0.104	
E2	0.098	
E3	0.103	0.1048
E4	0.109	
E5	0.11	

表6-4数据表明，A级别交替传译源语中句子的LSA约为0.16，C级别交替传译源语中句子的LSA约为0.13，E级别交替传译源语中句子的LSA约为0.1。以上结果说明了LSA与交替传译源语难度也呈负相关，即当口译源语中已知信息与未知信息潜在语义重叠程度越高，则源语越简单。反之，当口译源语中已知信息与未知信息潜在语义重叠程度越低，则源语越难。

根据以上量化研究结果，研究者将本评估体系中LSA指标的难度评估描述语界定如下。

- 1分（简单）：源语中已知信息与新信息潜在语义重叠程度很高，标准差约为0.16或以上。
- 3分（难度适中）：源语中已知信息与新信息潜在语义重叠程度一般，标准差约为0.13。
- 5分（困难）：源语中已知信息与新信息潜在语义重叠程度很低，标准差约为0.1或以下。

（四）FKGL 易读性

同样，根据本书第五章对量化指标的测量工具及指标介绍，FKGL 易读性同样为文本复杂度分析器 Coh-Metrix 的测量指标之一，故而本小节将利用 Coh-Metrix 软件计算三个级别共计 15 篇语料的 FKGL 易读性平均值，结果如表 6-5 所示。

表 6-5　　　　　　15 篇语料文本易读性测量值

文本难度级别	文本易读性标准差	级别平均值
A1（简单）	8.242	
A2	7.949	
A3	5.131	7.544
A4	6.846	
A5	9.552	
C1（中等）	9.858	
C2	8.305	
C3	7.592	8.8968
C4	7.536	
C5	11.193	
E1（较难）	9.276	
E2	12.123	
E3	9.373	10.5284
E4	8.89	
E5	12.98	

表 6-5 数据表明，A 级别交替传译源语转写后 FKGL 易读性约为 7.5，C 级别交替传译源语转写后 FKGL 易读性约为 8.9，E 级别交替传译源语转写后 FKGL 易读性约为 10.5。以上结果说明 FKGL

易读性与源语难度呈正相关,即当口译源语转写成文本后易读性得分越高,源语越难。反之,口译源语转写成文本后 FKGL 易读性得分越低,源语越简单。

根据以上量化研究结果,研究者将本评估体系中 FKGL 易读性的难度评估描述语界定如下。

- 1 分（简单）：源语转写成文本后,很容易阅读和理解,FKGL 易读性得分在 7.5 左右或以下。
- 3 分（难度适中）：源语转写成文本后,阅读和理解难度一般,FKGL 易读性得分在 8.9 左右。
- 5 分（困难）：源语转写成文本后,很难阅读和理解,FKGL 易读性得分在 10.5 左右或以上。

（五）低冗余名词

由于低冗余名词包含数字、单位、术语、专有名词、地名、称谓等,范围较广,故而目前尚无量化工具可对其直接测量。而根据第六章评估体系中难度影响因素的权重分配研究,低冗余名词所占的难度影响权重最大,对其进行量化研究有利于增强源语难度评估的准确性。本小节通过人工计量的方式先测算出不同难度级别源语中低冗余名词的比例,即分别由研究者和另一名辅助研究者共同商议确定和计数 15 篇语料中低冗余名词的数量,再除以文本的总单词数（总单词数由 Coh-Metrix 软件直接计算出）。

以 C2 语料为例,两位研究者共同确定了 22 个专有名词,分别是 Google search, plant milk day, centuries, Spanish, soy milk, coconut milk, almond milk, rice milk, green house gas, gas emission, carbon footprint, eighty percent, millions, osteoporosis, calcium, broccoli, kale, finks, basil, sesame, sweetener, vanilla。而此篇转写的文本共有 589 个单词,故 C2 语料的低冗余名词比例为 0.037。

其他 14 篇文章的低冗余名词比例计算过程一致,本小节不再重复。所有15篇文章中低冗余名词的计算结果如表6-6所示。

表6-6　　15篇语料低冗余名词比例测量值

文本难度级别	低冗余名词占比	级别平均值
A1（简单）	0.01	
A2	0.019	
A3	0.036	0.0198
A4	0.02	
A5	0.014	
C1（中等）	0.033	
C2	0.047	
C3	0.051	0.042
C4	0.04	
C5	0.039	
E1（较难）	0.049	
E2	0.061	
E3	0.057	0.055
E4	0.053	
E5	0.055	

　　表6-6数据表明，A级别交替传译源语中低冗余名词占比均值约为2%，C级别交替传译源语中低冗余名词占比均值约为4%，E级别交替传译源语中低冗余名词占比均值约为6%。以上结果说明，当口译源语中出现的低冗余名词数量越少，理解起来越简单，出现的低冗余名词数量越多，理解起来越困难。

根据以上量化研究结果，研究者将本评估体系中低冗余名词因素的难度评估描述语界定如下。

- 1分（简单）：源语中低冗余名词数量很少，在全文中占比约2%或以下。
- 3分（难度适中）：源语中低冗余名词数量适中，在全文中占比4%左右。
- 5分（困难）：源语中低冗余名词数量很多，在全文中占比约6%或以上。

（六）语速

在口译研究中，语速的计算方式通常为源语总字数除以发言时间，即可得出讲话者每分钟所讲的词汇平均数。前人研究中对于口译源语发言人的语速难易值已有相关界定，如黄晓佳、鲍川运（2016）认为英汉交替传译中，发言人语速较慢为125—150单词/分钟（类似于VOA正常语速），较快语速为150—180单词/分钟（类似于BBC或NRP语速），很快语速为大于180单词/分钟（类似于CNN语速）；Gerver（2002）认为每分钟100—120词为发言人最佳发言速度。AIIC官网将每分钟140个单词的语速界定为较快，而180个单词/分钟的语速是发言人的讲话上限。

本小节希望通过定量研究的方式对前人的研究成果进行验证、补充和综合，形成语速因素的难度评估描述语。虽然腾讯云的语音识别软件等能够测量讲者语速，但由于其原理是通过音素串来组成音节进行识别，语速测量的精准度不高。基于此，本书采用人工和软件测量相结合的方式，计算不同难度级别源语的语速。以A1语篇为例，A1源语长4.5分钟，Coh-Metrix测量包含了561个单词，故发言人语速约为124.7词/分钟。

其他14篇文章的语速计算过程同上。所有15篇文章中语速因素的计算结果如表6-7所示。

表 6-7　　　　　　　　　　15 篇语料语速测量值

文本难度级别	语速	级别平均值
A1（简单）	124.7	
A2	147	
A3	109	130.08
A4	136.7	
A5	133	
C1（中等）	147.9	
C2	145.3	
C3	139.2	145.54
C4	150.2	
C5	145.1	
E1（较难）	173	
E2	158	
E3	158	165.6
E4	187	
E5	152	

表 6-7 数据表明，A 级别交替传译源语语速平均值约为 130，C 级别交替传译源语语速平均值约为 146，E 级别即难度水平最高的交替传译源语语速平均值约为 166。以上结果表明，通常来说，口译源语语速越慢，理解起来越简单，语速越快，理解起来越困难。

根据以上量化研究结果，研究者将本评估体系中语速因素的难度评估描述语界定如下。

● 1 分（简单）：源语发言人讲话约为 130 个单词/分钟或以下。

● 3 分（难度适中）：源语发言人讲话约为 146 个单词/分钟。

● 5分（困难）：源语发言人讲话约为166个单词/分钟或以上。

（七）信息密度

信息密度对于口译源语的难度影响也得到了不少口译机构或者研究者的重视，在前人研究中多有提及。如 AIIC 建议在评估源语语速时，也要考虑信息密度因素，如果原文语速慢，但是信息密度很高，难度也会随之加大。Liu & Chiu（2009）、孙海琴（2012）、原蓉洁（2018）也都指出信息密度是口译源语难度评估的一个重要指标，并介绍了信息密度的计算方法。但是以上研究都没有详细考察不同难度的交替传译源语语篇中信息密度的难度阈值，无法为信息密度因素的难易评估提供参考，仅有原蓉洁（2018）将交替传译中每分钟源语信息密度值 31.4、30.2、29.12、30.2 界定为中下等难度，但是缺乏支撑依据。

本小节希望在前人信息密度计算方式基础上，通过计算不同难度语篇的信息密度平均值，形成信息密度因素的难度评估描述语。关于信息密度的具体计算方式，本书遵循 Larson（1984）、孙海琴（2012）、原蓉洁（2018）采用的"基于命题的最小意义单位"切分法，即源语语篇句子中出现的带有述谓关系的逻辑成分（包括非谓语动词、具有独立所指的名词化成分、独立主格结构等）和带有主谓结构的分句。

以 C1 语篇为例，C1 源语长 5 分 50 秒，共 175 个命题，按照信息密度计算方式，每分钟的信息密度大约 30 个。为了使命题的计算过程更加清晰，此处以 C1 中的一句源语为例展开命题分析。语句"So it started shortly after the first world war with the intention of building ties and understanding between different nationalities."

在以上句子中，为了明确此句的意义，可以将其拆分出五个表达意义的命题。

命题 1：It started shortly after the first world war.

命题 2：It started with intention.

命题 2：The intention is to build ties.

命题 2：And the intention is also to build understanding.

命题 2：The ties and understanding are between different nationalities.

其他 14 篇文章的信息密度计算过程基本一致。所有 15 篇文章中信息密度因素的计算结果如表 6-8 所示。

表 6-8　　　　　　　　　15 篇语料信息密度测量值

文本难度级别	信息密度	级别平均值
A1（简单）	21.7	22.6
A2	24.3	
A3	20.9	
A4	23.5	
A5	22.6	
C1（中等）	26.6	28.3
C2	30.2	
C3	28	
C4	25.5	
C5	31.2	
E1（较难）	35.6	36.2
E2	33	
E3	39.1	
E4	38.2	
E5	35.1	

表 6-8 数据表明，A 级别交替传译源语信息密度均值为 22.6，C 级别交替传译源语信息密度均值约为 28.3，E 级别交替传译源语信息密度均值约为 36.2。结果表明，通常来说，口译源语信息密度

越小，源语难度相对越低，信息密度越大，源语难度相对越高。

根据以上量化研究结果，研究者将本评估体系中信息密度因素的难度评估描述语界定如下。

- 1分（简单）：源语发言人传达的信息密度很低，大约每分钟讲话包含23个命题或以下。
- 3分（难度适中）：源语发言人传达的信息密度适中，大约每分钟讲话包含28个命题。
- 5分（困难）：源语发言人传达的信息密度很高，大约每分钟讲话包含36个命题或以上。

三 基于实验法的难度影响因素作用机制

前文通过质量和文本分析的方式，探索除了逻辑关系以外的14个因素的难度影响机制。本小节将针对源语的逻辑关系，即语篇中信息点之间的语义关系，开展实验研究，深入探索不同类型的信息逻辑语义关系对于源语难度的影响程度差异。研究者之所以选择逻辑关系因素作为实验法研究的对象和变量，主要原因有三。

首先是提高源语难度评估准确性的需要。在本评估体系中，逻辑关系因素所在的内容结构维度对源语整体难度的影响较大，约占28%（排序第二），逻辑关系本身在所属维度中难度影响占比达22%（排序第二），在整个评估体系中占比6.22%（排序第七），处于评估体系15个因素中难度影响权重排序的中等以上位置，对其难度影响机制的准确描述与源语难度的整体评估密切相关。

其次是逻辑关系的内隐性。根据黄晓佳、鲍川运（2016）等前人研究表明，源语中的逻辑即信息点之间的语义关系有表层和深层之分，表层的逻辑关系有明显的连接词，如and、if等，比较容易判断。而深层的逻辑关系隐藏于源语的语义之中，缺少明显的逻辑或连贯衔接词，需要根据信息的意图进行判断（郑凌茜，2013），在判定源语难度时容易忽略，需要加强研究。

最后是已有研究的不足。相较于其他因素，目前关于逻辑因素对于口译源语难度的研究较少。现有研究以理论探索为主，研究结论缺乏实证研究支撑和数据阐述。为数不多的实证研究信效度还可进一步提高。

如就逻辑因素造成的口译难度理论探索而言，Setton（2005）、许明武、邓军涛（2013）、AIIC（2014）、刘建珠（2017）等都认为篇章的逻辑结构是影响口译难度的因素之一；黄晓佳、鲍川运（2016）在交替传译材料难度的评分标准中更是将逻辑因素作为评估的 8 个标准之一，并将较为简单的逻辑关系描述语界定为"各个信息点之间逻辑关系较为简单、较多使用关联词"，难度适中的逻辑关系界定为"各个信息点之间逻辑关系较复杂、较少使用关联词"，难度很大的逻辑关系界定为"各个信息点之间逻辑关系很复杂、很少使用关联词"。但是以上理论探索的结论较为模糊，关于逻辑关系的分类，以及何种逻辑关系可视为简单，何种逻辑关系可视为复杂，都缺乏说明。

就逻辑因素造成的口译难度实证研究而言，原蓉洁（2018）的博士论文研究较为具有代表性和开创性。其认为修辞结构理论（RST Rhetorical Structure Theory）中的修辞关系实质是一种深层的逻辑语义关系，可用于分析源语语篇的语篇逻辑结构对于源语难度的影响，并基于该理论，运用 RST 工具开展了三组英汉交替传译实验，证明了在局部连贯层面，以"推演类"关系为主的语篇比以"添补类"关系为主的语篇交替传译难度更低，而在整体连贯层面，以"推演类"关系为主的语篇比以"添补类"关系为主的语篇交替传译难度更高，实现了对语篇逻辑关系开展系统实证研究的突破，值得借鉴。

但是本书对于逻辑因素难度评估的描述语不能直接引用原蓉洁（2018）的结论，主要出于三方面考虑。其一是出于研究需要。原蓉洁（2018）将语篇的深层逻辑关系主要分为两类，即"推演类"和"填补类"逻辑关系，而本书中的评估描述语为三级模式，研究者需要将纷繁复杂的逻辑关系分为三类或以上，以满足描述语界定需要。其二是受制于实验语料关系类型种类的局限，其实验结论中包含的关系类型数量还有待后续研究继续补充。其三是其研究在源语篇位切分过程中还需增强理论支持。如其文中阐明"篇位的大小是由研究者主观决定的，主要是具备完整的命题功能的短语、从句或完整的句子"。而本书认为通常基于 RST 的研究在进行源语篇位切分时都需要较为明确的预设标准，以增强切分过程的客观性，如针对英文的切分标准可见 Taboada & Renkema（2008，转引自 Cao et al.，2017）、Tofiloski et al.（2009，转引自 Cao et al.，2017）、Carlson et al.（2017，转引自 Cao et al.，2017）等的研究，针对中文的切分标准可见 Cao et al.（2017）等的研究。

基于以上原因，本小节将立足前人研究，运用 RST 理论和工具，开展学生实验，对源语逻辑关系因素的难度影响机制开展深入研究，以明确哪些逻辑关系对于 MTI 口译方向一年级学生在交替传译实践中较为困难，哪些逻辑关系较为简单，为本评估体系中逻辑关系难度评估描述语界定提供支撑。下文将介绍 RST 理论和工具及其对本书的适切性、语料选择及标注过程、实验及数据分析过程。

1 RST 理论和工具介绍

（1）RST 理论

修辞结构理论（RST）在 20 世纪 80 年代末由南加州大学 Willame Mann 和 Sandra Thompson 教授提出，主要用于分析语篇之间基本话语单位（Elementary Discourse Units，EDU）（Marcu，2000）的连贯方式及其语义之间的关系（刘世铸、张征，2003），与本小节中所要研究的变量逻辑的基本定义一致，因此与本书十分适切，可作为本小节研究的理论来源。

RST 理论认为，源语语篇中存在众多杂乱无章的 EDU（Marcu，2000），这些 EDU 与口译研究中的命题有相似之处，数量众多，主要通过各类深层和浅层的逻辑语义关系相连接，形成具有更大意义单位的整体。此外，Marcu（2000）还根据各个 EDU 承载的信息的

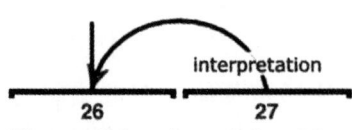

重要性，将 EDU 分为核心 EDU 和外围 EDU，核心 EDU 表达的是更为重要的信息，不可省略，而辅助 EDU 主要是提供补充信息，省略后对源语本身想要传达的意图影响不大，如图 6-2 所示，"The population of greater Tokyo is about five million people" 就是一个核心 EDU（Nucleus），为原文创立了一个情景（a Situation），不可省略，而"a quarter of the total Japanese population"就是一个外围 EDU（Satellite），起到对核心 EDU 情景的解释说明（an Interpretation of the Situation），若省略，也可保持主要信息的完整。

图 6-2　RST 标注 EDU 间关系图

以上核心 EDU 和外围 EDU 构成的语义关系"Interpretation"就是本书所指的源语信息的语义关系，即语篇逻辑关系之一。RST 理论创始人在理论形成之初确定了 25 种基本的 EDU 间语义逻辑关系，并表明这些语义之间的关系并不是固定不变的，可以在原始的 25 种关系基础上扩充，后来经过研究者的不断补充，现在 RST 网站上可以标注的逻辑语义关系约 30 种[①]。研究者可以根据自己的研究需要在其中选择，如原蓉洁（2018）选择了 25 种。为便于读者理解，研究者将主要的语义逻辑关系展示如表 6-9 所示。

表 6-9　　　　本书中 RST 标注过程中语义逻辑关系汇总图

关系	核心 EDU（Nucleus）	外围 EDU（Satellite）
Antithesis 对照关系	作者支持事物 A 观点	反对另外一观点
Background 背景关系	事物 A 的背景已经交代	为事物 A 提供了背景
Concession 让步关系	事物 A 得到作者认可	尽管 A 不合理，仍得到认可

---

① https：//www.sfu.ca/rst/01intro/definitions.html 最后搜索日期：2020.1.20 日。

续表

关系	核心 EDU（Nucleus）	外围 EDU（Satellite）
Enablement 使能关系	行动 A	帮助完成行动 A 的信息
Evidence 证据关系	声明或观点 A	帮助读者相信 A 的信息
Justify 证明关系	文本 A	支持作者表达 A 权利的信息
Motivation 动机关系	行动 A	增加读者执行 A 意愿的信息
Preparation 准备关系	将要呈现的信息 A	为读者做好接受 A 准备的信息
Restatement 重述关系	情景 A	对情景 A 的重述
Summary 综述关系	文本 A	对文本 A 的简要总结
Circumstance 环境关系	在情景中产生的观点或行动 A	为 A 提供情景说明的信息
Condition 条件关系	因条件情景产生的行动或情景 A	条件情景
Elaboration 阐述关系	基本信息 A	辅助 A 阐述的信息
Evaluation 评价关系	情景 A	对情景 A 的评论
Interpretation 解释关系	情景 A	对情景 A 的解释说明
Means 方式关系	行动 A	帮助 A 完成的方法或工具
Otherwise 析取关系	缺乏条件情景而产生的行为 A	条件情景
Purpose 目的关系	意图情景 A	意图产生的原因
Solutionhood 解答关系	可以完全或部分解决需要的方法	问题、要求或其他明确的需要
Unconditional 无条件关系	行动 A	和行动 A 不相关条件情景
Volitional Cause 意愿性原因关系	情景 A	出于主观意愿，造成情景 A 发生的另一情景
Volitional Result 意愿性结果关系	情景 A	情景 A 出于主观意愿产生的另一情景
Contrast 对比关系	情景 A	与之相反的另一并列情景
Joint 连接关系	无	无
List 列举关系	事务或情景 A	与之并列的另一事务或情景
Sequence 序列关系	事务或情景 A	位于 A 后的另一事务或情景

注：研究者根据 rstWeb 和刘世铸、张征（2003）的关系描述整理。

关于以上 EDU 之间语义逻辑关系的分类，一直以来 RST 研究者基本将其分为多核心关系（Multinuclear Relations）和核心—外围关系（Nuclear-satellite Relations）。在多级核心关系中，各类关系是并列存在，地位是同等重要的，包括对比、列举、连接、序列等。而核心—外围关系又可细分为表达类关系和主题类关系。表达类关系主要是为了加强读者的某种倾向，比如对行动的愿望、对核心内容的赞同或接受程度等，包括对照、背景、让步、使能、证据、动机、准备、重述和总结等。而主题类关系意在让读者识别谈论话题之间存在某种关系，包括环境、条件、评价、解释、方式、阐释、解答、意愿性原因、意愿性结果关系等（张魁，2007；原蓉洁，2018）。

此外，在以上分类基础上，原蓉洁（2018）根据各类关系所含的基本认知操作，将其分为推演类关系（Causal）和填补类（Additive）关系，其中，推演类关系主要指各个 EDU 间呈现线性的发展过程，如证据关系（Evidence）等；而填补类关系主要指各个 EDU 之间只是简单的添加和补充，关联性较弱，如序列关系（List 等）。

本小节研究先把所有的语义逻辑关系当作一个整体，暂不对其分类，待探索出各种关系造成的源语难易程度差异时，再参考以上关系分类，确定本书中逻辑因素难易评估描述语。

（2）RST 标注工具

目前，可用于 RST 关系标注的工具主要有 RST Tool（O'Donnell，2000）和 rstWeb（Zeldes，2016）两种。RST Tool 的开发时间较早，是第一个 RST 标注工具，可以在 Windows、Mac 等多系统中运行，界面友好，包含了经典的语义关系，为许多研究者采用。但是近年来，RST Tool 里面的代码不再持续更新，而最新开发的 rstWeb（Zeldes，2016）[①] 是一个基于浏览器的 RST 标注界面，可以支持更多语种的语料和关系类型。rstWeb 包含了 EDU 切分界面、EDU 间语

---

① 网址为：https://www.sfu.ca/rst/01intro/intro.html。

第六章　英汉交替传译源语难度评估体系中难度影响因素作用
机制探索和效度验证研究　　257

义关系标注界面、结构关系编辑界面和数据统计界面。图 6-3 和图 6-4 分别展示了 rstWeb 中的 EDU 切分、语义关系标注界面。

图 6-3　rstWeb 语句 EDU 切分界面截图

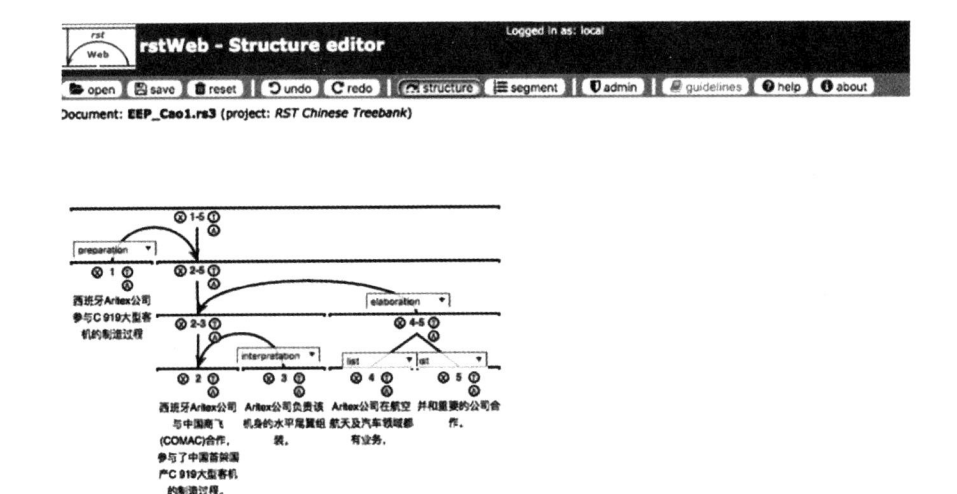

图 6-4　rstWeb 语义关系标注界面截图

此外，和早期的 RST Tool 一样，rstWeb 支持将标注后的文件输出为 XML 格式（见图 6-5），但也在技术方面有了新的突破，例如可以将文件标注保存为完整的 png 格式的图片，还支持标注过程中的自动截屏，方便研究者开展分析。综上，本书选用 rstWeb 标注本小节实验语料中 EDU 的语义关系。

```
Welcome Guide                untitled                   d08 high speed rail trav...
1  <rst>
2    <header>
3      <relations>
4        <rel name="antithesis" type="rst"/>
5        <rel name="background" type="rst"/>
6        <rel name="cause" type="rst"/>
7        <rel name="circumstance" type="rst"/>
8        <rel name="concession" type="rst"/>
9        <rel name="condition" type="rst"/>
10       <rel name="conjunction" type="multinuc"/>
11       <rel name="contrast" type="multinuc"/>
12       <rel name="disjunction" type="multinuc"/>
13       <rel name="elaboration" type="rst"/>
14       <rel name="enablement" type="rst"/>
15       <rel name="evaluation" type="rst"/>
16       <rel name="evidence" type="rst"/>
17       <rel name="interpretation" type="rst"/>
18       <rel name="justify" type="rst"/>
19       <rel name="list" type="multinuc"/>
20       <rel name="means" type="rst"/>
21       <rel name="motivation" type="rst"/>
22       <rel name="otherwise" type="rst"/>
23       <rel name="preparation" type="rst"/>
24       <rel name="purpose" type="rst"/>
25       <rel name="restatement" type="rst"/>
26       <rel name="result" type="rst"/>
```

图 6-5　rstWeb 文件输出 XML 格式截图

2 语料选择及标注过程

(1) 语料来源和变量控制

本小节选取的实验语料有三篇（见附录 11），依然选自欧盟口译教学语料库，语料的源语为英语。考虑到本小节的研究目的是探索源语中的逻辑关系，即 RST 标注中的各种语义关系对源语难度的影响差异，研究者参照前文构建的难度评估体系中的指标，以源语信息的逻辑关系为自变量，以本评估体系中其他的 14 个因素为控制变量，考察三篇语料的难度，确保三篇语料在除自变量外，其他变量的难度水平基本保持一致。通过计算，三篇语料对应的 14 个控制变量值见表 6-10。

表 6-10　　　　　　　　逻辑因素实验语料变量特征汇总表

控制变量	语料 A	语料 B	语料 C
话题	青年失业问题	日本地震防范	欧洲高速铁路建设
口音	标准口音	标准口音	标准口音
噪音	无噪音	无噪音	无噪音
图表信息	无图表	无图表	无图表
特殊句式	数量适中	数量适中	数量适中
文化负载	几乎没使用	几乎没使用	几乎没使用
修辞	修辞数量适中	数量较少	修辞数量适中
低冗余名词	0.029	0.03	0.032
C/S	2.13	1.97	1.96
TTR	0.4	0.419	0.46
LSA	0.127	0.132	0.009
语速	138 单词/分钟	139 单词/分钟	141 单词/分钟
信息密度	25.6	27	26.5
FKGL 易读性	11.193	9.913	11.453

将表 6-10 中三篇语料的 14 个控制变量数据和本章 14 个因素的难度影响机制结合，可以看出，就话题变量而言，实验语料的话题都属于社会和公共事务类，话题难度基本一致，处于中等难度；就口音变量而言，实验语料的发言人口音都是标准英语和近标准英语，口音难度基本一致，较为简单；就噪音变量而言，实验语料都非常清晰，无噪音干扰，难度一致；就图表信息变量而言，实验语料都无图表，难度一致；就特殊句式变量而言，实验语料的特殊句式数

量都较为适中，以强调句和简单倒装为主，处于中等难度；就文化负载表达变量而言，实验语料几乎没有使用文化负载表达。

就修辞变量而言，实验语料 A 和 C 使用的修辞数量适中，且以难度一般的意象类修辞为主，语料 B 的修辞数量较少，说明语料 B 在该变量相对简单些；就低冗余名词变量而言，实验语料中的低冗余名词比率均在 0.03 左右，难度都处于中等难度偏下；就 C/S 变量而言，实验语料 B（1.97）和 C（1.96）的非常相似，语料 A（2.13）略高，表明语料 A 在该变量上难度稍大；就 TTR 变量而言，实验语料 A 和 B 的 TTR 都在 0.4 左右，处于中等难度，而语料 C 的 TTR 略高，表明语料 C 在该变量上稍微简单些；就 LSA 变量而言，实验语料 A 和 B 的 LSA 较为相似，处于中等难度，而语料 C 的 LSA 略低，表明语料 C 在该变量上稍微简单些。就语速变量而言，实验语料的语速都在 140 个单词/分钟，较为简单。就信息密度而言，实验语料的信息密度都在 26 左右，处于中等难度偏下。就 FKGL 易读性而言，实验语料 A 和 C 较为相似，都在 11 左右，而语料 B 的难度略低，约为 9.9，表明语料 B 在此变量上稍微简单些。

综合以上分析可知，尽管三篇实验语料无法做到在 14 个变量上难度完全一致，但是能够做到基本相似，几个略有差别的变量值并没有产生难度上的质变，因此三篇实验语料在除了逻辑因素外，难度基本相似，适合作为本书的实验语料。

（2）语料标注和统计

运用 RST 进行语料标注通常步骤包括确定篇位 EDU 切分标准、切分和检验 EDU、判断和检验 EDU 之间的语义关系并标注。此外，还可以根据研究需要，保存和导出结果，统计各类关系数量和分布特点等，本小节将对以上步骤进行详细介绍。

A 确定 EDU 切分标准

通常，研究者在运用 RST 切分篇位时，需要首先确定切分的标准，以确保切分过程的客观性（Cao et al.，2017）。如前文所述，前人在运用 RST 进行语料库研究时已经积累了一些成熟的切分标准，这些标准有的针对英语源语，有的针对其他语种，但是针对汉语的切分标准较为罕见。Cao et al.（2017）基于前人对英文语料 EDU 标准切分的研究成果和实证验证，在英文切分标准的基础上提出了具有较高信效度的中文语料 RST 切分标准，如每个 EDU 中需要包含一个谓语动词等。

同时，Cao et al.（2017）还指出，定语从句、同位语从句以及引用的话语不能切分为单独的 EDU。考虑到本书的实验语料为英汉方向，需要将学生的译文与源语的 EDU 对应，以考查学生信息传译的忠实度，而 Cao et al.（2017）的切分标准既立足于英文语料切分标准，又结合中文的特点对其进行了补充和验证，使用 Cao et al.（2017）的切分标准从理论上讲更有利于英文源语与中文译语信息点的对应，故而本书选择使用 Cao et al.（2017）提出的 RST 篇位切分标准，见表 6-11。

但需要说明的是，由于口译源语以声音为传播载体，发言人在讲话过程中会发生译语中断，这些中断或出于强调目的故意而为之，或出于气息调整需要。因此，在本小节 EDU 切分过程中，研究者会在 Cao et al.（2017）标准基础上，结合源语的停顿进行适当切分，以再现和突出源语的真实语义。

表 6-11　　　　　EDU 切分标准（Cao et al.，2017）

EDU 切分标准	
标准 1	每个 EDU 中必须有一个谓语动词
标准 2	标题视为单独 EDU
标准 3	句号、感叹号、问号后需切分
标准 4	逗号+谓语动词视为单独 EDU
标准 5	分号+谓语动词视为单独 EDU
标准 6	冒号+谓语动词视为单独 EDU
标准 7	括号+谓语动词视为单独 EDU

续表

EDU 切分标准	
标准 8	破折号+谓语动词视为单独 EDU
标准 9	两个并列的带动词的从句可切分

B 切分和检验 EDU

确定 EDU 的切分标准后,研究者首先通读三篇实验语料的转写全文,参照既定的标准独立进行了 EDU 的初次切分,切分标准对应的切分结果示例如图 6-6 所示:

图 6-6 EDU 切分标准示例 1

图 6-6 展示了标准 1 和标准 4 在切分过程中的体现,在"For example, technology had been advancing",这一句子中,按照标准 4 (逗号+谓语动词为视为单独 EDU),可以将"technology had been advancing"和"the quality of health care had been improving"都分别切分为单独的 EDU。但是按照标准 1 (每个 EDU 中必须有一个谓语动词),For example 作为一个介词短语,不包含谓语动词,不能被切分为单独的 EDU,所以"For example, technology had been advancing"只能连在一起,作为一个 EDU 进行切分。

图 6-7 展示了标准 4 和标准 9 在 EDU 切分过程中的应用,首先根据标准 4 (逗号+谓语动词视为单独 EDU),本句"Taking the figures for the EU as a whole, the youth unemployment rates in the last quarter of 2013 stood at 22.7% where the general unemployment rate for the adult population as a whole stood at 9.2%"中有一个逗号,逗号前后都有成分,故可初步切分为两个 EDU。但根据标准 9(两个并列的带动词的从句可切分),本句中逗号后面的句子"the youth unemployment rates in the last quarter of 2013 stood at 22.7% where the general unemployment rate for the adult population as a whole stood at 9.2%"中含有两个动词"stood at",而这两句话虽然表达了对比的语义关系,但是在层级上来说依然是并列的,因此可切分为两个 EDU,故本句中一共包含 3 个 EDU。

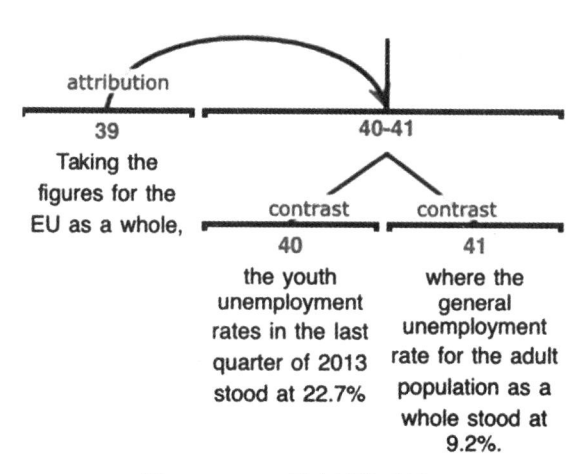

图 6-7　EDU 切分标准示例 2

图 6-8 展示的是研究者根据发言人的语音停顿进行 EDU 切分的示例。按照表 6-11 中 EDU 的切分标准,本句并不用切分。但是由于此句较长,发言人在 that 后进行了停顿,突出表达从句的意思,而主句中有动词"says",从句中有 be 动词,满足成为单独 EDU 的条件,故本书将该句切分成了两个 EDU。

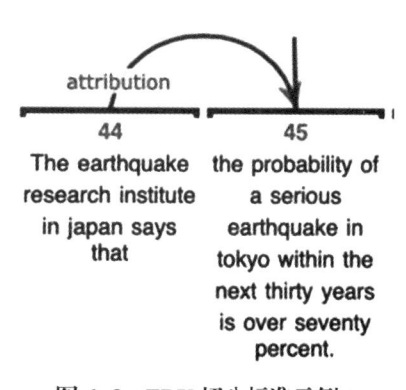

图 6-8　EDU 切分标准示例 3

三篇语料其他 EDU 的切分和上述三例相似，本小节不再赘言。初次切分完毕后，语料 A 共形成 53 个 EDU，语料 B 共形成 60 个 EDU，语料 C 共形成了 54 个 EDU。

为了确保切分过程中研究者判断的合理性，研究者需要邀请另外一名辅助研究者判断三篇语料的 EDU。而考虑到 RST 在口译研究界应用较少，口译教师对此理论可能不熟悉，可能影响判断结果。故研究者通过邮件的方式和 Cao et al.（2017）的作者 Cao 取得了联系。

该作者为西班牙某大学自然语言处理研究的博士生，研究领域主要集中在 RST 理论和实践，同时，该作者还参与了 rstWeb 的代码参数增补工作，可以认为是 RST 领域的专家。在邮件中，研究者邀请 Cao 作为辅助研究者参与本书，指导和协助研究者完成 EDU 的切分和语义关系标注。Cao 同意参与本书，并签署了参与研究知情同意书。

随后，Cao 按照本小节最终确定的 EDU 切分标准，对三篇语料的 EDU 进行了切分，切分结果与本书初步的切分结果一致性达到了 96%，说明本书的 EDU 切分标准较为客观和合理。针对切分不一致的地方（主要在宾语从句的切分），研究者和 Cao 进行了沟通，并最终达成一致。

经过以上的切分和检验，三篇实验语料的 EDU 切分完毕，语料 A 包含 56 个 EDU，语料 B 包含 61 个 EDU，语料 C 包含 55 个 EDU，详见附录 11。

C 标注和检验 EDU 之间语义关系

EDU 切分完毕后，研究者按照表 6-11 中列举的语义逻辑关系的定义对各核心 EDU 及其外围 EDU 关系进行了标注，囿于篇幅限制，本小节仅随机从三篇语料中选取 8 个 EDU，展示证据、条件、环境、目的逻辑语义关系的标注，如图 6-9 所示。

和 EDU 切分的检验步骤一致，在 EDU 之间的关系标注结束后，Cao 博士又对这三篇语料中 EDU 的关系进行了标注，结果对比表明，

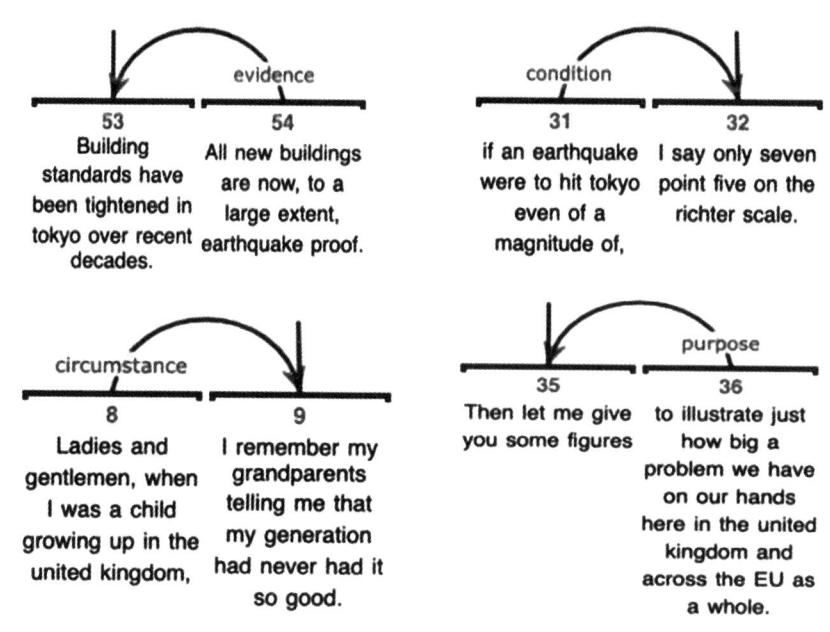

第六章　英汉交替传译源语难度评估体系中难度影响因素作用
机制探索和效度验证研究　　265

图 6-9　实验语料 EDU 间语义关系标注示例

研究者和 Cao 博士之间的标注一致性为 92%，略低于 95%，后经研究者和 Cao 博士商议后语料标注一致性达 96%，最终的 EDU 关系标注见附录 11。

D 标注关系统计

由于后文实验中研究者将选用学生译语和源语的 EDU 信息忠实度对照的方式考察不同的 EDU 语义逻辑关系产生的难度影响，故而为了数据的准确性，研究者在计算 EDU 之间语义关系总数时原则上只计算相邻的核心 EDU 与其外围 EDU 之间的关系，不计算 EDU 组合后与其他 EDU 之间产生的整体语义关系，如图 6-10 所示，本书只将相邻的 EDU43 和 EDU44、EDU45 和 EDU46-47 以及 EDU46 和 EDU47 之间的关系计算在内，而不计算 EDU42-45 与 EDU45-47 之间的关系。

但是有一种情况例外，即若 EDU 为一段话轮的开头，与前文无明显语义逻辑，则可考虑其和其他 EDU 之间组合后与后续 EDU 产生的逻辑语义关系，如图 6-10 中 EDU42 前无其他 EDU，则可将 EDU42-47 与 EDU48 之间更高级的逻辑关系计入考察范围。

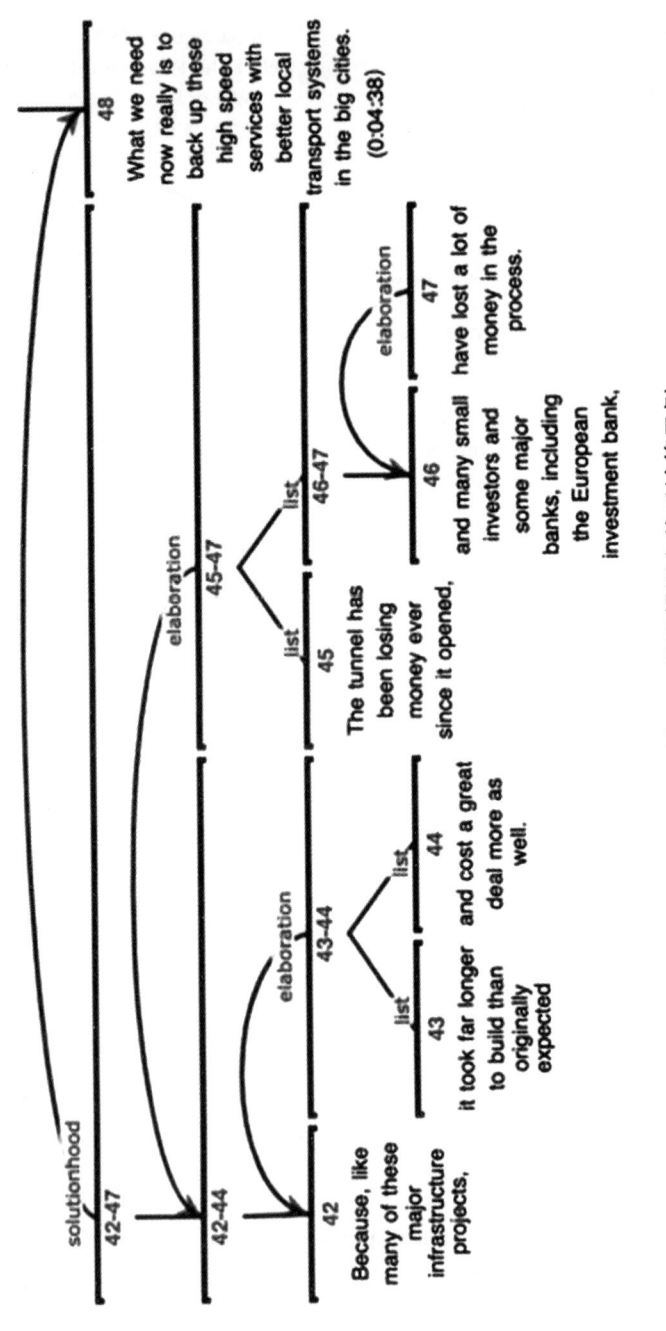

图 6-10 实验语料 EDU 间逻辑语义关系计算示例

按照以上 EDU 间逻辑语义关系计算原则，三篇实验语料各自包含的 EDU 数量、关系和关系数量如表 6-12 所示。

表 6-12　　　　3 篇实验语料 EDU 数量和关系统计

语料 A

EDU 总数	56	关系总数	44	关系类型	16
关系名称	数量	关系名称	数量	关系名称	数量
阐述	9	解释	2	重述	1
归因	6	解答	2	评价	1
列举	6	让步	2	对照	1
条件	3	对比	2	意愿性结果	1
环境	2	目的	2		
证据	2	序列	2		

语料 B

EDU 总数	61	关系总数	44	关系类型	13
关系名称	数量	关系名称	数量	关系名称	数量
阐述	11	解释	3	意愿性结果	1
证据	5	对照	2	让步	1
归因	5	意愿性原因	2	序列	1
列举	5	解释	3		
条件	4	解答	1		

语料 C

EDU 总数	55	关系总数	44	关系类型	18
关系名称	数量	关系名称	数量	关系名称	数量
阐述	11	条件	2	序列	1
归因	7	对比	2	目的	1
列举	6	背景	1	证据	1
解释	2	对照	1	意愿性结果	1
环境	2	解答	1	评价	1
让步	2	动机	1	意愿性原因	1

表 6-12 关系统计结果显示，三篇语料中共存在由 19 种 172 个

相邻 EDU 组成的逻辑语义关系，其中，阐述、归因、列举、解释、条件、证据六种关系的数量较多。下文将通过实验的方式统计 MTI 口译一年级学生在各类语义逻辑关系翻译时的正确性，以考察各类语义关系造成的难度差别，并分析差异产生的原因。

3 实验过程介绍

（1）被试招募

根据实验被试来源多样性的需要及研究者自身的资源，研究者首先确定了本次实验的被试招募范围为华南地区某外语类高校高级翻译学院 MTI 口译方向一年级某班学生、东北地区某 985、211 高校外国语学院 MTI 口译方向一年级某班学生。进而，为了确保招募被试的语言能力、背景知识水平和口译能力基本一致，研究者确定了三条选择标准：一是被试已经通过了 CATTI 三级口译考试，尚未通过二级口译考试；二是被试本科所学专业为语言类相关专业，且需通过英语专业四级、八级测试；三是被试接受过基础口译和交替传译入门训练，没有接受过额外的交替传译高阶或同声传译阶段训练。经过以上条件筛选和征求被试同意，本小节实验共确定了 18 名被试，其中 8 名来自华南地区高校，10 名来自东北地区高校。

（2）实验过程

由于本次实验的被试来自两所高校，研究者没有亲临实验现场，两个班级的口译老师协助研究者采集了被试译文，并通过邮件发送给研究者。

实验前，被试委托相关口译教师将三篇语料中的个别专有名词或文化负载表达告知学生，以减少不必要的语言层面因素干扰，同时为了测试录音设备和引导被试进入交替传译状态，研究者请口译教师为被试播放了一篇长为 2.5 分钟的英汉交替传译进行测试，该语料主题为气候变化，各项指标统计值都处于中等难度稍微偏下水平。

实验开始后，两个班级的口译教师按照研究者提前切好的话轮长短将源语播放给学生测试并录音。为了防止学生精力不足，影响口译产出，口译教师在每播放完一段材料后，给予学生10分钟休息时间。

实验结束后，口译教师将研究者提前准备好的具有较高信效度的英汉交替传译任务负荷和难度自评量表（研发过程和信效度检验见第四章）发放给被试填写。该自评量表主要将为本章第二部分中评估体系的效度检测所用。量表填写完毕后，口译教师将量表数据和实验录音一并发送回研究者。

(3) 译文质量评估方法

本书选用译文信息忠实度和完整度两个指标对实验被试的译文开展评估。选择这两个指标主要出于三方面考虑。其一是在口译难度研究文献中，信息忠实度或完整度可以有效体现口译中原语材料难度对口译产出的影响（Liu & Chiu, 2009），这两个指标或其中之一经常为口译难度研究者选用（如 Liu & Chiu, 2009；原蓉洁，2018；Wu, 2019 等）。其二是信息的忠实度和完整度的考察方式较为客观，即将原文的信息分成若干个有意义的单元，若学生将该单元的信息完整准确地翻译出来，则判断为正确（Wu, 2019）。其三是本小节实验研究的目的在于考察不同信息点之间的语义逻辑关系造成的源语难度差异，研究者只需从微观层面考察各信息点内容及其逻辑关系翻译的正确与否即可，无需过多关注译语流畅度或声音质量等宏观层面的指标。综合以上分析，本小节选用信息的忠实度和完整度作为实验译语评估的标准。

就操作方法而言，研究者制作了三篇语料信息点（即EDU）的中英文对应表，并邀请另一位口译研究者一起考察15名学生的每个信息点翻译是否正确完整，如是，则在该信息点之后打√，如信息错误或不完整，则打×，并注明错误原因，待数据统计完毕后分析，每个学生的评分记录截图见图6-11。

(4) 实验数据分析

本小节的实验数据分析主要包括打分者一致性分析以及学生译文中各语义逻辑关系的正确率分析。

译文编号：C01		
源语	参考译语	学生译文评估
1 Ladies and gentlemen, ever since the early1980s, when the first French TGV goes from Paris to Lyons	女士们，先生们，自从20世纪80年代早期第一辆法国高速铁路从巴黎开到里昂以来	×法国高速铁路没有翻译，里昂没有翻译
2 western Europe has seen a kind of high speed rail mania	西欧开始了高速铁路建设的热潮	√
3 a little bit like what happened in Britain about a hundred years ago	就像英国100年前一样	√
4 when the first steam trains started to travel around the country.	那会第一辆蒸汽火车开始在全国运行	×在全国运行翻译成了在全欧洲运行
5 High speed travel has now spread right across western Europe	高速铁路现在在西欧非常普遍	√
6 at least, providing fast and reliable high quality rail services.	至少，高速铁路可以提供快捷、质量稳定上乘的铁路服务	×质量稳定上乘没有翻译出

图 6-11 实验语料学生译文评分记录截图

A 评分者一致性分析

确定评分者之间的评分一致性和测试的信度密切相关。就本实验而言，研究者和另一位辅助研究者将各自针对每一个被试的评估记录进行比对，并核算评分一致的信息点比率。如针对A语料的被试A1交替传译产出评估，研究者判定其信息点翻译正确个数为21个，另一研究者判定其正确个数为22个，则两位研究者针对该篇语料的打分一致性为95.4%。

依照此方式类推，两位研究者在语料A的打分一致性约为96%，语料B的打分一致性约为97%，语料C的打分一致性约为95%。通过比对，两位研究者打分的主要不一致在于对译者补充的额外信息的判断，如对于信息点"as many as sixty percent of them do not expect to find a job in the first year following their graduation"，有学生将其译为"约有60%的应届毕业生对于在毕业一年内找到工作不抱有任何希望，这令毕业生们非常苦恼"。本书研究者认为其已经忠实完整地译出了原信息点的内容，可以判定为正确，而辅助研究者则认为被试添加了无关内容，信息的忠实度打了折扣。经过协商，两位研究者达成一致，即只要信息点的内容忠实完整即可认为正确，额外添加的信息不计。

B 语义逻辑关系口译产出正确率统计

关于3篇实验语料的逻辑语义关系正确率统计，研究者采取的方法主要是取各篇语料中各种语义逻辑关系正确率的平均值相加，再除以3，即可得到各种语义关系的总体平均值。三篇语料中各逻辑语义关系的译语正确率均值如下表6-13所示。

表 6-13　　实验语料信息点逻辑语义关系译文正确率均值统计

语义逻辑关系	正确率均值	语义逻辑关系	正确率均值
Restatement（重述）	82%	Attribution（归因）	53%
Concession（让步）	82%	Evaluation（评价）	53%
Motivation（动机）	76%	Volitional Cause（意愿性原因）	51%
Antithesis（对照）	75%	Solutionhood（解答）	51%
Circumstance（环境）	71%	Interpretation（解释）	50%
Sequence（序列）	65%	Evidence（证据）	47%
Contrast（对比）	63%	Background（背景）	40%
List（列举）	62%	Condition（条件）	34%
Purpose（目的）	60%	Volitional Result（意愿性结果）	30%
Elaboration（阐述）	54%		

表6-13统计结果显示，MTI口译方向一年级学生在翻译重述、让步、动机、对照、环境类的语义逻辑关系时，正确率较高，都高于70%，说明以上五种关系翻译起来相对较为简单。在翻译序列、对比、列举、目的这些逻辑语义关系时，正确率有所降低，但也都

高于60%，说明以上几种关系造成的难度障碍在学生能力接受范围之内。而阐述、归因、评价、意愿性结果、解答、解释、证据、背景、条件、意愿性原因这些逻辑关系时，正确率则比较低，都小于60%，说明以上关系给学生造成的难度较大。

对以上实验语料中语义关系的分类，可以参照本节 RST 理论介绍部分关于 EDU 语义关系的分类所述，即 EDU 之间的语义逻辑关系可以分为多级核心关系和核心—外围关系，而核心外围关系又可分为主题类关系和表达类关系。多级核心关系包括对比、列举、序列、连接等。表达类关系主要包括对照、背景、让步、目的、使能、证据、动机、准备、重述、总结等加强读者某种倾向和意愿的关系。主题类关系主要包括环境、条件、评价、解释、方式、阐释、解答、意愿性原因、意愿性结果等帮助读者加强话题间联系的关系。

基于以上分析，总体来说，本书语料中对于 MTI 一年级口译方向学生而言，译语正确率较高（70%以上）的简单语义逻辑关系为重述、让步、动机、对照、环境，可大致归为核心—外围语义逻辑关系中的表达类关系（环境关系除外）。正确率一般（60%—69%）的难度适中的逻辑关系为序列、对比、列举、目的，可大致归为多级核心关系（目的关系除外）。正确率较低（小于60%）的困难语义逻辑关系为阐述、归因、评价、意愿性原因、解答、解释、背景、证据、条件、意愿性结果，可大致归为主题类关系（证据除外）。

需要说明的是，由于本书的语料数量有限，各种语义类型关系数量不均衡，且标注过程中对于各信息点之间逻辑语义关系的判断无法完全避免主观理解的影响，所以实验数据难以支持同一类型的语义逻辑关系都处于同一难度水平，故研究者仅以不同难度水平中占大多数的逻辑语义关系进行分类命名，忽略其中的特例。

通过分析学生译文，本书认为学生之所以在翻译表达类和多级核心类关系中正确率较高，而在翻译主题类关系中正确率较低，主要可能由四方面原因导致：其一是本书中关于译文正确率的评价方式的局限性；其二是学生听辨过程中的"关联"意识的欠缺；其三是学生短期记忆能力和认知负荷有限；其四是学生的口译策略能力不足。下文将通过实例对以上原因进行分析和论证。

就原因一译文的正确率评价方式的局限性而言，本书采用信息点的完整忠实对应为评价方式，没有进行整体评估。多级核心逻辑关系和表达类逻辑关系中，各个信息点间无关联或关联性很弱，没有过多影响，学生在翻译这些逻辑关系时会不考虑前后文意义之间的关联，只翻译出听到的信息点或需要着重强调的信息，导致译语虽然不流利、反复修正或无实际意义，但是因该信息点最终被完整准确地翻译出来，仍得到了相应的分值，故正确率相对较高。而若加入整体评估的其他指标，该学生信息点的得分和此类关系的翻译正确率可能会相应降低。

如语料 B 的 EDU1-3 中（见图 6-12），有学生翻译成了"大家好，我今天想谈谈日本，许多人…许多人…认为（停顿 2 秒）它不久将在日本发生"。按照本评估方式，这个学生的译文缺少了另一关键 EDU2 且流利度差，导致整句译文没有传递出实际意义，整体评估时很可能得分很低或不得分。但由于 EDU1 和 EDU2 存在并列关系，彼此独立，故学生在翻译时若没有听清 EDU2，也可以将 EDU1 或 EDU3 关联到一起，虽然其关联起来无实际意义且译语很不流畅，但是在本评估方式中，由于其在 EDU1 和 EDU3 的单独信息点中翻译是正确的，故可以得到两分。

就原因二学生听辨过程中的"关联"意识欠缺而言，绝大部分 MTI 口译一年级学生在听辨过程中的关联意识欠缺，导致学生在翻译话题间联系较强的逻辑语义关系时不能充分利用上下文的语义进行判断，产生翻译错误。而在翻译多级核心逻辑关系时，学生无需借助前后文的语义判断，即可译出相对独立的信息点，正确率较高。

以语料 C 的 EDU52-54 为例（图 6-13），由于并列的 EDU53-54 组合完成了对前述 EDU 的阐述，所以在翻译 EDU53 和 54 时候，需要充分考虑与前文信息之间的关联。而针对 EDU53，绝大多数学生都没有得分，其原因在于一部分学生直接漏掉了该句翻译，另有

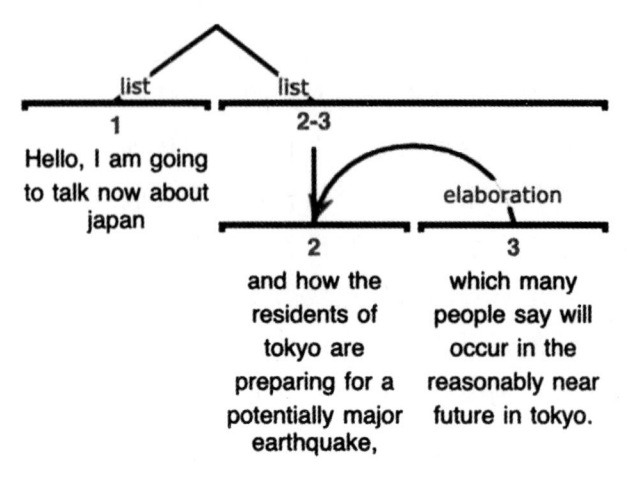

图 6-12　语料 B EDU1-3 关系标注图

一部分学生则将其直译为"恐怕顾客只会用脚投票"。这样的翻译看似滑稽，其实是学生并没有把握该 EDU 与前文语义上的联系，前文的意思是如果政府不采取有效措施，那么民众就会投反对票。此 EDU 中"vote with feet"，实则是"反对票"。相比于 EDU53 对前文信息的依赖，EDU54 则较为简单，即使学生没有听清 EDU53 的准确意思，但是也能够准确完整地翻译出该信息点。

就原因三学生的短时记忆能力和认知负荷有限性而言，主题类语义逻辑关系与前文的信息点之间关系紧密，需要译员在一边听辨源语的同时，提取前文的信息，并将其连成一个整体进行理解。而根据认知负荷模型，译员在听辨过程中的总体认知精力和记忆能力都有限，如果前文的信息点较为冗长或理解难度较大，则会给译员在听辨下一个信息点的同时提取上一个信息点带来困难，影响译语产出的质量。

以语料 A 的 EDU45-47（图 6-14）为例，受试的 15 名学生中，10 名学生将 EDU45 翻译正确，12 名学生将 EDU46 翻译正确，而只有 3 名学生成功译出了 EDU47。EDU45 的翻译错误主要在于部分学生没有抓住"on our hands"的意义，将其漏译或翻译成"现在经济

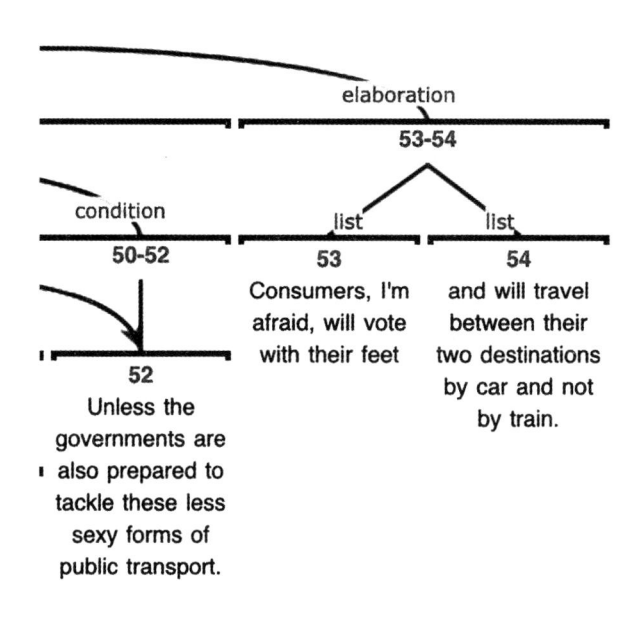

图 6-13　语料 C EDU52-54 关系标注图

危机就在我们手上"。EDU46 的翻译错误主要在于几位学生丢掉了"pan European"中的"pan",直接译为"欧盟"。EDU47 大部分学生的错误表现形式都是漏译,少部分学生将其译为"欧盟由此产生"。分析该 EDU 不难发现,此 EDU 中,"which"指代 EDU46,表示"寻求跨欧洲解决方案也是欧盟成立的初衷"。而学生在翻译这个意愿性原因语义逻辑关系时,由于没有理解或忘记了前序信息点的意义,导致该 EDU 无法成功译出,反映了具有紧密关系的 EDU 在口译过程中对学生记忆容量及认知负荷带来的挑战。

就原因四学生的口译策略能力不足而言,学生在传译信息点之间关系密切的主题类语义逻辑关系时,迫于记忆容量和认知负荷的有限,有时不能完全记住源语发言人的准确信息。此时,有经验的译员会选择采用概述、替换等方式对前文信息进行模糊处理,以保证信息和下文的顺利连接。而本书中部分被试的口译策略能力明显不足,在口译过程中不能灵活变通,在遇到上一个信息点没有听清

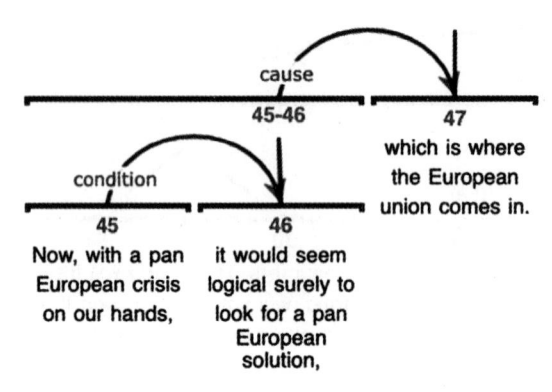

图 6-14　语料 A EDU45-47 关系标注图

楚的情况下容易出现较长时间的沉默或反复修正，甚至影响到下一个辅助 EDU 的产出。

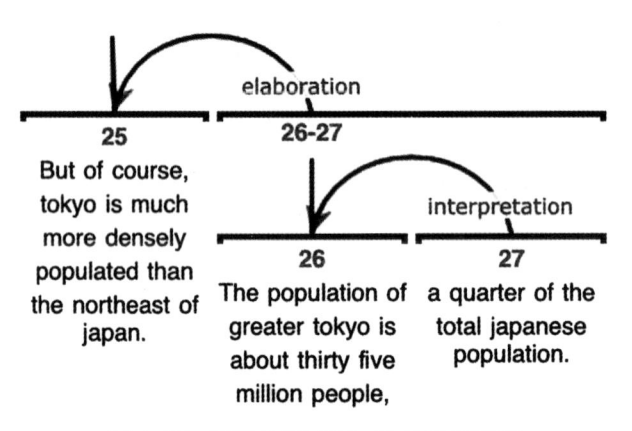

图 6-15　语料 B EDU25-27 关系标注图

以语料 B 的 EDU25-27 为例（图 6-15），15 名被试中，有 11 名被试将 EDU25 翻译正确，7 名学生将 EDU26 翻译正确，9 名学生将 EDU25 翻译正确。分析学生译文可以发现，EDU25 的错误主要在于 3 名学生省略了"northeast"这个方位限定词；EDU26 错误主要在于学生没有准确听辨"thirty five million people"这个数字，故而直接忽略了该句话的翻译，或反复修正几次，最终还是产出了错误的译文；EDU27 的错误主要表现在部分学生漏掉了该句话。研究者通过进一步比对学生在 EDU26 和 EDU27 中的错误关系，发现 EDU26 翻译错误或者漏译的同学，他们基本都没有翻译 EDU27，说明学生在遇到前后关联性较强的信息点时，不擅长运用相应的口译策略让自己脱困，保持译语的前后连贯，或争取传递出更多信息。

以上就语义逻辑关系对 MTI 一年级口译方向学生产生的难度差异及其原因分析也启示 MTI 口译教师在 MTI 一年级学生交替传译综合训练阶段，要准确把握学生在主题类逻辑语义关系中的难点，着力培养学生的信息点关联意识，逐步提升学生的短期记忆容量，加强口译策略能力的培养，以有效应对信息之间关联性较强的主题类逻辑语义关系造成的口译难点。

根据以上实验研究结果，研究者将本评估体系中逻辑因素的难度评估描述语界定如下。

● **1 分（简单）**：源语中的语义连接有明显的关联词，逻辑关系以信息点紧密程度不强的表述类关系为主，如对照、对比、让步、使能、证据、动机和重述。

● **3 分（难度适中）**：源语中的部分语义连接有明显的关联词，逻辑关系以信息点相对独立但集中出现的多级核心关系为主，如并列、列举、对比、连接等。

● **5 分（困难）**：源语中的语义连接无明显的关联词，逻辑关系以信息点之间关系很紧密的主题类关系为主，如阐述、评价、解释、背景、条件、意愿性原因、意愿性结果等。

第四节 评估体系效度验证

本小节旨在通过实验研究的方式，检验本评估体系的效度。根据第三章理论来源中 Weir（2005）的社会—认知效度验证框架，考虑到本书中研究者的研究精力和条件限制，本书选择通过构念效度、情景效度、评分效度和效标关联效度来验证本书构建的英汉交替传译评估体系是否合理有效。根据 Weir（2005），几种效度的概念和检验方法如下。

构念效度是指对构念进行明确科学的界定。就构念效度而言，本评估体系中包含的难度影响因素及其操作化定义都提取自教学、实践和研究层面的权威文献及客观的内容分析，并且经过了专家评估、探索性和验证性因子分析的检验，可以确保本书构建的评估体系具有良好的构念效度。

情景效度又称内容效度，指用来测量的指标能够在多大程度上反映所需测量内容的整体属性。就情景效度而言，本评估体系中最终保留的难度影响因素都是根据评估体系的构建原则，从多渠道提取的指标中严格筛选出来，覆盖了各个维度，且不同因素和维度的难度影响权重也基于科学的研究方法计算出，因此具有代表性，可以从多个面向较为准确地预测源语的整体难度。

评分效度主要指评分结果的稳定性。就评分效度而言，研究者在本章对评估体系中各因素和各维度的难度影响权重进行了分配，在本章的前半部分界定了各难度影响因素在难、中、易水平赋分的描述语，且评估体系中有近一半指标为客观预测指标，需要通过软件计算。以上评估体系的设计和难度测量方法可以保证使用者在评估过程中有据可依，确保本评估体系具有较高的再测信度或评分员信度。

效标关联效度指评分标准与基准相比是否相关。本书主要从学生视角考察英汉交替传译源语难度影响因素及各因素所占的权重，认为综合训练阶段的口译教学和测试中应充分考虑学生对于语料难度的感知，方能做到语料难度设置处于学生的最近发展区。故而，本书将学生对于源语难度的感知作为评估体系效度检验的基准，通过比较评估体系的难度评估值与学生译后难度感知的相关性，验证本评估体系的效标关联效度，具体检验方法、过程和结论如下文所述。

一 效标关联效度验证被试及语料来源

通常来说，效标关联需要通过实证的方式检验，为了方便实验开展和数据收集，本书仍以前一小节中的实验语料和被试译后难度感知打分为依据。3篇语料的15个难度影响因素特征描述赋分值如表6-14所示。

表6-14　校标关联效度检验测试语料基本特征

因素	语料 A	语料 B	语料 C
话题	青年失业问题	日本地震防范	欧洲高速铁路建设
口音	标准口音	标准口音	标准口音
噪音	无噪音	无噪音	无噪音
图表信息	无图表	无图表	无图表
特殊句式	数量适中	数量适中	数量适中
文化负载	几乎没使用	几乎没使用	几乎没使用
修辞	修辞数量适中	数量较少	修辞数量适中
低冗余名词	0.029	0.03	0.032
C/S	2.13	1.97	1.96
TTR	0.4	0.419	0.46
LSA	0.127	0.132	0.009
语速	138 单词/分钟	139 单词/分钟	141 单词/分钟
信息密度	25.6	27	26.5
FKGL 易读性	0.009	0.134	0.008
逻辑关系	数量适中，主题类和多级核心为主	数量较少，主题类和表达类为主	数量多，主题类为主

按照第五章表5-22中各维度和因素的难度影响权重分配，三篇语料的总体难度值可以按照下框中的公式计算。

> **语料难度值** =【（低冗余名词×42.26%+C/S×27.08%+TTR×16.22%+特殊句式×14.43%）×36.68%+（话题×40.22%+逻辑×22.12%+信息密度×20.23%+FKGL易读性×10.83%+LSA×6.6%）×28.81%+（口音×41.23%+语速×31.4%+噪音×14.09%+图表信息×13.28%）×20.13%+（文化负载表达×66.67%+修辞×33.33%）×15.08%】×100/5

（注：以下公式中每一个因素的分值需根据其难度赋分描述语打分，详见本章第二小节）

三篇语料中各因素的难度赋分值如表6-15所示。

表6-15　　校标关联效度检验测试语料各因素难度值

因素	语料A	语料B	语料C
特殊句式	3	3	3
TTR	4	4	4
低冗余名词	2	2	2
C/S	5	4	4
LSA	3	3	5
FKGL易读性	5	4	5
话题	3	3	3
逻辑关系	3	2	4
信息密度	2	3	3
噪音	1	1	1
图表信息	1	1	1
语速	3	3	3
口音	1	1	1
修辞	3	1	3
文化负载	1	1	1

结合以上文本框中的公式和表 6-15 中各因素的难度值，计算出 3 篇语料的整体难度值：

- 语料 A 难度值 =（3.2809 * 36.68%+3.0143 * 28.81%+1.628 * 20.13%+1.6666 * 15.08%）×100/5 = 53
- 语料 B 难度值 =（3.0101 * 36.68%+2.8871 * 28.81%+1.628 * 20.13%+1 * 15.08%）×100/5 = 48.3
- 语料 C 难度值 =（3.0101 * 36.68%+3.5675 * 28.81%+1.628 * 20.13%+1.6666 * 15.08%）×100/5 = 54.2

以上数据表明，按照本评估体系提供的评估指标和方法，三篇语料中语料 C 最难，语料 A 次之，语料 B 相对最简单。

二 效标关联效度验证方法及过程

本小节将主要考查学生对于以上三篇语料的译后真实难度感知及认知负荷感知，检验学生的难度感知及认知负荷需求与本书中构建的评估体系的难度测评结果是否相关，若正相关（语篇难度值越高，学生译后感受的难度越强，付出的认知负荷、努力越多），则表明本评估体系具有较强的效标关联效度。

为了获得学生对于源语的译后难度感知数据，研究者在本章的英汉交替传译实验过程中，邀请学生在完成每一篇语料的传译后现场填写事先准备好的英汉交替传译任务负荷和难度自评量表。该量表的信效度在本书第三章试点研究中已经进行了验证，可以为后文研究直接使用。

根据试点研究介绍，英汉交替传译任务负荷和难度自评量表包括了"脑力需求""绩效水平""努力程度""受挫程度""译前整体难度评估"和"译后整体难度评估"。由于本实验中学生需要在听完一段源语发言后即开始翻译，然后再继续听下一个话轮，依次循环，无法一次性听完源语，故研究者仅邀请学生填写了除"译前整体难度"以外的其他几个题项。

待学生填写完量表后,研究者将量表数据回收和统计,运用SPSS 22.0对三篇语料的源语难度和量表中各项的分值进行相关分析,分析结果将在下一小节予以论述。

三 效标关联效度验证结果分析

本小节主要展示了前文中数据相关性分析的结果,如表6-16所示,并阐述结果。

表6-16　效标关联效度验证相关性分析结果

	脑力消耗	任务表现	沮丧程度	努力程度	译后评估	总体
相关系数	0.5137	-0.5695	0.5925	0.5764	0.6026	0.6133
P 值	0.0002	0.0000	0.0002	0.3361	0.0000	0.0000

通常来说,在相关性分析中,相关系数值大于零,表示正相关,相关系数小于零,表示负相关,P值小于0.01,表示具有显著相关关系。照此分析,本评估体系中评估的源语难度和学生的任务表现自我打分呈显著负相关,和学生译后难度感知呈显著正相关,说明本书构建的英汉交替传译源语难度评估体系能够较为准确预测学生的任务表现,反映学生译后的难度感知,具有较好的效标关联效度。

综上所述,本节从构念效度、情景效度、评分效度和效标关联效度四个方面证明了本书构建的评估体系合理有效。

第五节　本章小结

本章首先确定了本书欲构建的英汉交替传译源语难度评估体系的结构,并通过质性研究、内容分析和实验法探索了评估体系中15个因素的难度影响机制,为各因素的难度评估赋值提供了描述语参考。此外，本章还检验了评估体系的整体效度，通过搜集构念效度、情景效度、评分效度和效标关联效度四方面证据，说明了评估体系整体上科学有效，能够反映和预测出本书的研究群体——MTI 口译方向一年级处于交替传译综合训练阶段的学生对于源语难度的感知和其口译表现。

第七章

研究总结

本章旨在对本书进行整体回顾和综合讨论，包括研究结论、研究创新点、研究贡献与启示、研究局限性和研究展望四个部分。具体而言，研究结论部分主要简要总结本书在研究过程中发现的前人研究不足，论述本书对其作出的改进，同时逐一回答本书提出的三个研究问题。研究创新点部分主要阐述本书在研究视角和研究方法两方面对已有研究的补充。研究贡献与启示部分主要论述了本书对于翻译学，尤其是交替传译"教""学""测""研"四个方面产生的贡献与启示。研究局限性部分主要反思了本书在研究本身、研究设计和数据分析方面存在的不足。研究展望部分主要是基于研究不足，提出未来研究中可以继续改进和完善的要点，以推动本书和相关主题研究纵深开展。

第一节 研究结论

本书基于对文本难度研究、任务难度研究、翻译难度研究和交替传译难度研究的文献阅读、思考，前期对MTI一年级口译方向、口译教师和测试专家的调查研究以及试点研究，发现已有英汉交替传译源语难度研究和其在教学测试中的把控等方面存在的不足和问题，这些不足和问题主要表现在以下七方面。

第七章 研究总结

其一是目前大部分已有的交替传译源语难度研究、交替传译教师和测试开发者尚未明确难度的主客观双重属性，在研究和实践过程中忽略将难度预测结果及指标与特定水平的学生/考生相结合。

其二是第一方面不足导致目前已有交替传译源语难度影响因素或评估研究的视角较为单一。本书前期调查表明，教师和学生在英汉交替传译源语难度影响因素及其重要性排序方面存在明显差异。试点研究结果也表明，学生译后的难度感知和其口译质量密切相关。而目前交替传译研究者、教师和测试专家倾向于依靠主观经验、感受预判语料难度，缺乏从学习、测试及被试的主体——学生的视角开展源语难度研究。

其三是目前已有的交替传译源语难度实证研究中样本量和样本范围都非常有限，大部分研究仅选取某一个高校的某一个班级作为考察对象，未遵循被试样本的类别最大化和异质性原则，研究结论推广力度支撑不够。

其四是目前已有的交替传译源语难度研究提出的难度影响因素较为分散凌乱，且主观性较强，多出于研究者实践过程中的体悟，缺乏对难度影响因素的全面提取、系统聚类和定性定量混合研究的支撑。

其五是目前已有的交替传译源语难度评估研究多对难度预测因素平均赋值或在评估过程中将各难度影响因素置于相同重要地位，未考虑不同维度和不同难度影响因素对于源语难度影响程度的差异。

其六是已有的交替传译源语难度评估研究中相关标准对于难度影响因素的描述较为感性和模糊，缺乏结合交替传译认知负荷模型等理论对各因素的难度影响机制开展深入研究，易导致在真正评估过程中评估者难以借助各因素不同等级描述语对源语难度进行快速和准确判断。

其七是已有的交替传译源语难度评估研究者尽管提出了相关评分标准或评估体系，但是没有通过实证研究的方式验证所提出的评估标准的信效度，影响了研究结论的有效性和可信度。

本书以前期文献综述、调查研究和试点研究过程中发现的研究不足为出发点，在研究过程中作出了对应的改进，说明如下。

针对不足一，本书首先明确和承认了难度的双重属性，在第一章研究界定部分，即明确了本书的被试和结论适用对象为处于交替传译综合训练阶段的 MTI 一年级学生，使难度评估与特定水平和能力基本一致的学生相吻合。

针对不足二，本书主要遵从建构主义学习观，以学生为研究和教学主体，从学生视角开展源语难度评估研究。具体来说，研究者从前期学生调查问卷中提取了相关难度影响因素；通过开展针对学生的有声思维和焦点小组访谈，完成了对英汉交替传译源语难度评估初始模型的理论饱和度检验；基于学生填写的《英汉交替传译源语难度影响因素感知量表》以及《英汉交替传译源语难度影响因素重要性赋分量表》，完成了英汉交替传译源语难度评估体系初始模型的修正以及体系内各维度和因素的权重分配；以学生为被试，探索各难度影响因素的作用机制；此外，本书还以学生对于源语难度的感知为校标，完成了对本书构建的评估体系的校标关联效度验证。

针对不足三，本书在研究过程中尽量做到被试来源类别最大化和异质性原则，即在保证被试都处于基本一致的能力水平的前提下，寻求多位高校教师协助，保证学生来源覆盖不同地区和不同类别，具体来源前文已交代。

针对不足四，本书一方面从质性和量化两大方法论渠道提取英汉交替传译源语难度的潜在影响因素，尽力做到穷尽和全面。其中，质性渠道操作为对教学、实践和研究层面文献的总结和提取，量化渠道操作为通过内容分析法和相关分析，提出可显著预测欧盟口译教学语料库交替传译分级语料的量化指标。而后，本书还综合利用了主成分分析、探索性因子分析、验证性因子分子和专家评估法完成了对以上众多因素的筛选、提取和聚类。

针对不足五，研究者利用可将主观难度感知模糊化和量化计算的层次分析法，完成了对评估体系中各维度和因素的难度影响权重分配。

针对不足六，研究者首先确定了本书构建的英汉交替传译源语难度评估体系的结构，包括各因素的难度评估分值和描述语位置。同时，综合运用文献思辨、调查、内容分析和实验法，探索了各难度影响因素位于不同分类和水平情况下对源语难度产生的影响差异，为评估体系中各因素的难度值赋分提供了具体明确的说明。

针对不足七，本书借鉴社会—认知效度框架并结合试验法，从构念、情景、评分、校标关联四个面向,论证了本书构建的评估体系合理有效。

基于以上研究起点以及在研究过程中的改进,研究者完成了第一章设定的三个研究内容,回答了第三章中提出的三个研究问题,下文将按照研究问题的递进顺序逐一回答。

问题1:英汉交替传译源语难度评估体系假设模型包含哪些维度和因素?

根据第五章和图5-3所示,经过质性、量化多种方法提取及专家评估和理论饱和度检验,本书探索的英汉交替传译源语难度评估体系假设模型共包括了7个维度和26个难度影响因素。

七个维度分别是词汇维度、句法维度、内容结构维度、有声副语言维度、无声副语言维度、语用维度和媒介维度。其中,词汇维度因素包括低冗余名词、词长、实词熟悉度、TTR;句法维度因素包括特殊句式、T单位总数、C/S;内容结构维度因素包括话题、逻辑关系、信息密度、FKGL易读性、LSA;有声副语言维度因素包括口音、情感语调、语速和源语流畅度;无声副语言维度因素包括空间距离、身体语言;语用维度因素包括文化负载、修辞、话语类型、发言方式、语体、体裁;媒介维度因素包括噪音、图表,具体可见图7-1(该图与图5-3一致,为方便阅读,此处重复展示)。

问题2:英汉交替传译源语难度评估体系包含哪些维度和因素及其所占权重如何?

本书第六章通过开展基于学生的英汉交替传译源语难度影响因素感知调查对研究问题一构建的评估体系假设模型(图7-1)进行了验证性和探索性因子分析,修正了假设模型,最终保留了4个维度和15个因素,构成了英汉交替传译源语难度评估体系正式

```
                    英汉交替传译源语难度评估体系
                           假设模型
```

```
F1词汇   F2句法   F3内容    F4有声副   F5无声副   F6语用   F7媒介
维度     维度     结构维度  语言维度   语言维度   维度     维度

低冗余   特殊     话题      口音       空间       文化     噪音
名词     句式                          距离       负载
                 逻辑                                      图表信息
词长     T单位   关系      情感语调   身体       修辞
         总数                          语言
实词熟                    信息                   话语
悉度     C/S     密度     语速         类型
                                                 发言
TTR              FKGL易   源语流                 方式
                 读性     畅度
                                                 语体
                 LSA
                                                 体裁
```

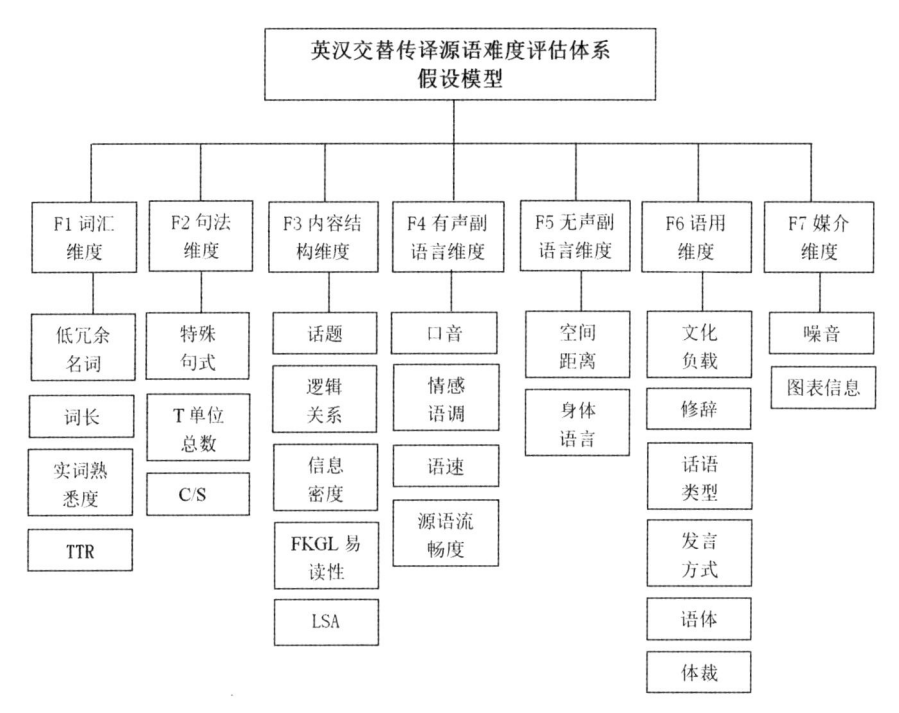

图 7-1 研究问题 1 结论图示

模型中的维度和因素。四个维度分别为词汇句法维度、内容结构维度、副语言媒介维度和语用维度。其中，词汇句法维度的因素包括低冗余名词、TTR、特殊句式、C/S；内容结构维度的因素包括 LSA、逻辑、FKGL 易读性、信息密度、话题；副语言媒介维度因素包括语速、口音、噪音、图表信息；语用维度因素包括文化负载和修辞。

另外，第六章还基于学生的英汉交替传译源语难度重要性感知量表数据，运用层次分析法，构建了各维度和各因素间难度影响重要程度判断矩阵。通过对矩阵求解和一致性检验，本书确定了评估体系正式模型中各维度和因素的难度影响权重。四个维度中，词汇句法维度所占的难度影响权重为 36.68%，内容结构维度为 28.11%、副语言媒介维度为 20.13%、语用维度为 15.08%。具体来说，词汇句法维度中，低冗余名词为 42.26%、C/S 为 27.08%、TTR 为 16.22%、特殊句式为 14.43%；内容结构维度中，话题为 40.22%、逻辑为 22.12%、信息密度为 20.23%、FKGL 易读性为 10.83%、LSA 为 6.6%；副语言媒介维度中，口音为 41.23%、语速为 31.34%、噪音为 14.09%、图表信息为 13.28%；语用维度中，文化负载为 66.67%、修辞为 33.33%。

为了使以上结论更为清晰直观，研究者以图示形式对其进行展示（图 7-2）。

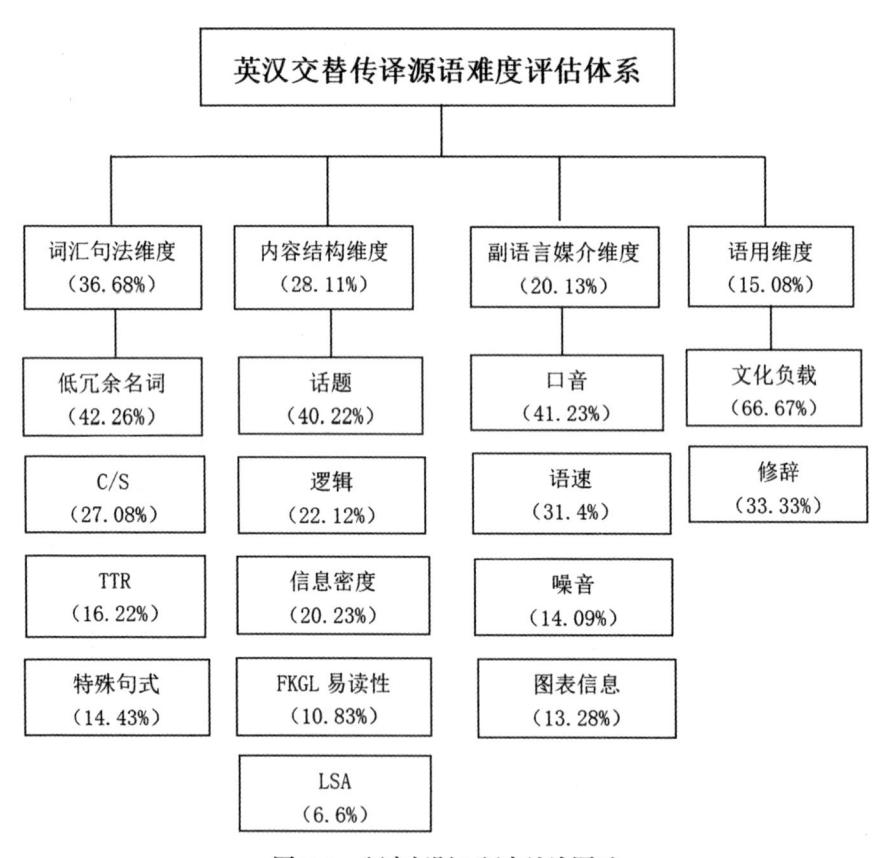

```
                    英汉交替传译源语难度评估体系
    ┌───────────────┬──────────────┬──────────────┬─────────────┐
 词汇句法维度      内容结构维度   副语言媒介维度    语用维度
  (36.68%)         (28.11%)        (20.13%)       (15.08%)
    │                │                │              │
 低冗余名词         话题             口音          文化负载
  (42.26%)         (40.22%)        (41.23%)       (66.67%)
    │                │                │              │
   C/S              逻辑             语速           修辞
  (27.08%)         (22.12%)         (31.4%)        (33.33%)
    │                │                │
   TTR            信息密度           噪音
  (16.22%)         (20.23%)        (14.09%)
    │                │                │
 特殊句式         FKGL 易读性      图表信息
  (14.43%)         (10.83%)        (13.28%)
                     │
                    LSA
                   (6.6%)
```

图 7-2　研究问题 2 研究结论图示

问题 3：英汉交替传译源语难度评估体系中各因素的难度影响机制及其整体效度如何？

第六章通过质性研究、内容分析和实验研究的方法探索了评估体系中 15 个难度影响因素的作用机制，即明确了各因素处于不同阈值、水平或分类情况下对源语难度产生的影响差异，为本评估体系中各因素的难度值评估描述语提供参考，现将其按照维度间和维度内部影响权重大小排序汇总如下。

词汇句法维度

1. 低冗余名词因素

- **1 分（简单）**：源语中低冗余名词数量很少，占比约 2% 或以下。
- **3 分（难度适中）**：源语中低冗余名词数量适中，占比约 4%。
- **5 分（困难）**：源语中低冗余名词数量很多，占比约 6% 或以上。

2. C/S 因素

- **1 分（简单）**：源语从句少，从句数量和句子数量之比约 1.7 或以下。
- **3 分（难度适中）**：源语从句适中，从句数量和句子数量之比约 1.94 左右。
- **5 分（困难）**：源语从句很多，从句数量和句子数量之比约 2.1 或以上。

3. TTR 因素

- **1 分（简单）**：源语词汇丰富，不同词汇与总词数之比约

0.47 或以上。

●3 分（难度适中）：源语词汇丰富度一般，不同词汇与总词数之比约 0.43。

●5 分（困难）：源语词汇不丰富，不同词汇与总词数之比约 0.39 或以下。

4. 特殊句式因素

●1 分（简单）：没有或使用了少量的 There be 和插入语等特殊句式，几乎不需耗费额外精力。

●3 分（难度适中）：使用的特殊句式数量适中，且以 There be、插入语、强调句和简单倒装句为主，耗费的额外精力适度。

●5 分（困难）：使用的特殊句式很多，且以省略句和特殊类型的倒装句为主，耗费的额外精力很大。

内容结构维度

5. 话题因素

●1 分（简单）：话题具体、熟悉和个体化，对译员有强烈感染力且认知需求量低，包括但不限于旅游观光、科普、文化教育、礼仪祝辞、个人经历回溯、风土人情等。

●3 分（难度适中）：话题具体程度、熟悉程度及感染力一般，多与社会现象相关，认知需求量适中，包括但不限于环境保护、经济贸易、文学艺术、卫生健康、体育休闲、公共事务等。

●5 分（困难）：话题抽象、陌生和专业，与译员自身很不相关且认知需求量很高，包括但不限于政治外交、自然农业、法律、医学、信息技术、工程、民族宗教、国情报告、国防、国际事务和形势分析等。

6. 逻辑因素

- 1分（简单）：源语中的语义连接有明显的关联词，逻辑关系以信息点紧密程度不强的表述类关系为主，如对照、让步、对比、使能、证据、动机和重述。
- 3分（难度适中）：源语中的部分语义连接有明显的关联词，逻辑关系以信息点相对独立但集中出现的多级核心关系为主，如并列、列举、对比、连接等。
- 5分（困难）：源语中的语义连接无明显的关联词，逻辑关系以信息点之间关系很紧密的主题类关系为主，如阐述、评价、解释、背景、条件、意愿性原因、意愿性结果等。

7. 信息密度因素

- 1分（简单）：信息密度低，大约每分钟讲话包含23个命题或以下。
- 3分（难度适中）：信息密度适中，大约每分钟讲话包含28个命题。
- 5分（困难）：信息密度高，大约每分钟讲话包含36个命题或以上。

8. FKGL 易读性因素

- 1分（简单）：源语转写成文本后，很容易阅读和理解，FKGL 易读性得分在7.5左右或以下。
- 3分（难度适中）：源语转写成文本后，阅读和理解难度一般，FKGL 易读性得分值在8.9左右。
- 5分（困难）：源语转写成文本后，很难阅读和理解，FKGL 易读性得分在10.5左右或以上。

9. LSA 因素

• 1 分（简单）：源语中已知信息与新信息潜在语义重叠程度很高，标准差约为 0.16 或以上。

• 3 分（难度适中）：源语中已知信息与新信息潜在语义重叠程度一般，标准差约为 0.13。

• 5 分（困难）：源语中已知信息与新信息潜在语义重叠程度很低，标准差约为 0.1 或以下。

副语言媒介维度

10. 口音因素

• 1 分（简单）：译员熟悉度较高或内圈中以英语为本族语，发音标准及接近标准英语的国家使用的英语，包括但不限于中国英语、美国英语、英国英语、加拿大英语、澳大利亚英语和新西兰英语等。

• 3 分（难度适中）：译员熟悉度一般或以英语为外语的国家使用的英语，包括但不限于东北亚英语、东南亚英语、欧洲英语等。

• 5 分（困难）：译员熟悉度很低或以英语为第二语言国家使用的英语，包括但不限于中东英语、非洲英语、南亚英语等。

11. 语速因素

• 1 分（简单）：源语发言人讲话约为 130 个单词/分钟或以下。

• 3 分（难度适中）：源语发言人讲话约为 146 个单词/分钟。

• 5 分（困难）：源语发言人讲话约为 166 个单词/分钟或以上。

12. 噪音因素

- 1分（简单）：口译发言人源语非常清晰，源语发布过程中无任何额外的设备和现场环境噪音干扰。

- 3分（难度适中）：口译发言人源语清晰度尚可，源语发布过程中有额外的设备和现场环境噪音干扰，但不严重影响听辨。

- 5分（困难）：口译发言人源语清晰度较差，源语发布过程中有较多的设备和现场环境噪音干扰，严重影响听辨。

13. 图表信息因素

- 1分（简单）：源语发言人几乎没有使用图表，或仅仅使用了简单的条形图或圆形图表等，图表的信息量适中，与源语内容及逻辑一致，基本无专业表达。

- 3分（难度适中）：源语发言人使用的图表量适中，图表类型主要为统计图、流程图等，图表的信息量略小或略大，与源语内容及逻辑偶有偏离，有一些专业表达。

- 5分（困难）：源语发言人使用的图表较多，图表类型主要为报摘类图表和带有音视频的幻灯片等，图表的信息量过小或过大，与源语内容及逻辑非常不一致，存在许多专业表达。

语用维度

14. 文化负载因素

- 1分（简单）：源语发言人几乎没有使用文化负载表达词，或仅仅使用了源语和目标语几乎对等且目标语接收者非常熟悉的表达，如生态类词汇表达，几乎不需耗费额外精力。

- 3分（难度适中）：源语发言人使用的文化负载表达数

量适中，且以源语和目标语相对对等或目标语接收者稍微陌生的表达为主，如物质类、文化类词汇表达，耗费的额外精力适度。

● 5分（困难）：源语发言人使用的文化负载表达数量很多，且以源语和目标语完全不对等或目标语接收者非常陌生的表达为主，如语言类、宗教类词汇表达，耗费的额外精力很大。

15. 修辞因素

● 1分（简单）：源语发言人几乎没有使用修辞，或仅仅使用了简单的音韵类修辞，如头韵、脚韵、拟声等，不需耗费额外精力。

● 3分（难度适中）：源语发言人使用的修辞数量适中，修辞以音韵类或意象类修辞为主，如明喻、隐喻、提喻、转喻、讽喻、拟人、夸张、类比等，需要耗费一定的额外联想精力。

● 5分（困难）：源语发言人使用的修辞数量很多，且以语义类修辞为主，如幽默、讽刺、反语、双关、委婉语、矛盾修饰、轭式搭配等，需要损耗很大的分析精力。

以上部分即为第三个研究问题关于评估体系中15个因素的难度作用机制的具体描述。第六章最后一部分交代了本评估体系的四方面效度证据，即构念效度、情景效度、评分效度和校标关联效度，说明了本评估体系合理有效。

综上可知，本书在开展过程中回应了前人研究中的不足，且基本按照预期，完成了本书设定的研究内容和研究问题，完成了英汉交替传译源语难度评估体系的构建，表7-1展示了由三个研究问题的结论共同组成的英汉交替传译源语难度评估体系。

第七章 研究总结

表7-1 英汉交替传译源语难度评估体系

维度	指标	1（简单）	2	3（适中）	4	5（困难）
F1 词汇句法维度	低冗余名词	全文占比约2%或以下		全文占比约4%		全文占比约6%或以上
	C/S	测量值约1.7或以下		测量值约1.94		测量值约2.1或以上
	TTR	测量值约0.47或以上		测量值约0.43		测量值约0.39或以下
	特殊句式	没有或使用了少量的There be和插入语等特殊句式		数量适中，目以There be、强调句和简单倒装句为主		数量很多，且以省略句和特殊类型的倒装句为主
	维度难度值	低冗余名词×42.26%+从句比例×27.08%+TTR×16.22%+特殊句式×14.43%
F2 内容结构维度	话题	具体、熟悉、个性化、感染力强，认知需求低，如旅游、科普、文化教育、祝辞、经历回溯、证据、动机和重述等		具体、熟悉、个性化适中，认知需求适中，如环保、经贸、艺术、卫生健康、体育休闲、公共事务等		话题抽象、陌生和专业，认知需求高，如外交、自然、文学、信息技术、工程、宗教、国防、国际事务等
	逻辑	有明显关联词，以信息点间语义紧密程度不强为主，关系关系以对照、让步、使能、证据、动机和重述等		明显的关联词数量一般，逻辑关系以信息点相对独立且密集出现的多级核心类关系为主，如并列、列举、对比、连接等		无明显的关联词，逻辑关系以信息关系以信息点紧密关系为主，如阐述、评价、解释、条件、原因、结果等
	信息密度	大约每分钟讲话包含23个命题或以下		大约每分钟讲话包含28个命题		大约每分钟讲话包含36个命题或以上
	FKGL 易读性	转写后，FKGL测量值在7.5左右或以下		转写后，FKGL测量值约8.9左右		转写后，FKGL测量值约10.5左右或以上
	LSA	测量值约0.16或以上		测量值约0.13		测量值约0.1或以下
	维度难度值	话题×40.22%+逻辑×22.12+信息密度×20.23%+FKGL易读性×10.83%+%LSA×6.6%

续表

维度	指标	1（简单）	2	3（适中）	4	5（困难）
F3 副语言媒介维度	口音	译员熟悉度较高或以英语为本族语，发音比较标准，如中国英语、美国英语、加拿大英语等		译员熟悉度一般或以英语为外语的国家使用的英语，如东北亚英语、东南亚英语、欧洲英语等		译员熟悉度很低或以英语为第二语言国家使用的英语，如中东英语、非洲英语、南亚英语等
	语速	约130个单词/分钟或以下		约145个单词		约166个单词/分钟或以上
	噪音	源语非常清晰，无设备和环境噪音干扰		清晰度尚可，稍有噪音干扰，略影响听辨		清晰度很差，多噪音干扰，影响听辨
	图表信息	没有或使用了少量条形或圆形图表，图表信息量适中，与源语一致，无专业表达		数量适中，以统计或流程图为主，信息量略小或略大，与源语简有偏离，有一些专业表达		数量很多，以报摘或带视频的幻灯片为主，信息量过小或过大，与源语很不一致，多专业表达
维度难度值				口音×41.23%+语速×31.4%+噪音×14.09%++图表信息×13.28%		
F4 语用维度	文化负载	几乎没有使用或仅使用了源语目标语几乎对等的表达，非常熟悉的表达，如生态类词汇		数量适中，以源语和目标语相对等或接收者稍微陌生的表达为主，如物质类、文化类词汇		数量很多，以源语和目标语完全不对等或接收者陌生的表达为主，如语言类、宗教类词汇
	修辞	几乎没有使用修辞，或使用了简单的音韵类修辞，如头韵、脚韵、拟声等		数量适中，以音韵类或意象类修辞为主，如明喻、隐喻、提喻、转喻、拟人、夸张、类比等		数量很多，以语义类修辞为主，如幽默、讽刺、反语、双关、婉语、矛盾修饰、轭式搭配等
维度难度值				修辞×33.33%+文化负载×66.67%		
总难度值				(F1×36.68%+F2×23.11%+F3×20.13%+F4×15.08%)×100/5		

第二节 研究创新点

本书的创新点主要体现在研究视角、研究内容及研究和数据分析方法三方面。

一 研究视角

就研究视角而言，考虑到难度的主客观双重属性以及学生是交替传译教学和测试中的主体，本书从学生视角出发，将被试限定为基本具有相同能力和水平的 MTI 口译方向一年级且处于交替传译综合训练阶段的学生，考查学生对于英汉交替传译源语难度影响因素及其重要性的感知，从而提取出本书构建的评估体系的维度、因素以及其分别所占的难度影响权重，确保评估结果能够真实地反映出学生对于源语难度的感知，为交替传译教学和测试选择语料提供参考，帮助学生在难度合适的区间范围内提高交替传译技能水平和学习信心。一直以来，在翻译教学研究界，研究者都较为忽视基于翻译学习者视角开展的研究（武光军，2018），翻译难度研究和交替传译难度研究领域亦是如此。本书基于学生视角开展的英汉交替传译源语难度评估研究可以视为翻译教学研究、翻译难度研究和交替传译难度研究视角的新尝试。

二 研究内容

就研究内容而言，本书将质性研究和量化研究内容混合。研究者首先对英汉交替传译源语难度的把控现状进行了调研，通过实证研究的方式论述了本书的重要性和紧迫性。接而，研究者综合利用了文献研究法、调查法、专家评估法、内容分析法、层次分析法和实验法等，筛选提取了影响交替传译源语难度的 4 个维度和 15 个影响因素，并对其进行权重分配，探索了各因素的难度作用机制，构建了可服务于交替传译教学、测试和研究的源语难度评估体系。以上研究内容弥补了前人研究中难度影响因素凌乱,选取指标主观性较强和难度评估标准模糊等局限,可视为交替传译难度研究内容的新尝试。

三 研究和数据分析方法

就研究和数据分析方法而言,在以往的翻译难度研究以及交替传译源语难度研究中,研究者多采用各要素平均赋值的方法评估源语难度,且预测指标提取多出于实践和主观经验。本书不仅运用了内容分析法,客观地提取了可以预测交替传译源语难度的诸多量化指标,使难度影响因素的提取扎根于真实语料,还在第六章基于内容分析法,探索了相关量化指标的源语难度作用机制。随后,本书运用了探索性和验证性因子分析,对评估体系初始模型进行了修正,并运用系统工程学中的层次分析法量化计算了学生的主观难度感知,实现了对评估体系中各维度和因素的权重分配,可视为交替传译难度研究方法的新尝试。

第三节 研究贡献与启示

本小节将主要探讨本书的研究发现、研究过程和研究方法对翻译(交替传译)理论、研究、教学、测试和语言服务市场发展可能带来的贡献和启示。

一 对翻译(交替传译)理论的贡献与启示

第一,丰富交替传译难度研究理论成果。本书基于实证方法尝试构建了一个包括4个维度和15个因素在内的英汉交替传译源语难度评估体系,并对其赋权。该体系是对以往交替传译难度研究及其更大范围内的口译难度研究的继承和一次系统尝试,可从理论上深化翻译（交替传译）研究者和教师对于英汉交替传译源语难度影响因素的认知，丰富交替传译难度研究理论成果，为其他模式的口译难度理论探索提供参考。

第二，凸显跨学科理论借鉴的重要性。本书在研究过程中借鉴了计量语言学、测试学和教育学的研究成果，这些学科领域为本书提供了理论基础和借鉴，让研究者可以更全面、深入地分析所要研究的课题，同时帮助本书更有针对性和实效性地解决问题，凸显了译学理论研究过程中跨学科借鉴的重要性。

二 对翻译（交替传译）研究的贡献与启示

第一，丰富研究视角。本书在建构主义学习观念影响下，打破传统的翻译（交替传译）难度研究视角，基于学生的视角开展难度研究，完成了对指标体系的构建，可有益于丰富已有研究成果，也启示未来的翻译（交替传译）研究者积极转变研究视角，对同一事物进行多维度研究，加强翻译学习者因素研究。

第二，拓宽口译研究主题。在已有的口译研究中，研究者较为重视口译教学、口译质量评估、口译策略、口译测试、口译认知等领域的研究，且研究主要以同声传译这一工作模式为主，对于同声传译模式和上述主题以外的研究关注不足。本书选取了对口译教学、测试、研究和质量产出具有重要影响的英汉交替传译源语难度作为研究对象，有益于提高对于交替传译的研究关注度，同时拓宽口译研究主题。

第三，提升研究工具使用意识。本书中使用多种研究工具，如文本分析软件 Coh-Metrix、二语写作词汇复杂度分析器 LSA、二语句法复杂度分析器 L2SCA、数据分析软件 SPSS、语义逻辑关系标注工具 rstWeb 等，这些工具推动了本书的顺利和深度开展，启示未来的翻译研究者在研究过程中可加强工具使用意识，提升研究效率和质量。

第四，提高实证研究信效度。目前，在包括交替传译在内的口译研究实证中，语料难度是研究者经常要控制的一个变量，而研究者选取的语料难度评估指标较为凌乱，可能会导致语料难度变量控制效果不佳。本书中构建的源语难度评估体系可帮助交替传译实证研究者在开展研究时有效评估语料难度，提高研究的信度和效度。

三 对翻译（交替传译）教学和测试的贡献与启示

第一，适度转变教学理念。本书可启发翻译（交替传译）教师在一定程度上改变教学理念，从以教师为中心的教学理念向以学生为中心或师生共同为主体的教学理念转变，突出学习者的主体性，把学习变成一种人的自主性、能动性、独立性不断养成和发展的过程（李瑞林，2011）。本书前期访谈中，一些教师认为自己是教学过程的主体，有自己的教学目标，在教学材料选择或难度把控中无需考虑学生的难度感知，而学生访谈数据则表明有时会因为语料难度过大影响了学习信心的建立和技能的习得。本书并非启示老师在教学中被学生牵着鼻子走，而是建议老师要首先充分了解学生的学习难点，然后将教学材料难度控制在学生的最近发展区内，提高学生的学习信心和效率。

第二，提供教学材料难度评估参考。本书可以为教师选择难度合适的语料提供参考。目前，翻译（交替传译）教师倾向于在网络上自主寻找教学素材或用自己的翻译实践作为学生的练习材料，但是在本书的访谈和问卷中，一些教师表示不知道如何判断所选的语料是否适合学生练习，故翻译（交替传译）教师可参考本书构建的难度评估体系，预判所选的教学材料难度。

第三，提供教学内容和教学重点参考。本书可为交替传译教师的教学内容安排和教学重点设定提供参考。正如前文所述，本书构建的源语难度评估体系主要基于学生视角，体系中难度影响权重可直接表明处于MTI一年级交替传译综合训练阶段学生在实践过程中的主要难点和次要难点，如词汇句法结构所占的难度影响权重最大，提示教师在交替传译教学过程中要着重提升学生语言和听辨能力，帮助学生尽早实现信息脱壳，而非拘泥于词句的对等。

第四，助力信息化教学资源库建设。本书所构建的评估体系可助力口译教学资源库建设，提高口译教学资源库建设的合理性和效率。目前，口译教学界已着力或计划建设相关口译教学资源库，为口译专业师生选择教学和练习材料提供便利。然而，由于缺少合适和科学的难度评估及甄别标准，口译资源库建设者很难科学准确地对源语难度分级，影响了资源库的建设效率和使用效果。未来，口译资源库建设者可参考本书构建的评估体系，对语料难度分级，解决资源库建设过程中语料难度分级的难题。

第五，有益提高交替传译测试命题的有效性和权威性。前人文献和本书前期访谈数据都表明，目前口译测试，小到口译潜能测试，大到高风险的全国翻译资格考试的命题基本都依靠命题者的主观感受判断，同样考试在不同时间段的语料难度经常存在差异，导致考试结果的偶然性较强，考试成绩不能真实反映考生的能力水平。本书构建的难度评估体系可以为测试命题专家提供参考，检测同一考试不同场次的测试语料的难度值是否较为一致，提高考试的科学性和权威性

四　对语言服务市场发展的贡献与启示

本书所构建的难度评估体系有望帮助提高语言服务市场交替传译质量和译员信誉。具体而言，目前，MTI教学较为重视口译实践能力的培养，学生们也希望通过各类实习等机会进入语言服务市场开展口译临场实战，全方位提升口译水平。翻译职业伦理规范也要求学生在承担任务的同时要正确评估任务和自身能力是否相符，不承担能力范围之外的任务，以免由于能力不足导致客户利益受损。对于初入语言服务市场的MTI口译学生来说，本书构建的难度评估体系可以帮助学生在接受任务前从任务主题、发言人口音、媒介等层面评估任务难度，承接能力范围之内的任务，确保的口译质量，维护语言服务市场中的口译员信誉。

第四节　研究不足与未来改进方法

目前，国内外关于口译难度评估的系统研究尚不多见，因而本书需要在概念明晰、理论建构等多方面开展探索性研究，加之研究者的研究能力、经验、时间和条件的局限，整个研究过程难免存在一些不足和缺憾，这些不足和缺憾也是未来研究得以继续完善和深入的起点。就本书而言，本书的不足可归为研究内容不足、研究方法不足、数据分析方法不足三大方面。下文将反思研究中的主要不足，并针对每点不足，提出未来研究展望。

一　内容不足与展望

研究内容不足主要有三点表现。

其一是囿于研究者精力、时间和资源限制，本书以欧盟口译教学资源库交替传译分级语料为内容分析语料来源，默认其难度分级较为合理，但是本书前期试点研究表明学生对于其个别篇章的难度分级并不完全赞同，在没有更好的分级语料替代的情况下，本书依然以其为语料量化分析来源，指标提取的精度可能会略打折扣。未来，本书或相关研究可通过真实的口译任务和任务后学生的译后感受，确定语料的难度分级，再针对其开展文本内容分析，提高难度预测指标提取的精准度。

其二是囿于研究的可操作性和研究者背景知识水平的有限性，对于源语难度有显著预测效果的个别量化指标，如 C37 词汇多义度、C71 词汇依存距离等，没有办法迅速计算出数值，需要研究者拥有语言词典树库资源以及依存语法和编程知识作为支撑，故而研究者遵照指标可操作性原则将其删除，可能会影响源语难度预测的准确度。未来，本书或相关研究的研究者可选取本书中删除的一些具有显著预测效度的量化指标开展跨学科研究，提高难度预测的精准度。

其三也是囿于研究精力和时间限制，本书没有对所有的 15 个难度影响因素都进行实证验证，仅通过文献研究和理论思辨的方式，确定了一部分难度影响因素的作用机制（如话题、修辞、文化负载等），可能导致相关因素的难易评估描述语准确度降低。未来，本书或相关研究仍需以本评估体系界定的各因素描述语为基础，通过大范围样本实证研究的方式，探索各因素的难度影响机制，验证或补充评估体系中的描述语，提高各因素难度评估赋分描述语的准确性。

二 研究方法不足与展望

就研究方法而言，本书的不足表现在两个方面。

首先，本书在提取源语难度影响因素时虽然综合使用了文献研究法、访谈法、内容分析法以及因子分析法等，力求通过多种渠道穷尽英汉交替传译源语难度的影响因素，实现最大精度的评估。但是却忽略了通过思辨研究的方式提取源语难度的潜在影响因素，如在研究初期从学理层面结合交替传译的过程和实质，思考交替传译源语难度和一般听力或其他模式口译的源语听辨可能存在的差别等。未来，本书或相关研究可在提出假设模型初期阶段综合使用思辨研究和实证研究方法提取难度预测指标，确保指标提取既具有强有力的学理支撑，也有丰富的实证数据支撑。

其次，本书运用了层次分析法，通过矩阵运算的方式将学生对源语难度影响因素重要性的主观判断进行量化，实现了对源语评估体系中的维度和因素权重的灵活分配，是本书在研究方法方面的创新。但是该方法也是一种带有模拟人脑决策方式的方法，反映的是很多不能简单地用数字来说明的态度或倾向等问题，一定程度上带有较多的定性色彩，客观性不如纯定量研究方法强。未来，本书或相关研究可考虑将学生主观难度感知量化计算所得的权重与其他方式所得的各因素权重开展多元比较（如基于各因素得分与学生实际口译表现得分建立的多元回归方式等），以验证所得权重的合理性，提高研究结论的客观性。

三 数据分析不足与展望

本书的数据分析有两点不足。其一是研究的样本量略偏小，尤其是在逻辑因素作用机制的实验研究和评估体系校标关联效度检验中，仅有 15 名被试，可能会使研究结论的推广力度不足。此外在访谈中，本书囿于精力限制，选择的访谈对象数量有限，相信若扩大访谈样本量，可以获得更多研究数据。

其二是本书对于质性研究数据的分析主要采用风笑天（2006）提出的三级编码方式，且邀请了另一名辅助研究者共同编码，尽量确保研究者间一致性达标，但是囿于研究时间限制和条件限制，研究者在编码过程中未使用 atlas.ti 或 MAXQDA 等质性分析软件进行编码，可能导致编码结论客观性略微欠缺。未来，本书或相关研究可一方面尽量扩大研究的样本量，基于较大样本范围确定研究结论，并对结论进行验证和修正，另一方面在质性研究过程中，借助编码软件和工具开展数据编码，多种软件和方法共用，以使构建的评估体系更加科学有效。

总体来说，本书通过多阶段多种方法混合研究构建的英汉交替传译源语难度评估体系实现了本书既定的研究目标，但是评估体系中包含的指标（因素）略多略细，在实际评估过程中有些因素需要评估者主观判断辅助，有些因素需要运用相关软件测量出具体数值，在日常交替传译教学中操作起来稍显复杂，且评估的语种和对象范围有限。本书作为口译源语难度评估领域中为数不多的探索性研究，是对既往该主题经验化与主观化研究的学理化和科学化推进。笔者在未来研究中，将首先以本书作为基础，基于本书构建的源语难度评估体系开展针对学生的英汉交替传译实验，通过考查评估体系测量出的源语整体难度值与学生口译表现和难度感知的关系，构建可用于英汉交替传译源语难度自动化和程序化评估的公式模型，并进一步考虑运用本书的思路和方法，构建适用语言方向性和研究对象范围更广的源语难度评估模型，实现和提升本书的应用价值。

附 录

附录1 英汉交替传译任务负荷和难度自评量表

亲爱的同学,感谢您的参与!

请您在完成英汉交替传译测试前作答第1题,在完成测试后作答第2—6题。答题结果没有对错之分,您只需要完全根据自己的真实感受作答,每一题可精确到小数点后一位。

1. Overall Difficulty of the Text(译前整体难度预估)

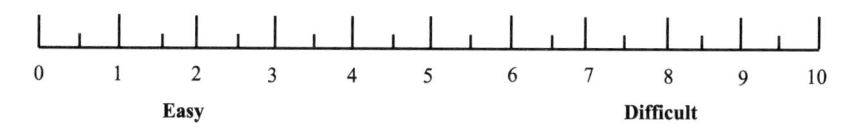

```
0   1   2   3   4   5   6   7   8   9   10
  Easy                            Difficult
```

2. Mental Demand(完成任务所需付出的脑力消耗)

```
0   1   2   3   4   5   6   7   8   9   10
  Low                                  High
```

3. Performance(请对自己完成任务的表现打分)

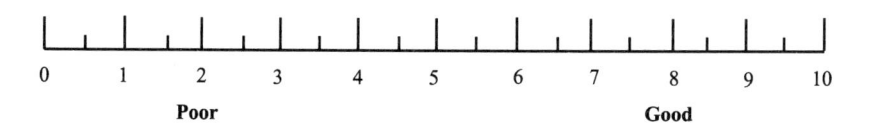

```
0   1   2   3   4   5   6   7   8   9   10
  Poor                                 Good
```

4. Frustration（你在完成任务时感受到沮丧、压力和挫败感的程度）

```
 |  |  |  |  |  |  |  |  |  |  |
 0  1  2  3  4  5  6  7  8  9  10
    Low                High
```

5. Effort（你在完成任务时付出的努力高低）

```
 |  |  |  |  |  |  |  |  |  |  |
 0  1  2  3  4  5  6  7  8  9  10
    Low                High
```

6. Overall Difficulty of the Text（译后难度整体评估）

```
 |  |  |  |  |  |  |  |  |  |  |
 0  1  2  3  4  5  6  7  8  9  10
    Easy              Difficult
```

附录 2　试点研究测试语料（3 篇）

语料 A：

I would like to talk to you today about why men hate shopping. If there's one thing that clearly shows that men and women are different, it's shopping. Women like to window shop and browse. Men shop with a mission. Men know exactly what they want to buy before they leave the house. Women, however, tend to decide on their purchases only after they've seen what's available in stores. Men easily get lost in shopping malls. Women spend so much time there, they can give shortcuts to the security staff. Women don't get stressed. If a short shopping trip turns into a very long shopping trip. Men, on the other hand, insist on being in and out of a store in 20 minutes. But that may be for the good of their health. A medical study has shown that men who are forced to go on long shopping trips suffer from sudden increases in their blood pressure. This gives an entirely new meaning to the expression shop till you drop. Yes. Everything I've said is a broad generalization. There are some women out there who hate shopping, just like there are very few men out there who love to buy shoes. Through years of her life shopping, not surprisingly, women are responsible for more than 80% of consumer spending in the united states. In Europe and in Australia, women even make the majority of purchases in unexpected areas, such as buying a new car, although that does depend on the type of car. Most sensible family vehicles are purchased by women. However, these generalizations are firmly grounded in truth. They are backed up by a large number of studies which have made the following findings. Sports cars, however, are bought by men. But here's some consoling news for men. A recent study has shown that men are much less likely than women to return from a shopping trip empty handed. And they might even return from that shopping trip with a brand new sports car. Thank you.

语料 B:

I want to talk to you about a subject that I believe is very important. And that's the topic of organ donation. Perhaps organ donation is not something you've ever really thought about. Or perhaps it's something that you care about deeply, perhaps, you know, someone who has benefited from organ donation from somebody else, perhaps, you know, someone that themselves have donated an organ. Perhaps you carry a donor card yourself or have registered on your countries. Um, organ donation register, or perhaps you have particular objections to organ donation, whether they be religious, culturalor ethical. But today I want to briefly describe to you the different types of organ donation systems that we have found around the world in different countries. And I will give you a very brief overview. But before I start, I also want to contextualize the situation and tell you why organ donation is so important, because around the world, we have a lack of organ donors. We have more people waiting for an organ donation than we people donating organs. And according to statistics, in the United Kingdom, an average of three people die every day while waiting for an organ transplant. This figure is even higher in other countries. And in the US, an average of twenty people die every single day, because they are not able to receive the vital organs that they need. So as you can see, um, organ donation is critical for many people and can be life-saving. So what systems do different countries have? Well, first of all, there is what's known as the opt-in system. And this is a system used in countries such as England, the United States and Germany. In the opt-in system, you need to actively register to be considered a donor of your organs after your death. Um. However, the problem with an opt-in system is that if the public is not aware of the extraordinary need for organs, they may not feel the need to put themselves on the register. However, it's also to note that even in an opt-in system, it's the family or the next of kin who have the final say. So for example, I may not be on the organ donation register, but in the case of my death, my family could override or not override my decision. My family could decide that they want to donate my organs, and the same is true of the opposite situation. I may have put myself on the register, but my family can decide to veto my decision and choose not to donate my organs. But let's move on now to what more countries are starting to turn to. And that is a system known as the opt-out system. And the opt-out system is also called presumed consent. Within this system, everyone is considered to be an organ donor unless they actively removed themselves from the list. And the benefit of this system is that even if the public is not aware of the need for organ donations, they are still considered a donor, even if they don't actively put themselves on the list. And such a system makes a huge difference, and countries with opt-out systems tend to have much higher rates of donations. So to give you an example, as I mentioned, Germany is a country with an opt-in system, and only twelve percent of its citizens gave consent. Only twelve percent of its citizens put themselves on the donation register. Austria, however, is an opt-out system, and ninety nine percent of its citizens are on the donation register. In other words, only one percent decided to remove themselves.

语料 C:

Every few years or so, a new economic model is held up by economists as the one to emulate. We had the German model in the fifties and the sixties. We then had the Japanese model in the 1980s, and then the US model more recently. And we've even had small countries like the

Netherlands or Ireland held up as economic paragon. It ought to be said that now most of these models are in disgrace and none of them seems to have held up particularly well to the current financial and economic crisis. But having said that, I wish to look briefly at these models, the way in which they are applied in Europe and try to list some of the differences between them. I ought to preface my comments by saying that although very often people try and score political points by arguing that one model is extreme on the left and another model is very extreme to the right, all of these economic models actually have a try and ensure that there's a balance between individual responsibility and collective responsibility. It's just that the balance between the two is different, slightly from one model to the next. But anyway, let's get on with our examination of these different economic models. We could divide Europe up into north, south, east and west. If you go to the North and you look at the North South axis, we have the two extremes. We have the Nordic model in the north in Sweden, Finland, Denmark, and possibly even in the Netherlands. And then in the south we have the Mediterranean model. If we divide Europe on an east west axis, there in the middle, we'll leave out eastern Europe for the time being in the middle you have the phone so called Rhineland model, and that's represented by France, Belgium, Germany, Luxembourg, and Austria. Whereas further over to the west, you have the so called Anglo Saxon model represented by the UK and Ireland. So what are the differences between these models? One could spend a long time discussing that, but I'd just like to take two specific parameters and judge these models on how well they achieve these particular economic goals. And these are well known economic goals that are included in the European Union's Lisbon Agenda. They are first of all to provide high levels of employment. And secondly, to eliminate relative poverty. Let's see how the various economic models stack up on these two parameters.

附录3 交替传译质量评估量表

评价维度和指标		完全符合 5	大部分符合 4	基本符合 3	略微符合 2	极不符合 1
内容	信息准确无篡改					
	信息完整无遗漏					
	信息无随意增补					
	逻辑结构合理					
形式	语句完整无碎片句					
	语域、语体正确					
表达	表达流利、自然					
	无明显修正和回译					
	填充语、停顿等副语言较少					
	时间控制较好，译文时长少于原文					
总分		内容分*2+形式分+表达分				

附录4 研究知情同意书范本
（问卷、访谈、测试）

- 我已对"英汉交替传译源语难度评估研究"项目知情。
- 我同意参加本项研究的部分工作（问卷、访谈、测试）。
- 我有机会提问而且所有问题均已得到解答。
- 我的个人所有信息被承诺严格保密。
- 我同意研究者使用我提供的一切数据。
- 我理解参加本项研究是自愿的。
- 我可以选择不参加本项研究，或者在任何时候通知研究者后退出而不会遭到歧视或报复，我的权益不会因此而受到影响。
- 如果我没有遵守研究计划，研究者可以终止我继续参与本项研究。
- 我将收到一份签过字的知情同意书副本。
- 最后，我决定同意参加本项研究。

受试者：日期：_____年_____月_____日

联系电话：

我已准确地将这份文件告知受试者，他/她准确地阅读了这份知情同意书，并证明该受试者有机会提出问题。我证明他/她是自愿同意的。

研究者：日期：_____年_____月_____日

联系电话：

附录5　英汉交替传译源语难度把控现状调查问卷（学生）

尊敬的同学：

本人正在进行一项关于英汉交替传译源语难度评估的研究，如果您是 MTI 口译方向的学员，麻烦您拨冗填写本问卷。

本问卷将占用您 15 分钟左右时间，题目类型包括单选题、多选题和开放式填空题。问卷中的题目无特定答案，请您根据自己的真实情况和感受填写，您的参与对本书十分重要。本问卷为匿名问卷，您填写的所有信息会被完全保密，并仅为本书所用。

填完问卷后请您填写邮箱地址，您将会收到一套精美的中英文简历模板，作为对您支持的感谢！非常感谢！

1. 您目前所在的院校类型是

A. 综合类　B. 外语类　C. 理工类　D 师范类　E. 其他类

2. 您的本科背景是

A. 理科　　B. 工科　　C. 语言　　D 商科　　E. 其他

3. 您在翻译硕士入学考试的基础英语专业课中得分多少？

A. 低于或等于 60 分　B. 61—70 分　C. 71—80 分

D. 81 分及以上

4. 您在翻译硕士入学考试的翻译专业课中得分多少？

A. 低于或等于 100 分　B. 101—120 分　C. 121—140 分

D. 141 分及以上

5. 您在翻译硕士入学考试的汉语百科与写作专业课中得分多少？

A. 低于或等于 100 分　B. 101—120 分　C121—140 分

D. 141 分及以上

6. 您在入学前是否有口译类相关工作或实践经历（大于 3 个月）？

A. 是　　　B. 否

7. 您是否经常进行交替传译实践？

A. 从不　　　B. 偶尔（一学期少于 5 次）

C. 经常（一学期多于 5 次）

8. 您在交替传译自主练习过程中是否注重语料难度的把控？

A. 是　　　B. 否

9. 您是否参加过交替传译测试？

A. 是　　　B. 否

10. 您认为您所使用的交替传译训练教材是否存在难度安排不合理的情况？

A. 不存在　　　B. 偶尔存在　　　C. 普遍存在

11. 您认为您参加过的交替传译测试是否存在难度不一致或不合理的情况？

A. 不存在　　　B. 偶尔存在　　　C. 经常存在

12. 您认为老师上课所选择的语料对您是否偏难？

A. 总是偏难　　　B. 偶尔偏难　　　C. 难度适中　　　D. 非常简单

13. 您认为交替传译课堂练习的语料难度过大是否会影响您学习信心的建立？

A. 是　　　B. 否

14. 您认为交替传译课堂练习的语料难度过大是否会激励您更加努力地练习？

A. 是　　　B. 否

15. 您认为科学合理地把控交替传译源语难度对于交替传译教学和测试是否重要？

A. 重要　　　B. 无所谓　　　C. 不重要

16. 您在交替传译课后自主练习中选择的语料来源是（多选）

A. 在线教学资源库　　　B. 纸质教材　　　C. 网络素材

D. 同伴模拟演讲

17. 您在交替传译课后自主练习过程中是否遇到不知如何选择

难度合适的源语的情况？

　　A. 没遇到　　　　B. 经常遇到　　　C. 偶尔遇到

　　18. 您在交替传译自主练习时如何甄别源语难度？（多选）

　　A. 基于自身经验判断　B. 参考已有难度研究成果　C. 和其同伴共同讨论决定

　　19. 您认为对您来说比较简单的英汉交替传译语料有哪些特征？（开放）

　　20. 您认为对您来说难度较大的英汉交替传译语料有哪些特征？（开放）

　　21. 若一篇英汉交替传译的源语难度比另一篇大，您的判断标准是什么？（开放）

　　22. 您认为影响交替传译和同声传译源语难度的因素是否存在差异？

　　A. 是　　　　B. 否

　　若存在差异，请您具体说明

　　23. 您认为影响英汉交替传译和汉英交替传译源语难度的因素是否存在差异？

　　A. 是　　　　B. 否

　　24. 您认为不同因素（包括词汇、句法、话题、体裁、语域、语速、语音、语调、肢体语言等）对英汉交替传译源语难度的影响程度是否相同？

　　A. 是　　　　B. 否

　　若不同，请您列举您认为影响程度最大的3—5个因素，以上因素仅供参考。

　　25. 您认为在英汉交替传译教学中是否需要一个英汉交替传译源语难度分级评估体系作为您选择难度合适的练习语料的参考？

　　A. 是　　　　B. 否

附录6 英汉交替传译源语难度把控现状调查问卷（教师）

尊敬的老师：

本人正在进行一项关于英汉交替传译源语难度评估的研究，如果您是从事口译教学的高校教师，麻烦您拨冗填写本问卷。

本问卷将占用您 15 分钟时间，题目类型包括单选题、多选题和开放式填空题。问卷中的题目无特定答案，烦请您根据自己的真实情况和感受填写，您的参与对本书十分重要。本问卷为匿名问卷，您填写的所有信息会被完全保密，并仅为本书所用。

填完问卷会有小惊喜，非常感谢您的支持和参与！祝您工作愉快，家庭幸福。

1. 你的职称是

   A. 助教　B. 讲师　C. 副教授　D. 教授

2. 您的学历背景是

   A. 本科　B. 硕士研究生　C. 博士研究生

3. 您所在的院校类型是

   A. 综合类　B. 外语类　C. 理工类　D 师范类　E. 其他类

4. 您所教授的学生层次是

   A. 本科　B. 研究生　C. 都教授

5. 您从事交替传译教学的时间是

   A. 1—2 年　B. 3—5　C. 6—10　D. 11 年及以上

6. 您是否进行交替传译实践？

   A. 从不　B. 偶尔（一学期少于或等于 5 次）

   C. 经常（一学期 6 次及以上）

7. 您是否参加过交替传译教材的编写工作？

   A. 是　　　B. 否

8. 您是否参加过交替传译测试的命题工作？

　　A. 是　　　　B. 否

9. 您在英汉交替传译教学/教材编写和测试命题时是否注重语料难度的把控？

　　A. 是　　　B. 否

10. 您认为您所使用的交替传译训练教材是否存在难度安排不合理的情况？

　　A. 不存在　　　B. 偶尔存在　C. 普遍存在

11. 您认为您所了解的交替传译测试是否存在难度不一致或不合理的情况？

　　A. 不存在　　　B. 偶尔存在　C. 经常存在

12. 您认为目前市面上的英汉交替传译教材对于您所教授的学生是否偏难？

　　A. 偏难　　　B. 正好　　　C. 简单

13. 您认为科学合理地把控交替传译源语难度对于交替传译教学和测试是否重要？

　　A. 重要　　　B. 无所谓　　　C. 不重要

14. 您在交替传译技能分解训练阶段和综合训练阶段选择语料的标准是否一致？

　　A. 一致　　　B. 不一致

15. 您在交替传译综合训练教学/测试命题过程中选择的语料来源是？（多选）

　　A. 自身实战语料　　　B. 教材　　　C. 网络素材

　　D. 模拟演讲

16. 您在交替传译综合训练教学/测试中是否遇到不知如何选择难度合适的源语的情况？

　　A. 没遇到　　　B. 经常遇到　　C. 没考虑过这个问题

　　D. 偶尔遇到

17. 您在英汉交替传译教学/测试命题时如何把控源语难度？

（多选）

  A. 基于自身经验判断　　B. 参考已有难度研究成果

  C. 和其他专家共同讨论决定　　D. 参考学生反馈

  18. 您认为比较简单的英汉交替传译语料有哪些特征？（开放）

  19. 您认为难度较大的英汉交替传译语料有哪些特征？（开放）

  20. 若一篇英汉交替传译的源语难度比另一篇大，您的判断标准是什么？（开放）

  21. 您认为影响交替传译和同声传译源语难度的因素是否存在差异？

  A. 是　　　　B. 否

  22. 您认为影响英汉交替传译和汉英交替传译源语难度的因素是否存在差异？若有，如何体现（单选/开放）

  A. 是　　　　B. 否

  若不同，请您具体说明

  23. 您认为不同因素（包括词汇、句法、话题、体裁、语域、语速、语音、语调、肢体语言等）对英汉交替传译源语难度的影响程度是否相同？

  A. 是　　　　B. 否

  若不同，请您列举您认为影响程度最大的 5 个因素，以上因素仅供参考。

  24. 您认为在英汉交替传译综合训练教学/测试过程中是否需要一个源语难度分级评估体系作为参考？

  A. 是　　　　B. 否

附录7　口译教师和测试专家访谈提纲

1. 您的基本情况是？（学校类型、职称、职务、教龄、专业背景、测试命题经验、所授课程、实践科研情况）

2. 您所知道的，目前口译测试中命题者/教师选择语料一般用哪些方式判断语料难度是否合理？

3. 您认为目前在各类口译测试或教材中语料源语难度是否合理？如不合理，请您具体说明。

4. 您认为在口译测试/教学语料选择过程中需要着重注意把握试题语料的难度吗？如需要，请说明难度过大或过小的语料会产生怎样的影响？

5. 您在口译测试命题/选择教学语料过程中，如何把握和评估语料难度？

6. 您觉得不同模式的口译，如英汉交替传译和汉英交替传译，其主要难度影响因素是否完全相同？

7. 您觉得不同语言方向性的口译活动，如英汉交替传译和汉英交替传译的源语难度影响因素是否相同？

8. 您认为在语言层面、副语言层面、认知层面有哪些因素会对英汉交替传译难度产生影响，您会在测试命题中怎样对其着重考察？

9. 除了以上提及的层面，您觉得还有哪些因素会影响英汉交替传译源语的难度，您会在测试命题/教学语料选择过程中怎样对其着重考察？

10. 在以上所有层面的影响要素中，您认为哪一层面或哪些因素对于英汉交替传译造成的难度更大？

11. 您认为了解学生对口译源语的难度影响因素的感知对于测试命题/选择教学语料是否有参考价值？

附录8　英汉交替传译源语难度影响因素感知初始量表

亲爱的同学，您好！

本人是广东外语外贸大学的翻译学博士生，正在进行一项关于**"英汉交替传译源语难度评估"**的研究，麻烦您拨冗填写本问卷。

本问卷将占您 10 分钟左右，调查采用 7 级量表的测评方法，请您根据自己的真实感受对每个指标打分。填完问卷后会有中英文电子简历模板赠送，作为对您支持的感谢！请您在问卷最后留下您的邮箱，以便后期发送礼物。

填写说明：量表中的 1—7 分值代表所列指标对于英汉交替传译源语整体难度的影响程度，1 分代表难度影响程度最低，7 分代表难度影响程度最高，请您在所选数值上打√或画○。另外，本书评估的对象为英汉交替传译工作模式，因英汉交替传译的难点和汉英交替传译或同声传译会存在差别，请您在指标打分时充分考虑该指标对于**英汉交替传译的源语难度**的影响。

请您在正式填写问卷前，填写您的年级、学校类型、学校区域、邮箱。

您所在年级：MTI 一年级　　MTI 二年级　　MTI 三年级　　其他

您所在的院校类型：外语类（　）综合类（　）师范类（　）理工类（　）其他类（　）

您学校所在的区域：华南地区（　）华北地区（　）华东地区（　）华中地区（　）华西地区（　）

您的邮箱是：

祝您学业进步，健康快乐！

题项（指标描述）	难度影响程度低——难度影响程度高						
1. 您认为源语单词的平均词长较长，即每个单词音节的平均长度较长对源语难度的影响	1	2	3	4	5	6	7
2. 您认为源语中实词的平均熟悉程度低对源语难度的影响	1	2	3	4	5	6	7
3. 您认为源语中T单位的总数多，即主句的所属／修饰／联合小句较多对源语难度的影响	1	2	3	4	5	6	7
4. 您认为源语发言人语体正式程度不同，如口语体或书面体，对源语难度的影响	1	2	3	4	5	6	7
5. 您认为源语中缩略语、数字、地名等信息冗余度较低的词语多对源语难度的影响	1	2	3	4	5	6	7
6. 您认为源语文辞修饰手段，如明喻、隐喻、双关等较多对源语难度的影响	1	2	3	4	5	6	7
7. 您认为源语语语类型，即传递信息、表达感情或说劝等不同意图的发言对源语难度的影响	1	2	3	4	5	6	7
8. 您认为源语类符形比较高，即篇中不一样的单词数和词语总数的比例高对源语难度的影响。（例如：Rose is a rose is a rose 表达中，不一样的单词为 rose, is, a 共 3 个，词语总数为 10 个，故词汇丰富度为 0.3）	1	2	3	4	5	6	7
9. 您认为源语发言人语速较快对源语难度的影响	1	2	3	4	5	6	7
10. 您认为源语中突发性语言中断现象较多对源语难度的影响	1	2	3	4	5	6	7
11. 您认为源语中被动、倒装句等有别于一般主谓句式的特殊句式较多对源语难度的影响	1	2	3	4	5	6	7
12. 您认为源语发言人的身体语言，如手势、面部表情等多对源语难度的影响	1	2	3	4	5	6	7
13. 您认为源语发言人声音传播中存在噪音干扰导致清晰度降低对源语难度的影响	1	2	3	4	5	6	7
14. 您认为源语新概念密度大，即新信息点总数和信息点总数之比高对源语难度的影响	1	2	3	4	5	6	7
15. 您认为源语发言人带有的个人、地方、民族语言特征的口音较重对源语难度的影响	1	2	3	4	5	6	7

续表

题项（指标描述）	难度影响程度低——难度影响程度高
16. 您认为源语的单个句子中从句占比较高对源语难度的影响	1　2　3　4　5　6　7
17. 您认为发言人的讲话方式不同，如脱稿演讲或读发言稿对源语难度的影响	1　2　3　4　5　6　7
18. 您认为源语的体裁表现形式不同，如说明、议论、记叙文等对源语难度的影响	1　2　3　4　5　6　7
19. 您认为发言人的语调平淡，即声音起伏和情感变化较少对源语难度的影响	1　2　3　4　5　6　7
20. 您认为源语中文化负载表达较多，即俚语、典故、诗歌等体现两种语言在社会文化习俗等方面差异的表达较多对源语难度的影响	1　2　3　4　5　6　7
21. 您认为语篇中信息点之间的逻辑关系不同，如让步、对比、阐述等对源语难度的影响	1　2　3　4　5　6　7
22. 您认为源语易读性低，即源语转写成文本后可阅读和理解程度较低对源语难度的影响	1　2　3　4　5　6　7
23. 您认为源语的信息密度高，即信息点数量和总词汇数之比较高对源语难度的影响	1　2　3　4　5　6　7
24. 您认为源语的中心和主题较为生僻对源语难度的影响	1　2　3　4　5　6　7
25. 您认为发言人使用的图表，如流程图、PPT、表格等较多对源语难度的影响	1　2　3　4　5　6　7
26. 您认为发言人和译员之间的空间距离较远对源语难度的影响	1　2　3　4　5　6　7

附录9　英汉交替传译源语难度影响因素感知正式量表

亲爱的同学，您好！

本人正在进行一项关于"**英汉交替传译源语难度评估**"的研究，麻烦您拨冗填写本问卷。

本问卷将占您 **15 分钟**左右，调查采用 7 级量表的测评方法，请您根据自己的真实感受对每个指标打分。填完问卷后会有中英文电子简历模板赠送，作为对您支持的感谢！请您在问卷最后留下您的邮箱，以便后期发送礼物。

填写说明：量表中的 1—7 分值代表所列指标对于英汉交替传译源语整体难度的影响程度，1 分代表难度影响程度最低，7 分代表难度影响程度最高，请您在所选数值上打√或画○。另外，本书评估的对象为英汉交替传译工作模式，因英汉交替传译的难点和汉英交替传译或同声传译会存在差别，请您在指标打分时充分考虑该指标对于**英汉交替传译的源语难度**的影响。

请您在正式填写问卷前，填写您的年级、学校类型、学校区域、邮箱。

您所在年级：MTI 一年级　MTI 二年级　MTI 三年级　其他

您所在的院校类型：外语类（　）综合类（　）师范类（　）理工类（　）其他类（　）

您学校所在的区域：华南地区（　）华北地区（　）华东地区（　）华中地区（　）华西地区（　）

您的邮箱是：

祝您学业进步，健康快乐！

题项（指标描述）	难度影响程度低——难度影响程度高						
1. 您认为源语中缩略语、数字、地名等信息冗余度较低的词语多对源语难度的影响	1	2	3	4	5	6	7
2. 您认为源语文辞修饰手段，如明喻、隐喻、双关等较多对源语难度的影响	1	2	3	4	5	6	7
3. 您认为源语类符形符比较高，即语篇中不一样的单词数和词语总数的比例高对源语难度的影响（例如：Rose is a rose is a rose 表达中，不一样的单词为 rose, is, a 共 3 个，词语总数为 10 个，故词汇丰富度为 0.3）	1	2	3	4	5	6	7
4. 您认为源语发言人语速较快对源语难度的影响	1	2	3	4	5	6	7
5. 您认为源语中被动、倒装句等有别于一般主谓句的特殊句式较多对源语难度的影响	1	2	3	4	5	6	7
6. 您认为源语人声音传播中存在噪音干扰导致清晰度降低对源语难度的影响	1	2	3	4	5	6	7
7. 您认为源语的新概念密度大，即新信息点数和信息点总数占比较高对源语难度的影响	1	2	3	4	5	6	7
8. 您认为源语发言人带有的个人、地方、民族语言特征的口音占比较高对源语难度的影响	1	2	3	4	5	6	7
9. 您认为源语的单个句子中从句个数较多对源语难度的影响	1	2	3	4	5	6	7
10. 您认为源语中文化负载表达较多，即俚语、典故、诗歌等体现两种语言在社会文化习俗等方面差异的表达较多对源语难度的影响	1	2	3	4	5	6	7
11. 您认为源语语篇中信息点之间的逻辑关系多样，如转折、递进、让步等对源语难度的影响	1	2	3	4	5	6	7
12. 您认为源语易读性低，即源语转写成文本后可阅读和理解程度低对源语难度的影响	1	2	3	4	5	6	7
13. 您认为源语的信息密度，即信息点数量和总量之比较高对源语难度的影响	1	2	3	4	5	6	7
14. 您认为源语的中心和主题较为生僻对源语难度的影响	1	2	3	4	5	6	7
15. 您认为发言人使用的图表，如流程图、PPT、表格等较多对源语难度的影响	1	2	3	4	5	6	7

感谢您的填写，若本书还有后续调查量表，请问您还是否愿意参与？是（ ）否（ ）

附录10 "英汉交替传译源语难度评估"指标体系权重调查问卷

尊敬的同学，您好！

本人正在进行一项关于"英汉交替传译源语难度评估体系指标影响权重分配"的研究，此调查问卷的目的在于确定"英汉交替传译源语难度评估体系"中各级别指标的相对权重。调查问卷根据层次分析法（AHP）形式设计，非常感谢您拨冗填写。本问卷将占用您10—15分钟时间，您的参与和判断对本书意义重大。填完问卷后会有中英医学口译术语词汇库赠送，请您在问卷最后留下您的邮箱，以便后期发送礼物。

根据 AHP 权重计算方法的打分要求，本问卷的衡量尺度划分为9个等级，其中9，7，5，3，1的数值分别对应绝对重要、十分重要、比较重要、稍微重要、同样重要，8，6，4，2表示重要程度介于相邻的两个等级之间。靠左边的9等级单元格表示左端因素相比于右端因素在交替传译源语难度评估中更为重要（即左侧因素对于英汉交替源语造成的难度更大），靠右边的9等级单元格表示右端因素相比于左端因素在英汉交替传译源语难度评估中更为重要（即右侧因素对于英汉交替源语造成的难度更大），中间的"1分"表示左右两侧指标一样重要。每一行只需要勾选一个分数值。请您根据自己的真实感受对题项中两两指标相比的重要性赋分。谢谢您的支持！

打分举例：以第一行为例，若您认为第一行中左右两边的"内容结构维度"和"词汇句法维度"在"英汉交替传译源语难度评估体系"中同等重要，则勾选表格中间的数字"1"。

若您觉得右侧的"词汇句法维度"相对于左侧的"内容结构维度"在"英汉交替传译源语难度评估体系"中相对更重要，请在靠近"词汇句法维度"一侧的9等级单元格区域内赋分，并根据您的判断和上文说明的数值含义，勾选对应数字。

若您觉得左侧的"内容结构维度"相对于右侧的"词汇句法维度"在"英汉交替传译源语难度评估体系"中相对更重要，请在靠近"内容结构维度"一侧的9等级单元格区域内对其与左端要素相比的重要性赋分。

其他题项问题打分过程以此类推，谢谢！

请您在正式填写问卷前，填写您的年级、学校类型、学校区域、邮箱，并尝试一次模拟填写：

您所在年级：MTI 一年级；MTI 二年级；MTI 三年级；其他

您所在的院校类型：外语类（ ）综合类（ ）师范类（ ）理工类（ ）其他类（ ）

您学校所在的区域：华南地区（ ）华北地区（ ）华东地区（ ）华中地区（ ）华西地区（ ）

您的邮箱是：

本次调查为匿名调查，您的所有信息将会得到保密，仅为本书所用，请您放心填写！

祝您学业进步，健康快乐！

续表

下列各行指标两两比较，在"**英汉交替传译源语难度评估体系**"中的相对重要性如何，即哪个维度指标可能会对英汉交替传译源语造成更大难度？

内容结构维度（LSA、逻辑、FKGL易读性、信息密度、话题）	9	8	7	6	5	4	3	2	1	2	3	4	5	6	7	8	9	词汇句法维度（低冗余名词、TTR、特殊句式、C/S）
内容结构维度（LSA、逻辑、FKGL易读性、信息密度、话题等）	9	8	7	6	5	4	3	2	1	2	3	4	5	6	7	8	9	副语言媒介维度（语速、口音、噪音、图表信息）
内容结构维度（LSA、逻辑、FKGL易读性、信息密度、话题等）	9	8	7	6	5	4	3	2	1	2	3	4	5	6	7	8	9	语用维度（文化负载、修辞）
词汇句法维度（低冗余名词、TTR、特殊句式、C/S）	9	8	7	6	5	4	3	2	1	2	3	4	5	6	7	8	9	副语言媒介维度（语速、口音、噪音、图表信息）
词汇句法维度（低冗余名词、TTR、特殊句式、C/S）	9	8	7	6	5	4	3	2	1	2	3	4	5	6	7	8	9	语用维度（文化负载、修辞）
副语言媒介维度（语速、口音、噪音、图表信息）	9	8	7	6	5	4	3	2	1	2	3	4	5	6	7	8	9	语用维度（文化负载、修辞）

下列各行指标两两比较，在"**内容结构维度**"中的相对重要性如何？

LSA（源语中新信息和已知信息重合度）	9	8	7	6	5	4	3	2	1	2	3	4	5	6	7	8	9	FKGL易读性（转写后源语可阅读理解程度）

续表

左指标	9	8	7	6	5	4	3	2	1	2	3	4	5	6	7	8	9	右指标
LSA（源语中新信息和已知信息重合度）	9	8	7	6	5	4	3	2	1	2	3	4	5	6	7	8	9	话题（源语发言的中心和主题）
LSA（源语中新信息和已知信息重合度）	9	8	7	6	5	4	3	2	1	2	3	4	5	6	7	8	9	信息密度（源语中命题数量与总词汇之比）
LSA（源语中新信息和已知信息重合度）	9	8	7	6	5	4	3	2	1	2	3	4	5	6	7	8	9	逻辑（源语信息点间逻辑关系）
FKGL易读性（转写后源语可阅读理解程度）	9	8	7	6	5	4	3	2	1	2	3	4	5	6	7	8	9	话题（源语发言中心和主题）
FKGL易读性（转写后源语可阅读理解程度）	9	8	7	6	5	4	3	2	1	2	3	4	5	6	7	8	9	信息密度（源语中命题数量与总词汇之比）
FKGL易读性（转写后源语可阅读理解程度）	9	8	7	6	5	4	3	2	1	2	3	4	5	6	7	8	9	逻辑（源语信息点间逻辑关系）
话题（源语发言的中心和主题）	9	8	7	6	5	4	3	2	1	2	3	4	5	6	7	8	9	信息密度（源语中命题数量与总词汇之比）
话题（源语发言的中心和主题）	9	8	7	6	5	4	3	2	1	2	3	4	5	6	7	8	9	逻辑（源语信息点间逻辑关系）
信息密度（源语中命题数量与总词汇之比）	9	8	7	6	5	4	3	2	1	2	3	4	5	6	7	8	9	逻辑（源语信息点间逻辑关系）

下列各行指标两两比较，在"词汇句法维度"中的相对重要性如何？

左指标	9	8	7	6	5	4	3	2	1	2	3	4	5	6	7	8	9	右指标
特殊句式（被动、否定、倒装句等）	9	8	7	6	5	4	3	2	1	2	3	4	5	6	7	8	9	TTR（源语中词汇丰富度和多样性）

续表

特殊句式（被动、否定、倒装句等）	9	8	7	6	5	4	3	2	1	2	3	4	5	6	7	8	9	低冗余名词（缩略语、数字、地名等）
特殊句式（被动、否定、倒装句等）	9	8	7	6	5	4	3	2	1	2	3	4	5	6	7	8	9	C/S（单句中从句占比）
TTR（源语中词汇丰富度和多样性）	9	8	7	6	5	4	3	2	1	2	3	4	5	6	7	8	9	低冗余名词（缩略语、数字、地名等）
TTR（源语中词汇丰富度和多样性）	9	8	7	6	5	4	3	2	1	2	3	4	5	6	7	8	9	C/S（单句中从句占比）
低冗余名词（缩略语、数字、地名等）	9	8	7	6	5	4	3	2	1	2	3	4	5	6	7	8	9	C/S（单句中从句占比）
下列各行指标两两比较，在"副语言媒介维度"中的相对重要性如何？																	
噪音（源语传播过程存在噪音干扰）	9	8	7	6	5	4	3	2	1	2	3	4	5	6	7	8	9	口音（源语发言人的个人、地方、民族语音特征）
噪音（源语传播过程存在噪音干扰）	9	8	7	6	5	4	3	2	1	2	3	4	5	6	7	8	9	图表信息（发言人使用的辅助图表，如流程图、PPT等）
噪音（源语传播过程存在噪音干扰）	9	8	7	6	5	4	3	2	1	2	3	4	5	6	7	8	9	语速（源语发言人说话速度）
口音（源语发言人的个人、地方、民族语音特征）	9	8	7	6	5	4	3	2	1	2	3	4	5	6	7	8	9	图表信息（发言人使用的辅助图表，如流程图、PPT等）

续表

口音（源语发言人的个人、地方、民族语音特征）	9	8	7	6	5	4	3	2	1	2	3	4	5	6	7	8	9	语速（源语发言人说话速度）
图表信息（发言人使用的辅助图表，如流程图、PPT等）	9	8	7	6	5	4	3	2	1	2	3	4	5	6	7	8	9	语速（源语发言人说话速度）

下列各行指标两两比较，在"语用维度"中的相对重要性如何？

文化负载（源语和目标语在社会文化习俗方面差异）	9	8	7	6	5	4	3	2	1	2	3	4	5	6	7	8	9	修辞（源语中使用的语言表达和文辞修饰手段）

附录 11　逻辑因素实验法语料语义逻辑关系标注图（3 篇）

语料 A：

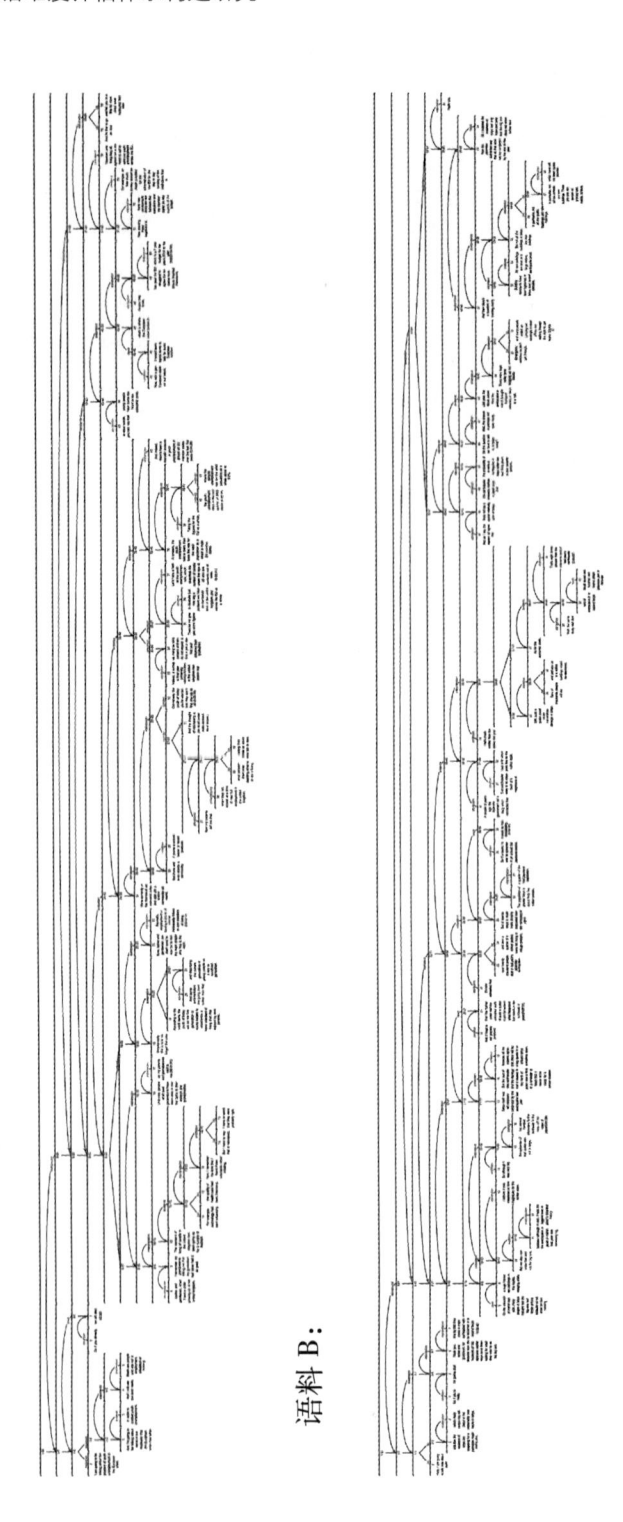

语料 B：

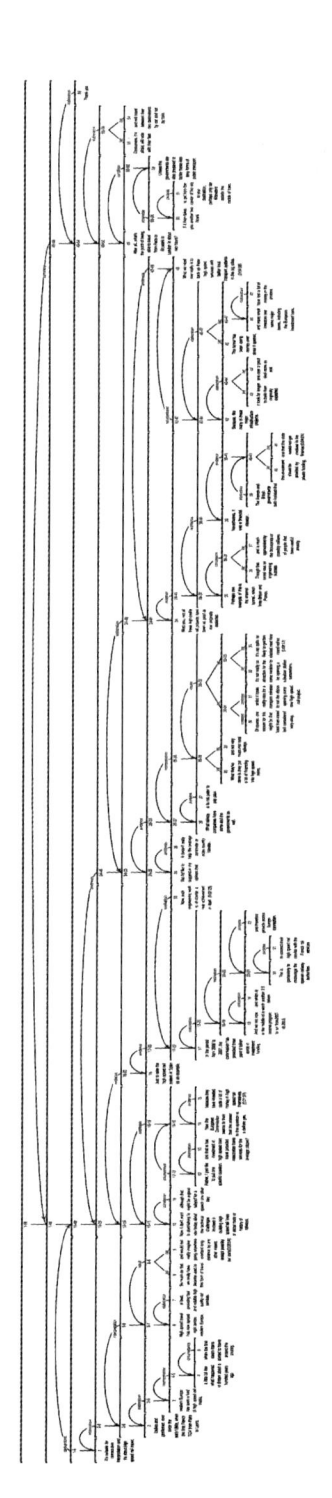

语料 C:

附录12　有声思维法提问大纲

1. 您认为这篇英汉交替传译的整体难度怎么样？
2. 您在翻译这篇文章的过程中遇到了哪些困难？
3. 在以上这些困难中，请您按照影响程度列举3—5个难度影响最大的因素。
4. 您在此处停顿了，能否麻烦您解释下原因？
5. 您刚才在此处皱眉头（摇头等），原因是什么呢？
6. 您在此处产生了翻译错误，能否麻烦您解释下原因？

附录 13　缩略语表

AHP	Analytic Hierarchy Process
AMOS	Analysis of Moment Structures
CATTI	China Accreditation Test for Translators and Interpreters
CI	Consecutive Interpreting
CFA	Confirmatory Factor Analysis
DC	Difficulty Coefficient
ECG	Electrocardiography
EEG	Electroencephalography
EFA	Exploratory Factor Analysis
ERDA	English Readability & Difficulty Assessment
ERMS	English Readability Measurement System
ERPs	Event-related Potentials
EUSR	EU Speech Repository
fMRI	functional Magnetic Resonance Imaging
IRMS	Information-based Readability Measuring System
IPA	Interpreter Performance Assessment
KMO	Kaiser-Meyer-Olkin
LCA	Lexical Complexity Analyzer
LSA	Latent Semantic Analysis
L2SCA	L2 Syntactic Complexity Analyzer
MTI	Master of Translation and Interpreting
NASA-TLX	National Aeronautics and Space Administration Task Load Index
PET	Positron Emission Tomography
RST	Rhetorical Structure Theory

续表

SI	Simultaneous Interpreting
SPSS	Statistical Program for Social Sciences
SWAT	Subjective Workload Assessment Technique
TAPs	Think-aloud Protocols
TTR	Type-token Ratio
TD	Translation Difficulty
WP	Workload Profile Index Ratings

参考文献

白佳芳、陈桦：《非本族语英语口音程度与熟悉度对英汉交替传译质量的影响——以东南亚英语口音为例》，《外语界》2018年第6期。

鲍川运：《翻译师资培训：翻译教学成功的关键》，《中国翻译》2009年第2期。

鲍刚：《口译理论概述》，旅游教育出版社1998年版。

鲍刚：《口译理论概述》，中国对外翻译出版公司2005年版。

鲍琼轩：《论口译员元情绪水平与同声传译质量的关联性》，硕士学位论文，上海外国语大学，2019年。

曹合建：《副语言与话语含义》，《外国语》1997年第5期。

陈吉荣：《翻译难度预测与分级研究述评》，《外语测试与教学》2015年第4期。

陈巧玲：《同声传译中的噪音类别和处理策略探究》，《莆田学院学报》2011年第3期。

陈瑞青：《口译中的副语言信息研究：回顾与展望》，《第十四届全国科技翻译研讨会论文汇编》，中国译协科技翻译委员会、广东省翻译协会2011年版。

陈淑英：《英语修辞与翻译英汉对照》，北京邮电学院出版社1990年版。

陈晓丹：《从语义空缺角度谈文化负载词的分类及翻译》，《青海民族大学学报》（教育科学版）2010年第6期。

陈燕、王祖浩：《高考实验题"绝对难度"评估工具的研究》，《全球教育展望》2013年第2期。
程是颉：《英汉交替传译过程中导致听辨障碍的因素及其应对策略》，硕士学位论文，上海外国语大学，2019年。
程喆：《同声传译的方向性对源语信息处理方式的影响》，硕士学位论文，上海外国语大学，2017年。
崔永禄、孙毅兵：《新编英汉口译教程》，上海外语教育出版社2010年版。
单宇、何苗：《科技翻译教材评价模型与难度量化分析》，《当代外语研究》2021年第5期。
邓军涛：《信息技术环境下口译教学资源的设计与开发》，博士学位论文，华中科技大学，2014年。
邓军涛、古煜奎：《口译自主学习语料库建设研究》，《外文研究》2017年第4期。
邓军涛、许勉君、赵田园：《"欧洲会议口译硕士"师资培训工作坊：回顾、评析与启示》，《外语界》2022年第4期。
邓军涛、仲伟合：《信息技术与口译教学整合：层次、机制与趋势》，《中国翻译》2019年第6期。
邓蕴珂：《印度口音对交替传译的影响的实证研究》，硕士学位论文，西南科技大学，2019年。
刁洪：《浅谈带PPT的同声传译的应对策略——基于一项实证研究》，《长江师范学院学报》2012年第11期。
丁雯《经济区域差异视角下我国商业银行客户满意度与忠诚度研究》，硕士学位论文，华南理工大学，2019年。
董大年：《现代汉语分类大辞典》，上海辞书出版社2007年版。
杜明荣：《高中物理试题难度的影响因素研究》，博士学位论文，西南大学，2008年。
方梦之：《中国译学大辞典》，上海外语教育出版社2011年版。
风笑天：《社会学研究方法》，中国人民大学出版社2018年版。

风笑天：《社会研究方法》，高等教育出版社 2006 年版。

冯佳、王克非：《翻译方向和文本难度对注意分配的影响——基于英/汉翻译的实证证据》，《中国外语》2021 年第 4 期。

冯建中：《实用英语口译教程上》，外语教学与研究出版社 2014 年版。

符荣波：《口译方向性对译语非流利产出的影响》，《现代外语》2013 年第 2 期。

高彬、徐珺：《口译教材与口译人才培养契合之实证研究——基于我国三大出版社的教材统计分析（1990-2011）》，《外语界》2012 年第 5 期。

高山：《目的论指导下美国脱口秀中言语幽默的交替传译探究》，硕士学位论文，黑龙江大学，2017 年。

高欣：《英汉交替传译中长句问题分析及应对策略》，硕士学位论文，黑龙江大学，2016 年。

耿小辉等：《21 天搞定全部英语语法》，中译出版社 2016 年版。

龚亚夫、罗少茜：《任务型语言教学》，人民教育出版社 2006 年版。

辜涛：《考研英语翻译试题难度分析》，《内江师范学院学报》2009 年第 11 期。

辜应康：《游客感知的都市型旅游目的地质量评价指标体系研究》，重庆大学出版社 2016 年版。

顾琦一、汤卫琴：《翻译任务中的关系从句习得难度层级》，《通化师范学院学报》2013 年第 3 期。

顾骁南：《从〈中国文化与基督教的冲撞〉译瑕看翻译的难度》，《沈阳工程学院学报》（社会科学版）2010 年第 2 期。

郭纯洁：《有声思维在外语教学研究中的应用》，外语教学与研究出版社 2015 年版。

郭岱宗：《面面俱到口译教程》，外语教学与研究出版社 2006 年版。

郭晓明：《课程知识与个体精神自由》，教育科学出版社 2005 年版。

国宴华：《基于探索性因子分析和聚类分析的机场旅客服务需求研

究》，硕士学位论文，山东大学，2018 年。

何文缤：《英汉交替传译中言内因素对不同口译焦虑级度学生译员的影响》，硕士学位论文，广东外语外贸大学，2017 年。

何妍、李德凤、李丽青：《方向性与视译认知加工——基于近红外脑功能成像技术的实证研究》，《外语学刊》2020 年第 2 期。

贺冬梅：《基于探索性因子分析和结构方程模型的学生成绩综合评价》硕士学位论文，东北师范大学，2012 年。

洪小丽：《东盟英语语音变体对口译的干扰及应对策略》，《考试与评价》（大学英语教研版）2017 年第 4 期。

洪宜华：《影响翻译难度的四个因素》，《中医教育》2000 年第 6 期。

黄河清：《近现代词源》，上海辞书出版社 2010 年版。

黄晓佳、鲍川运：《交替传译教学材料难度分级探析——以全国高端应用型翻译人才培养基地建设项目为例》，《中国翻译》2016 年第 1 期。

黄忠廉、杨荣广：《译学本体的术语厘定问题——以"原语"与"源语"为例》，《外国语》2015 年第 5 期。

黄子安：《英汉同声传译源语材料难度分级量化指标实证研究》，硕士学位论文，北京外国语大学，2017 年。

姬雅菁：《论幻灯片对英中同声传译精力分配模式的影响及应对策略》，硕士学位论文，北京外国语大学，2015 年。

贾艳芳、孙三军：《机器翻译译后编辑难度测量体系构建研究》，《中国外语》2022 年第 3 期。

江进林：《Coh-Metrix 工具在外语教学与研究中的应用》，《中国外语》2016 年第 5 期。

姜晨辉：《印度英语口音对英汉交替传译的影响》，硕士学位论文，黑龙江大学，2016 年．

蒋逸民：《社会科学方法论》，重庆大学出版社 2011 年版。

蒋跃、蒋新蕾：《最大依存距离对口译中非流利度的影响》，《外语研究》2019 年第 1 期。

金繁繁：《英汉口译教学语料之口音选择》，硕士学位论文，上海外国语大学，2018年。

金振林：《影响交替传译质量的因素及对策》，硕士学位论文，福建师范大学，2016年。

赖则中：《从文本难度与特色看视译之困难》硕士学位论文，台湾师范大学，2010年。

李长栓：《理解与表达 英汉口译案例讲评》，外语教学与研究出版社2013年版。

李德超、王巍巍：《关于有声思维法口译研究》，《外语教学与研究》2011年第6期。

李德超：《有声思维法在翻译教学中的运用——TAPS翻译研究对翻译教学的启示》，《中国翻译》2008年第6期。

李瑞林：《从翻译能力到译者素养：翻译教学的目标转向》，《中国翻译》2011年第1期。

李绍山：《易读性研究概述》，《解放军外国语学院学报》2000年第4期。

李婷婷：《方向性对交替传译信息加工方式的影响》，硕士学位论文，大连外国语大学，2019年。

李通、陆宏、王广新：《教育游戏难度设置的波浪式缓坡曲线理论模型构建》，《电化教育研究》2015年第2期。

李学娟、陈希镇：《结构方程模型下的因子分析》，《科学技术与工程》2010年第23期。

梁茂成：《副语言初论》，《徐州师范学院学报》，1994年第2期。

梁永强、王崴、瞿珏：《人机交互领域脑力负荷研究进展》，《航天医学与医学工程》2018年第4期。

林钧：《英文易读性的测定》，《外语教学与研究》1995年第4期。

刘建珠：《口译语料难度"ILSS"体系的建构》，《天水师范学院学报》2017年第1期。

刘剑：《国外多模态语料库建设及相关研究述评》，《外语教学》

2017 年第 4 期。

刘宓庆:《翻译教学:实务与理论》,中国对外翻译出版公司 2003 年版。

刘锐剑:《高校教师师徒关系及其对青年教师职业成功的影响研究》,博士学位论文,北京交通大学,2018。

刘世铸、张征:《修辞结构理论与 RST 工具》,《外语电化教学》2003 年第 4 期。

刘蔚华、陈远:《方法大辞典》,山东人民出版社 1991 年版。

刘先飞:《MTI 口译课程听辨教学素材难度分级》,《广东外语外贸大学学报》2016 年第 2 期。

刘潇:《文本易读度相关研究评述》,《湖北大学学报》(哲学社会科学版)2015 年第 3 期。

刘岩、李娜:《高等教育国际化能力综合评价指标体系的构建》,《高校教育管理》2019 年第 5 期。

龙莹:《学生译员交替传译中笔记困难的实证研究》,硕士学位论文,广东外语外贸大学,2015 年。

卢信朝:《英汉口译技能教程 听辨》,北京语言大学出版社 2012 年版。

卢信朝:《英汉口译听辨:认知心理模式、技能及教学》,《山东外语教学》2009 年第 5 期。

陆小飞、许琪:《二语句法复杂度分析器及其在二语写作研究中的应用》,《外语教学与研究》2016 年第 3 期。

罗玛、王祖浩:《教育考试中试题难度的测评研究——影响因素、评估方法及启示》,《教育测量与评价》2016 年第 9 期。

罗禹涛:《交替传译中的困难与对策》,硕士学位论文,广东外语外贸大学,2017 年。

罗玉婧:《幻灯片同声传译中精力分配的实证研究》,硕士学位论文,四川外国语大学,2010。

马靖:《影响会议交替传译的主要因素》,硕士学位论文,上海外国语大学，2010。

毛竞飞：《高考命题中试题难度预测方法探索》，《教育科学》2008年第6期。

梅德明：《英语口译教程》，高等教育出版社2008年版。

莫衡：《当代汉语词典》，上海辞书出版社2001年版。

穆雷、李希希：《中国翻译教育研究：现状与未来》，《外语界》2019年第2期。

聂丹：《产出型语言教学与测试的话题设计》，《汉语学习》2012年第3期。

聂丹：《汉语口语测试任务难度影响因素探究》，北京语言大学出版社2012年版。

聂丹：《普通话水平测试话题难度及影响因素探究》，《考试研究》2011年第3期。

欧国芳：《CET-4段落翻译难度一致性再探——以2014年12月CET-4三段平行翻译试题为例》，《吉林广播电视大学学报》2016年第1期。

彭万荣：《表演词典》，武汉大学出版社2005年版。

彭悦：《幻灯片对英中同声传译的影响及应对策略》，硕士学位论文，北京外国语大学，2018年。

任文：《交替传译》，外语教学与研究出版社2012年版。

任子朝、于福生：《应用诊断识别模型评估高考数学试卷难度》，《数学通报》1995年第4期。

［法］D. 塞莱斯科维奇、M. 勒代雷：《口译训练指南》，闫素伟、邵炜译，中国对外翻译出版公司2011年版。

邵志芳、余岚：《试题难度的事前认知任务分析》，《心理科学》2008年第3期。

沈美序：《访谈法在外语教学研究中的实施》，《科技风》2018年第24期。

司景方、孙美玮：《英文歌曲翻译的必要和难度》，《菏泽医学专科学校学报》2007 年第 4 期。

宋菁：《预制语块对英汉交替传译的缓解效应之实证研究——以东南亚英语变体汉译为例》，《中国翻译》2016 年第 4 期。

孙海琴：《源语专业信息密度对同声传译"脱离源语语言外壳"程度的影响》，博士学位论文，上海外国语大学，2012 年。

孙三军、文军：《论翻译难度的测量：理论与方法》，《外语界》2015 年第 5 期。

孙三军、文军：《论翻译专业本科课程内容的调适性原则与方法》，《上海翻译》2017 年第 4 期。

孙雪：《全国翻译专业资格（水平）考试英语笔译实务汉译英试题难度研究》，硕士学位论文，广东外语外贸大学，2015 年。

孙元旭：《英语修辞格的分类及其翻译》，《绥化学院学报》2010 年第 2 期。

唐嘉忆：《汉译英口译材料的难度判断》，福建省外国语文学会·首届海峡两岸外语教学与研究学术研讨会暨福建省外国语文学会 2011 年会论文集。

唐睿婉：《从吉尔口译模式看影响交替传译质量的因素》，硕士学位论文，辽宁大学，2013 年。

陶友兰：《基于语料库的翻译专业口译教材建设》，《外语界》2010 年第 4 期。

滕冲、汪同庆：《SPSS 统计分析》，武汉大学出版社 2014 年版。

田华、宋秀莲：《副语言交际概述》，《东北师大学报》（哲学社会科学版）2007 年第 1 期。

田华、宋秀莲、乔志杰：《非言语体系在英汉交际中的文化碰撞》，《河北北方学院学报》（社会科学版）2006 年第 2 期。

田甜：《吉尔模式下口音对口译员口译表现的影响及应对策略》，硕士学位论文，上海外国语大学，2012 年。

万宏瑜：《解读图表：另一项重要的口译技能》，《中国翻译》2004 年第 2 期。

万梅：《医学术语中的同义现象及存在原因分析》，《中国科技术语》2019 年第 4 期。

汪冬华：《多元统计分析与 SPSS 应用》，华东理工大学出版社 2018 年版。

汪涛：《交替传译教程》，武汉大学出版社 2013 年版。

汪雅君：《幻灯片内容详略程度对同声传译质量影响的对比研究》，硕士学位论文，北京外国语大学，2019 年。

王斌华：《"口译能力"评估和"译员能力"评估——口译的客观评估模式初探》，《外语界》2007 年第 3 期。

王斌华编：《口译：理论·技巧·实践》，武汉大学出版社 2006 年版。

王斌华：《中国口译研究 40 年：历程、成就和展望》，《当代外语研究》2018 年第 3 期。

王斌华等编：《英汉口译——转换技能进阶》，外语教学与研究出版社 2012 年版。

王崇恩：《英汉交替传译中口译学生笔记困难及其原因的实证研究》，硕士学位论文，中南大学，2012 年。

王丹：《交替传译》，外语教学与研究出版社 2011 年版。

王丹：《影响交替传译中听力理解的因素及应对策略》，硕士学位论文，宁夏大学，2017 年。

王嘉良等：《新编文史地辞典》，浙江人民出版社 2001 年版。

王茜、刘和平：《2004—2013 中国口译研究的发展与走向》，《上海翻译》2015 年第 1 期。

王惟晋：《质性编码技巧在国际关系研究中的应用》，《社会科学》2018 年第 6 期。

王小潞、王艺臻：《NASA-TLX 心理负荷量表在翻译难度测量中的信效度评估——以 CET-4 汉译英试题为样本》，《翻译研究与教学》2018 年第 2 期。

王晓华：《基于 AHP 的数学试题难度模糊综合评判》，《教育科学》

2013 年第 5 期。

王炎强：《汉英视译难度分级语料库研究——以全国高端应用型翻译人才培养基地建设项目（ATTI）汉英教学资料库为例》，《翻译论坛》2018 年第 4 期。

王燕：《外交外事翻译人才的特色培养》，全国首届翻译硕士（MTI）教育与翻译产业研讨会论文集，2009 年。

王战平：《翻译难易度评估》，《译林》（学术版）2012 年第 6 期。

魏钊：《高中生化学空间能力测评研究》，博士学位论文，华中师范大学，2019 年。

乌琳：《全国翻译专业资格（水平）考试英语笔译实务英译中试题翻译难度研究》，硕士学位论文，广东外语外贸大学，2015 年。

吴迪：《交替传译笔记困难的实证研究》，硕士学位论文，上海外国语大学，2012 年。

吴磊：《原语语篇类型对汉英口译任务复杂度的影响》，硕士学位论文，华东师范大学，2006。

吴旭东：《外语学习任务难易度确定原则》，《现代外语》1997 年第 3 期。

吴子牛：《汉英交替传译源语材料难度判断的量化指标》，硕士学位论文，北京外国语大学，2014 年。

伍凤：《旅游资料中文化负载词的分类及英译研究》，《重庆科技学院学报》（社会科学版）2015 年第 12 期。

伍忠纲：《从摩经翻译的难度看布依文推广普及的重要性》，《贵州民族报》2017 年 10 月 24 日（B03）。

武光军：《翻译教学中的学习者因素研究》，上海交通大学出版社 2018 年版。

武光军：《英语专业大学生翻译学习动机调查研究》，《外语教学》2019 年第 2 期。

现代汉语大词典编委会：《现代汉语大词典》上海辞书出版社 2010 年版。

向东进：《实用多元统计分析》，中国地质大学出版社 2005 年版。

肖军：《教育研究中的文献法：争论、属性及价值》，《当代教育理论与实践》2018 年第 10 期。

肖丽：《学生译员英汉交替传译笔记困难实证研究——基于英语专业学生的有声思维调查》，《广东外语外贸大学学报》2018 年第 1 期。

谢金柱、胡银环、鲁春桃、邓璐：《医生工作负荷测量研究进展》，《中国医院》2018 年第 6 期。

辛自强：《关系—表征复杂性模型的检验》，《心理学报》2003 年第 4 期。

辛自强：《问题解决与知识建构》，教育科学出版社 2005 年版。

邢富坤、程东元、濮建忠：《英文文本难度自动测量系统的研制与开发》，《现代教育技术》2008 年第 6 期。

徐海铭、柴明颎：《汉英交替传译活动中译员笔记困难及其原因的实证研究——以国际会议职业受训译员和非职业译员为例》，《外语学刊》2008 年第 1 期。

许明武、邓军涛：《口译教学语料的难度甄别：功能语篇分析视角》，《中国翻译》2013 年第 6 期。

许婷婷：《副语言交际功能简说》，《佳木斯教育学院学报》2014 年第 1 期。

薛昇：《外交场合中隐喻的口译规范研究》，硕士学位论文，上海外国语大学，2019 年。

延军平、任志艳：《实行生态义务制度的必要性与可能途径》，《陕西师范大学学报》（哲学社会科学版）2010 年第 4 期。

严立东、严明：《从难度理论视角论商务语类翻译障碍》，《枣庄学院学报》2008 年第 3 期。

杨承淑：《口译教学研究—理论与实践》，辅仁大学出版社 2000 年版。

杨承淑：《口译教学研究：理论与实践》，中国对外翻译出版公司

2005年版。

杨桦:《从吉尔精力分配模型和理解等式看影响交替传译表现的因素》,硕士学位论文,广东外语外贸大学,2017年。

杨庆蕙:《现代汉语正误词典》,北京师范大学出版社2009年版。

杨芷:《带幻灯片的汉英同传利弊分析和策略研究》,硕士学位论文,北京外国语大学,2017年。

姚斌:《即兴发言汉英交替传译中的信息重组策略》,《中国翻译》2018年第2期。

姚艳波:《汉英交替传译中学生译员口译困难的原因及教学启示》,《浙江海洋学院学报》(人文科学版)2010年第3期。

叶芍宏:《印度口音对同声传译的影响及应对策略》,硕士学位论文,外交学院,2016年。

游泳大辞典编委会:《游泳大辞典》,人民教育出版社1999年版。

于畅:《排比修辞的汉英交替传译问题研究》,硕士学位论文,黑龙江大学,2019年。

于涵:《不忘初心推进新高考改革面向未来构筑现代化考试》,《中国高教研究》2018年第3期。

于虹、周文静:《英语修辞与翻译探究》,中国书籍出版社2016年版。

袁金明、罗天妮:《基于"翻译难度"视角的翻译难点及应对策略——以联合国游客中心宣传册为例》,《翻译论坛》2017年第2期。

袁帅、万宏瑜:《方向性对视译流利度的影响》,《上海翻译》2019年第1期。

原蓉洁:《交替传译中语篇结构对原语语篇难度的影响研究》,博士学位论文,上海外国语大学,2018年。

曾婷:《汉英交替传译中数字口译错误实证研究》,《长江大学学报》(社会科学版)2012年第11期。

张炳江:《层次分析法及其应用案例》,电子工业出版社2014年版。

张德禄、穆志刚：《多模态功能文体学理论框架探索》，《外语教学》2012年第3期。

张吉良：《交替传译与同声传译辨》，《上海科技翻译》2003年第1期。

张魁：《修辞结构理论（RST）评析》，《云南财贸学院学报》（社会科学版）2017年第3期。

张立志：《关联理论下交替传译笔记困难与应对策略实证研究》，硕士学位论文，内蒙古大学，2022年。

张睿、方菊：《交替传译中"单纯繁复数字"传译技巧》，《中国科技翻译》2009年第3期。

张威：《工作记忆与口译技能在同声传译中的作用与影响》，《外语教学与研究》2012年第5期。

张威：《中国口译学习者语料库的副语言标注：标准与程序》，《外语电化教学》2015年第1期。

张治英：《副语言在文学作品中的话语意义及翻译》，《中国翻译》2000年第3期。

章辞：《英文易读性研究：回顾与反思》，《湖南工程学院学报》（社会科学版）2010年第3期。

赵倩：《吉尔模式下英汉同传中的带口音英语给译员带来的困难及应对策略》，硕士学位论文，北京外国语大学，2014年。

郑凌茜：《汉英口译译语的修辞关系与意图性探析》，《闽江学院学报》2013年第3期。

郑秀芳、杨士焯：《论"难度系数"在翻译难度评估中的应用》，《东方翻译》2016年第4期。

郑震：《社会学方法的综合——以问卷法和访谈法为例》，《社会科学》2016年第11期。

中国翻译协会标准：《翻译服务 口译服务要求（TAC 3-2018）》，中国翻译协会2018年版。

中国翻译协会标准：《口笔译人员基本能力要求（TAC 2-2017）》，

中国标准出版社 2017 年版。

中国翻译协会标准：《译员职业道德准则与行为规范（ZYF 012-2019）》，中国翻译协会 2019 年版。

中国语言服务行业规范：《口译服务报价规范（ZYF 003-2014）》，中国翻译协会 2014 年版。

中华人民共和国国家标准：《翻译服务规范第 2 部分：口译（GB/T 19363.2-2006）》，中国标准出版社 2006 年版。

中华人民共和国国家标准：《翻译服务译文质量要求（GB/T 19682-2005）》，中国标准出版社 2005 年版。

钟君：《交替传译中汉语文化负载表达英译策略研究》，硕士学位论文，广东外语外贸大学，2017 年。

仲伟合：《英汉同声传译技巧与训练》，《中国翻译》2001 年第 5 期。

仲伟合：《英语口译基础教程》，高等教育出版社 2007 年版。

仲伟合、王斌华：《基础口译》，外语教学与研究出版社 2009 年版。

仲伟合、王斌华：《口译研究的"名"与"实"——口译研究的学科理论建构之一》，《中国翻译》2010 年第 5 期。

[奥] 弗朗兹·波赫哈克：《口译研究概论》，仲伟合等译，外语教学与研究出版社 2010 年版。

周德昌主编：《简明教育辞典》，广东高等教育出版社 1992 年版。

周华辅：《关于会考数学试题难度预估的实践与探讨》1999 年第 2 期。

周吉银、刘丹：《我国受试者保护体系的现状与构建》，《中国医学伦理学》2020 年第 1 期。

周翔：《传播学内容分析研究与应用》，重庆大学出版社 2020 年版。

周晓宏、郭文静：《探索性因子分析与验证性因子分析异同比较》，《科技和产业》2008 年第 9 期。

朱世杰：《国际通用英语视角下东盟英语口音对口译学生听力理解的影响》，硕士学位论文，广西大学，2017 年。

邹兵：《英汉笔译难度主要影响因素及测量方法的实证研究》，博士学位论文，广东外语外贸大学 2016 年。

邹兵、王斌华：《口译语料库中副语言信息的转写及标注：现状、问题与方法》，《山东外语教学》2014 年第 4 期。

Ahrens, B., "Prosodic Phenomena in Simultaneous Interpreting: A Conceptual Approach and Its Practical Application", *Interpreting*, Vol. 7, No. 1, 2005.

Ai, H. & Lu, X., "A Corpus-Based Comparison of Syntactic Complexity in NNS and NS University Students' writing", In Díaz-Negrillo, A. & Ballier, N. & Thompson. P., eds., *Automatic Treatment and Analysis of Learner Corpus Data*, Amsterdam/Philadelphia: John Benjamins, 2013.

Ai, H. & Lu X, "A Web-Based System for Automatic Measurement of Lexical Complexity", Paper presented at the 27th Annual Symposium of the Computer-Assisted Language Consortium (CALICO-10), Amherst, MA. June 8-12, 2010.

AIIC, "Interpreter Workload Study-Full Report", http://aiic.net/page/657 (accessed 10 January 2014).

Albl-Mikasa, M., "Reduction and Expansion in Notation Texts", In Heine, C. & Schubert, K. & Gerzymisch-Arbogast, H., eds., *Text and Translation. Theory and Methodology of Translation*, Tübingen: Narr, 2006.

Alderson, J. C., "Judgments in Language Testing", In Douglas, D. & Chapelle, C., eds., *A New Decade of Language Testing Research: Selected Papers from the 1990 Language Testing Research Colloquium*, Alexandria, VA: TESOL, 1993.

Alexieva, B. "Understanding the Source Language Text in Simultaneous Interpreting", *The Interpreters' Newsletter*, No. 9, 1999.

Anderson, L., *Simultaneous Interpretation: Contextual and Translation Aspects*, Doctoral Dissertation, Concordia University, 1979.

Bachman, L. F. & Palmer, A. S., *Language Testing in Practice*, Oxford: Oxford University Press, 1996.

Balzani, M., "Le Contact Visuel en Interprétation Simultanée: Resultats D'uneexpérience (Français-Italien) ", In GranL. & Taylor C., eds., *Aspects of Applied and Experimental Research on Conference Interpretation*, Udine: Campanotto Editore, 1990.

Barik, H. C., "Simultaneous Interpretation: Temporal and Quantitative Data", *Language and Speech*, Vol. 16, No. 3, 1973.

Bentler, P. M. & Bonett, D. G. "Significance Tests and Goodness of Fit in the Analysis of Covariance Structures", *Psychological Bulletin*, Vol. 88, No. 3, 1980.

Betts, E. A., "Readability: Its Application to the Elementary School", *Journal of Educational Research*, Vol. 42, No. 6, 1949.

Bolinger, D. & Sears, D., *Aspects of Language*, New York: Harcourt College, 1981.

Campbell, S., "A Cognitive Approach to Source Text Difficulty in Translation", *Target: International Journal of Translation Studies*, Vol. 11, No. 1, 1999.

Campbell, S., "Choice Network Analysis in Translation Research", In Olohan, M., ed., *Intercultural Faultllines: Research Models in Translation Studies I-Textual and Cognitive Aspects*, Manchester: St. Jerome Publishing, 2000.

Cao, S. & Xue, N. & Cunha, I. & Iruskieta, M. & Wang, C. "Discourse Segmentation for Building a RST Chinese Treebank", In Association for Computational Linguistics Proceedings of the 6th Workshop Recent Advances in RST and Related Formalisms, Spain, September, 2017.

Cheng, L. S., "On Varying the Difficulty of Test Items", A Paper Presented at the 32nd Annual Conference of the International Association for

Educational Assessment, Singapore, May2006.

Dam, H. V., "On the Option between Form-Based and Meaning-Based Interpreting: The Effect of Source Text Difficulty on Lexical Target Text Form in Simultaneous Interpreting", *The Interpreters' Newsletter*, No. 11, 2001.

Daro, V., "Experimental Studies on Memory in Conference Interpreting", *Meta*, Vol. 42, No. 4, 1997.

Davies, A. & Brown, A. & Elder, C. & Hill, K. & Lumley, T. & McNamara. T., *Dictionary of Language Testing*, Cambridge: Cambridge University Press, 1999.

Dechant, E. V. & Smith, H. P., *Psychology in Teaching Reading*, New Jersey: Prentice-Hall, Inc., 1961/1977.

DeGroot AMB., "Bilingual Lexical Representation: A Closer Look at Conceptual Representation", In R Frost and L Katz, eds., *Orthography, Phonology, Morphology, and Meaning*, Amsterdam: Elsevier, 1992.

Dejean Le Feal, K., "Why Impromptu Speech is Easy to Understand", In Enkvist, N. E., ed., *Impromptu Speech: A Symposium*, Abo: Abo Akamedi, 1982.

Denissenko, J., "Communicative and Interpretative Linguistics", In Dodds, J. & Laura, G., eds., *The Theoretical and Practical Aspects of Teaching Conference Interpretation: First International Symposium on Conference Interpreting at the University of Trieste*, Udine: Campanotto Editore, 1989.

DeVellis, R. F., *Scale Development Theory and Applications*, London: Sage Publications, 2003.

Dillinger, M., "Comprehension during Interpreting: What do Interpreters Know that Bilinguals don't?", In Lambert, S. & Moser-Mercer, B., eds., *Bridging the Gap in Simultaneous Interpreting*, Amsterdam/Philadelphia: John Benjamins, 1994.

Doherty, M, *Language Processing in Discourse*, London and New York: Routledge, 2002.

Duncan Jr, S., "Nonverbal Communication", *Psychological Bulletin*, Vol. 72, No. 2, 1969.

DéjeanLe Feal, K., *Léctures et Improvisations-Incidences de la Forme de L'énonciation sur la Traduction Simultanée (Francais-Allemand)*, Unpublished Doctoral Dissertation, Université de Paris III, 1978.

Foltz, P. W. & Kintsch, W. & Landauer, K. L., "The Measurement of Textual Coherence with Latent Semantic Analysis", *Discourse Processes*, Vol. 25, 1998.

Frazier, L., "The Study of Linguistic Complexity", In Davison, A. & Green, G. M., eds., *Linguistic Complexity and Text Comprehension: Readability Issues Reconsidered*, New Jersey: Lawrence Erlbaum Associates, 1988.

Fulcher, G., "Text Difficulty and Accessibility: Reading Formulae and Expert Judgment", *System*, Vol. 25, No. 4, 1997.

Gathercole, S. E. & Baddeley, A. D., *Working Memory and Language*, London: Psychology Press, 1993.

Gerver, D., "The Effects of Source Language Presentation Rate on the Performance of Simultaneous Conference Interpreters", In Pöchhacker, F. & Shlesinger, M., eds., *The Interpreting Studies Reader*, London: Routledge, 2002.

Gerver, D., *Aspects of Simultaneous Interpretation and Human Information Processing*, Oxford: Oxford University, 1971.

Gile, D., *Basic Concepts and Models in Interpreter and Translator Training*, Amsterdam/Philadelphia: John Benjamins, 2009.

Gile, D., "Directionality in Conference Interpreting: A Cognitive View", In Godijns, R. & Hinderdael, M., eds., *Directionality in Interpreting:*

The "Retour" or the Native?", Ghent: Communication and Cognition, 2005.

Gile, D., "Les Noms Propres En Interpretation Simultanee", *Multilingua*, Vol. 3, No. 2, 1984.

Gillies, A., *Conference Interpreting—A Student's Practice Book*, London/New York: Routledge, 2013.

González, R. D. & Vasquez, V. F. & Mikkelson, H., *Fundamentals of Court Interpretation: Theory, Policy and Practice*, Durham, NC: Carolina Academic Press, 2012.

Gopher, D. & Donchin, E., "Workload: An Examination of the Concept", In Boff, K. R. & Kaufman, L. & Thomas, J. P., eds., *Handbook of Perception and Human Performance (Volume II): Cognitive Processes and Performance*, New York: Wiley, 1986.

Goffman, E., *Forms of Talk*, Philadelphia: University of Pennsylvania Press, 1981.

Han, C. & Riazi, M., "Investigating the Effects of Speech Rate and Accent on Simultaneous Interpretation: A Mixed Methods Approach", *Across Languages and Cultures*, Vol. 18, No. 2, 2017.

Han, C., *Building the Validity Foundation for Interpreter Certification Performance Testing*, Doctoral Dissertation, Macquarie University, 2005.

Hatim, B. & Mason, I., *The Translator as Communicator*, New York: Routledge, 1997.

Heiss, C. & Soffritti, M, "The Forlì Corpus of Screen Translation: Exploring Microstructures", In Chiaro, D. & Heiss, C. & Bucaria, C., eds., *Between Text and Image: Updating Research in Screen Translation*, Amsterdam/Philadelphia: John Benjamins: 2008.

Hönig, H. G., "Piece of Cake-or Hard to Take? Objective Grades of Difficulty of Speeches Used in Interpreting Training", in Teaching Simultaneous Interpretation into a "B" Language, EMCI Workshop, 2002.

Iglesias Fernández, E., "Interactions between Speaker's Speech Rate, Orality and Emotional Involvement, and Perceptions of Interpreting Difficulty: A Preliminary Study", *MonTI*, Special Issue No. 3, 2016.

Jenkins, J., *English as a Lingua Franca: Attitude and Identity*, Oxford: Oxford University Press, 2007.

Jensen, K. T. H., "Indicators of Text Complexity", *Copenhagen Studies in Language*, Vol. 37, 2009.

Kendon, A., *Gesture: Visible Action as Utterance*, Cambridge: Cambridge University Press, 2004.

Kintsch, W. & Miller, J. R, "Readability: A View from Cognitive Psychology", In Flood, J., ed., *Understanding Reading Comprehension: Cognition, Language, and the Structure of Prose*, Newark, DE: International Reading Association, 1984.

Kirkpatrick, A., *English as a Lingua Franca in ASEAN: A Multilingual Model*, Hong Kong: Hong Kong University Press, 2010.

Klare, G. R., "Readability", In Pearson, P. D. & Barr, R. & Kamil, M. L. & Mosenthal P. B. & Barr, R., Handbook of Reading Research, Vol. 1, 1984.

Knapp, M. L. & Hall, J. A. & Horgan, T. G., Nonverbal Communication in Human Interaction, Cengage Learning, 2013.

Knaus, K. & Murphy, K. & Blecking, A. & Holme, T., "A Valid and Reliable Instrument for Cognitive Complexity Rating Assignment of Chemistry ExamItems", *Journal of Chemical Education*, Vol. 88, No. 5, 2011.

Kopczyn, A. "Effects of Some Characteristics of Impromptu Speech on Conference Interpreting", In Enkvist, N. E., ed., *Impromptu Speech: A Symposium*, Åbo: ÅboAkademi, 1982.

Kuno, S., "The Position of Relative Clauses and Conjunctions", *Linguistic Inquiry*, Vol. 5, No. 1, 1974.

Kurz, I, "The Impact of Non-Native English on Students' Interpreting Performance", In Hansen, G. & Chesterman, A. & Gerzymisch-Arbogast. H. , eds. , *Efforts and Models in Interpreting and Translation Research: A Tribute to Daniel Gile*, Amsterdam: John Benjamins, 2008.

Larkin, J. & McDermott, J. & Simon, D & Simon, H. A. , "Expert and Novice Performance in Solving Physics Problems", *Science*, Vol. 208, No. 4450, 1980.

Larson, M. L. , *Meaning-based Translation: A Guide to Cross-language Equivalence*, Boston: University Press of America, 1984.

Lee, S. B, "Developing an Analytic Scale for Assessing Undergraduate Students' Consecutive Interpreting Performances", *Interpreting*, Vol. 17, No. 2, 2015.

Lee, T. , "Simultaneous Listening and Speaking in English into Korean Simultaneous Interpretation", *Meta*, Vol. 44, No. 4, 1999.

Liu, M. & Chiu, Y. H. , "Assessing Source Material Difficulty for Consecutive Interpreting—Quantifiable Measures and Holistic Judgement", *Interpreting*, Vol. 11, No. 2, 2009.

Long, M. H. , "A Role for Instruction in Second Language Acquisition: Task-based Language Teaching", In Hyltenstam, K. & Pienemann, M. , eds. , *Modeling and Assessing Second Language Acquisition*, Clevedon: Multilingual Matters, 1985.

Loveday, L. J. , "Communicative Interference: A Framework for Contrastively Analysing L2 Communicative Competence Exemplified with the Linguistic Behaviour of Japanese Performing in English", *International Review of Applied Linguistics in Language Teaching*, Vol. 20, No. 1, 1982.

Lu, X. & Ai, H. , "Syntactic Complexity in College-level English Writing: Differences among Writers with Diverse L1 Backgrounds", *Journal of Second Language Writing*, Vol. 29, 2015.

Lu, X. , "Automatic Analysis of Syntactic Complexity in Second Language Writing", *International Journal of Corpus Linguistics*, Vol. 15, No. 4, 2010.

Lu, X. , "The Relationship of Lexical Richness to the Quality of ESL Learners' Oral Narratives", *The Modern Language Journal*, Vol. 96, No. 2, 2012.

Lu, X. A, "Corpus-Based Evaluation of Syntactic Complexity Measures as Indices of College-Level ESL Writer's Language Development", *TESOL Quarterly*, Vol. 45, No. 1, 2011.

Marcu, D. , *The Theory and Practice of Discourse Parsing and Summarization*, Cambridge: MIT press, 2000.

Mazzetti, A. , "The Influence of Segmental and Prosody Deviations on Source Text Comprehension in Simultaneous Interpretation", *The Interpreters'Newsletter*, Vol. 9, 1999.

Mcneill, D. , *Hand and Mind: What Gestures Reveal about Thought*, Chicago: University of Chicago Press, 1992.

Mead, P. , "Exploring Hesitation in Consecutive Interpreting", In Garzone, G. & Viezzi, M. , eds. , *Interpreting in the 21st Century: Challenges and Opportunities*, Amsterdam: John Benjamins, 2002.

Meshkati, N. "Toward Development of a Cohesive Model of Workload", In Hancock, P. A. & Meshkati, N. , eds. , *Human Mental Workload*, Amsterdam/New York: North-Holland: 1988.

Messina, A. , "The Reading Aloud of English Language Texts in Simultaneously Interpreted Conferences", *Interpreting*, Vol. 3, No. 2, 2000.

Meuleman, C. & VanBesien, F. , "Coping with Extreme Speech Conditions in Simultaneous Interpreting", *Interpreting*, Vol. 11, No. 1, 2009.

Mishra, A. & Bhattacharyya, P. & Carl, M. , "Automatically Predicting Sentence Translation Difficulty", In Sofia, B. , ed. , *Proceedings of the 51st Annual Meeting of the Association for Computational Linguistics*, Association for Computational Linguistics, 2013.

Müller, C. & Cienki, A. & Fricke, E. & Ladewig, S. & McNeill, D. & Tessendorf, S. , *Body Language Communication: An International Handbook on Multimodality in Human Interaction*, Berlin/Boston: De Gruyter Mouton, 2013.

Nadal, L. & Hupbach, A. & Gomez, R. & Newman-Smith, K. , "Memory of Formation, Consolidation and Transformation", *Neuroscience and Biobehavioral Reviews*, Vol. 36, No. 7, 2012.

Newbold, N. & Gillam, L. , "The Linguistics of Readability: The Next Step for Word Processing", In *Proceedings of the NAACL HLT* 2010 *Workshop on Computational Linguistics and Writing*, Los Angeles, California: Association for Computational Linguistics, 2010.

Nida, E. A. , *Language, Culture and Translating*, Shanghai: Shanghai Foreign Language Education Press, 1993.

Nord, C. , *Text Analysis in Translation: Theory, Methodology, and Didactic Application of a Model for Translation-Oriented Text Analysis*, Amsterdam: Rodopi, 2005.

Nunan, D, *Task-Based Language Teaching*, Cambridge: Cambridge University Press, 2004.

Nunan, D. & Keobke, K. , "Task Difficulty from the Learners Perspective: Perceptions and Reality", *Hong Kong Papers in Linguistics and Language Teaching*, Vol. 18, 1995.

Nunan, D. , "Communicative Tasks and the Language Curriculum", *TESOL Quarterly*, Vol. 25, No. 2, 1991.

Oakland, T. & Lane, H. B., Language, "Reading, and Readability Formulas: Implications for Developing and Adapting Tests", *International Journal of Testing*, Vol. 4, No. 3, 2004.

O'Donnell, M., "RST Tool 2.4: A Markup Tool for Rhetorical Structure Theory", In Institute of Computer Science., ed., *Proceedings of the 6th European Workshop on Natural Language Generation*, Duisburg, Germany, 2000.

O'Donnell, R. D. & Eggemeier, F. T., "Workload Assessment Methodology", In Boff, K. R. & Kaufman, L. & Thomas, J. P., eds., *Handbook of Perception and Human Performance, Vol. II. Cognitive Processes and Performance*, Wiley-Interscience, 1986.

Palumbo, G. *Key Terms in Translation Studies*, London and New York: Continuum, 2009.

Pio, S., "The Relation between ST Delivery Rate and Quality in Simultaneous Interpretation", *The Interpreters' Newsletter*, Vol. 12, 2003.

Poyatos, F., *Nonverbal Communication across Disciplines: Paralanguage, Kinesics, Silence, Personal and Environmental Interaction*, Amsterdam/ Philadelphia: John Benjamins, 2002.

Poyatos, F., "The Reality of Multichannel Verbal-Nonverbal Communication in Simultaneous and Consecutive Interpretation", In Poyatos, F., ed., *Nonverbal Communication and Translation*, Amsterdam: John Benjamins, 1997.

Pym, A., "Redefining Translation Competence in an Electronic Age: In Defence of a Minimalist Approach", *Meta*, Vol. 48, No. 4, 2003.

Pöchhacker, F, *Encyclopedia of Interpreting Studies*, New York: Routledge, 2015.

Pöchhacker, F., *Introducing Interpreting Studies*, London and NewYork: Routledge, 2004.

Reiss, K., "Como Averiguar O Grau De Dificuldade De Uma

Traducao", *Letras de Hoje*, Vol. 17, No. 2, 1982.

Robinson, P., "Task Complexity and Second Language Narrative Discourse", *Language Learning*, Vol. 45, No. 1, 1995.

Robinson, P., "Task Complexity, Task Difficulty, and Task Production: Exploring Interactions in a Componential Framework", *Applied Linguistics*, Vol. 22, No. 1, 2001.

Sabatini, E., "Listening Comprehension, Shadowing and Simultaneous Interpretation of Two 'Non-standard' English Speeches", *Interpreting*, Vol. 5, No. 1, 2000.

Sawyer, D. B., *Fundamental Aspects of Interpreter Education: Curriculum and Assessment*, Amsterdam/Philadelphia: John Benjamins, 2004.

Scherer, K. R. "Vocal Affect Expression: A Review and a Model for Future Research", *Psychological Bulletin*, Vol. 99, No. 2, 1986.

Schwanenflugel, P. J. & Harnishfeger, K. K. & Stowe, R. W., "Context Availability and Lexical Decisions for Abstract and Concrete Words", *Journal of Memory and Language*, Vol. 27, No. 5, 1988.

Seeber, K. G., "SIMON: An Online Clearing House for Interpreter Training Materials", In Crawford, C. M. & Carlsen, R. & McFerrin, K. & Price, J. & Weber, R. & Willis, D. A., eds., *Proceedings of the Society for Information Technology and Teacher Education International Conference*, Association for the Advancement of Computing in Education: Chesapeake, 2006.

Seleskovitch, D. & Lederer, M., *A Systematic Approach to Teaching Interpretation*, The Registry of Interpreters for the Deaf, 1989.

Setton, R., *Simultaneous Interpretation: A Cognitive-Pragmatic Analysis*, Amsterdam: John Benjamins, 1999.

Setton, R., "Pointing to Contexts: A Relevance-Theoretic Approach to Assessing Quality and Difficulty in Interpreting", In Dam, H. V. & Engberg, J. & Gerzymisch-Arbogast, H., eds., *Knowledge Systems and Translation*, Berlin/New York: Walter de Gruyter, 2005.

Shlesinger, M., "Interpreter Latitude vs. Due Process: Simultaneous and Consecutive Interpretation in Multilingual Trials", In Tirkkonen-Condit, S., ed., *Empirical Research in Translation and Intercultural Studies*, Tübingen: Gunter Narr, 1991.

Skehan, P., *A Cognitive Approach to Language Learning*, Oxford: Oxford University Press, 1998.

Stevick, E. R., *Teaching and Learning Language*, Cambridge: Cambridge University Press, 1982.

Sun, S. & Shreve, G. M., "Measuring Translation Difficulty: An Empirical Study", *Target*, Vol. 26, No. 1, 2014.

Sun, S., *Measuring Difficulty in English-Chinese Translation: Towards a General Model of Translation Difficulty*, Doctoral Dissertation, Kent State University, 2012.

Sun, S. "Measuring Translation Difficulty: Theoretical and Methodological Considerations", *Across Languages and Cultures*, Vol. 16, No. 1, 2015.

Tommola, J. & Heleva, M., "Language Direction and Source Text Complexity: Effects on Trainee Performance in Simultaneous Interpreting", In Bowker, L & Cronin, M. & Kenny, D. & Pearson, J., eds., *Unity in Diversity: Current Trends in Translation Studies*, London and NewYork: Routledge, 1998.

Tommola, J. & Lindholm, J., "Experimental Research on Interpreting: Which Is a Dependent Variable?", In Tommola, J., ed., *Topics in Interpreting Research*, Turku: University of Turku, 1995.

Trager, G. L., "Paralanguage: A First Approximation", *Studies in Linguistics*, Vol. 13, No. 1, 1958.

Treisman, A. M., "The Effects of Redundancy and Familiarity on Translating and Repeating Back a Foreign and a Native Language", *British*

Journal of Psychology, Vol. 56, No. 4, 1965.

Viaggio, S., "The Pitfalls of Multilingual Use in Simultaneous Interpreting", *The Translator*, Vol. 2, No. 2, 1996.

Vygotsky, L. S., *Mind in Society: The Development of Higher Psychological Processes*, Cambridge, Mass: Harvard University Press, 1978.

Wardhaugh, R., *Introduction to Linguistics*, New York: McGraw-Hill Higher Education, 1977.

Weir, C., *Understanding and Developing Language Tests*, New York: Prentice Hall, 1993.

Weir, C. J., *Language Testing and Validation: An Evidence-Based Approach*, New York: Palgrave Macmillan, 2005.

Wilss, W., *The Science of Translation: Problems and Methods*, Shanghai: Shanghai Foreign Language Press, 2001.

Wu, Z., "Text Characteristics, Perceived Difficulty and Task Performance in Sight Translation", *Interpreting*, Vol. 21, No. 2, 2019.

Zeldes, A., "rstWeb-A Browser-Based Annotation Interface for Rhetorical Structure Theory and Discourse Relations", In Association for Computational Linguistics., ed, *Proceedings of the 2016 Conference of the North American Chapter of the Association for Computational Linguistics: Demonstrations*, San Diego, 2016.

索 引

C

层次分析法 14,19,21,22,45,46,48,79,90,91,96,181,201—204,206,207,209,213,214,218,219,222,287,289,299,300,305,327

E

Elementary Discourse Units,EDU 253

F

翻译难度测量框架 18,71,80,81,87,88,110

方法论意义 18,20,21

副语言 9,10,13,22,24,26,34—42,64—66,74,75,77,79,81,83,85,105,107,124,128,133,134,139,142—146,149—152,159,165—167,170,172—175,177,192,197,200,201,205,215—217,219,220,288—290,294,313,321,328,330

J

交替传译教学语料难度评分标准 18,80,81,87—89

交替传译认知负荷模型 18,21,67,80,84,87,89,224,225,232—235,286

交替传译源语 2,4—10,12—14,16,18—22,24—26,28,30—34,36,38,40—42,44,46,48,50,52,54,56,58,60,62,64,66,68—84,86,88—98,100,102,104,106,108,110,112—182,184,186—188,190—192,194—196,198—206,208,210,212,214,216,218—292,294,296,298—302,304—306,308,310,312,314—322,324—328,330,332,334,336,338,340,342,344,346,348,350,352,354,356,358,360,362,368

交替传译质量评估量表 18,80,84,85,87—89,97,107—109,313

L

L2 Syntactic Complexity Analyzer 152,153,335

Lexical Complexity Analyzer 152,154,335

理论饱和度检验 13,92,93,112,168,169,175,177,179,286,288

理论关系图 75,87,110

理论意义 18,86

M

模型建构 98,168

N

难度影响因素作用机制 22,221,225,239,251

难度 1—16,18—22,24—34,36,38,40—64,66—84,86—100,102—106,108,110,112—182,184,186—208,210,212,214—296,298—308,310,312,314—328,330,332,334,336,338,340,342,344,346,348,350,352,354,356,358,360,362,368

内容分析法 20,21,89—91,94,127,224,239,287,299,300,305

Q

权重分配 14,21,22,112,180,181,183,185,187,189,191,193,195,197,199,201—203,205—207,209,211,213—217,219,220,245,279,286,287,299,300,327

S

社会—认知效度验证框架 18,80,86—89,277

X

校标关联效度 22,88,221,279,280,287,296,306

修辞结构理论 253

学理前提 8,9,11,21,77

Y

研究范围 1,11,21,92

研究伦理 110,111

应用价值 18,20,21,32,33,306

语言方向性 8,9,69,84,113,116,119,123—126,129,306,321

语义逻辑关系 254,256,264,265,268,269,271,272,274,275,277,301

Z

最近发展区理论 18,80,87,88

后　　记

　　本书主要根据本人博士论文《英汉交替传译源语难度评估体系构建研究》修改而成，修改主要在本人博士后研究期间进行。专著付梓之际，写此后记，主要是想对写作过程中给予帮助的师友们致以最诚挚的感谢。

　　本书主体部分在博士期间完成。读博四年，在风景如画的白云山脚下和流水潺潺的相思河边渡过广外读博时光，是一段宝贵、充实、勤奋，感受到情谊特别多的岁月。首先，最要感谢我的博导仲伟合教授。2016年，蒙恩师不弃，将MTI口译方向毕业不久的我收入了仲家军这一大家庭，给予了我学术生命。此后，老师通过一节节导读、一次次解惑，耐心引领我踏上学术之路，并为我创造各种学习和交流机会，拓宽我的学术视野，拉扯我在学术成长之路上蹒跚前行，而至今天终于可以尝试独立迈步。仲老师是我国翻译专业教育的引路人和倡导者，他高尚的人格、渊博的学识、宽厚的胸怀、勤奋的态度、坚定的学科建设追求和高瞻远瞩的格局，无不令人高山仰止，景行行止。我虽不能至之，但仍愿以老师为榜样，在老师鞭策下坚持学术探索。

　　读博四年间，我还有幸得蒙多位其他老师的指导和扶助，心里亦深存感激。

　　感谢美国蒙特雷国际研究院的鲍川运教授。鲍老师是我的访学导师，也是我博士论文研究领域的专家。感谢鲍老师为我提供了非常难得的美国访学机会，使我在教学、研究等方面受益颇丰。感谢辅仁大学杨承淑教授。杨老师为我提供了在辅仁大学短期学习的机会。在台期间，杨老师与我分享了她的研究、治学等往事和经验，为我生动诠释了终身学习的精神。感谢百忙之中参与我博士论文答辩的各位专家：广东外语外贸大学李瑞林教授、黄忠廉教授、平洪教授，北京外国语大学任文教授，北京语言大学刘和平教授。各位专家老师不辞辛劳，仔细地阅读了我的博士研究，肯定了论文研究价值，并对论文从篇章立意、宏观布局、中观结构和微观表述等方面提出了许多真知灼见，坚定了我的研究信心，也为论文的后期修改即本书的成稿提供了宝贵参考。

感谢博士学习期间为我授课的广东外语外贸大学穆雷教授、赵军峰教授和蓝红军教授。他们严格的学术要求和生动精彩的课堂教学锻炼了我的研究思维，提高了我的研究能力，丰富了我的见解学识，为本书主体研究的开展以及我的翻译教学、研究生涯奠定了重要的基础。在本书研究过程中协助我进行数据收集的各位老师，如对外经济贸易大学崔启亮老师、广东外语外贸大学张凌老师、南开大学王传英老师、武汉大学黄敏老师、华中科技大学张亦凡老师等也非常值得铭记。

此外，读博四年间，以仲老师和师母吴艳老师为大家长的"译家亲"为我带来了太多的温暖、陪伴和支持，他们有和我一起在读在研的广东外语外贸大学的陈庆老师、许勉君老师、李善老师、王丹老师、余怿老师，武汉工程大学邓军涛老师，以及已经毕业却依然不遗余力为本研究提供帮助的厦门大学邓轶老师、东北大学李洋老师、西安外国语大学赵毅慧老师、西南大学肖开容老师等。没有你们的支持，本研究亦难以顺利完成。

本书修改工作主要在本人博士后研究期间进行。2020年9月，我有幸入职北京外国语大学高级翻译学院，开展博士后研究工作。我的博士后合作导师是高级翻译学院院长任文教授。任老师同样是我国翻译教育的引领者，她不仅具有的仰之弥高钻之弥深的学术造诣，精益求精严谨细致的治学态度，居之不倦行之以忠的敬业精神，身体力行为年轻学者垂范，还具有宽广的学术视野和深厚的家国情怀，主动对接国家战略需求，建立了北京外国语大学国家翻译能力研究中心，领衔开展了国家翻译能力、中国大学翻译能力等一系列原创性重磅研究，服务国家发展战略需求。感激任文老师在三年博士后研究中给予我的悉心指导、无限支持与信任以及提供的诸多成长锻炼机会，令我终生难忘。

最后，我还要感谢北京外国语大学高级翻译学院的各位领导和老师在博士后研究和工作期间给予我的诸多帮助和大力支持，尤其是姚斌教授主持的北京外国语大学"双一流"重大（点）标志性项目——多语种翻译教学理论与实践（项目批准号：2022SYLPY003）"也为本书的修改提供了一定的经费支持。我为自己能够在博士后研究出站后正式入职高级翻译学院而感到无比幸运。未来，我一定会带着各位师友的鼓励、支持和精神引领，心怀感恩、心怀情谊、心怀责任、心怀梦想，赓续高翻优良的教学和研究传统，砥砺前行。

本书成书过程中，也得到了中国社会科学文献出版社许琳编辑的仔细修改和把关，在此一定表示感谢。虽然书稿已几经校对，如仍有错误之处，还请各位师友斧正。